DEVIENS QUI TU ES

Bertrand Vergely

DEVIENS QUI TU ES

Quand les sages grecs nous aident à vivre

Albin Michel

À Sophie.

« Ceux qui ont été les Anciens ont été véritablement nouveaux en toutes choses et ont formé proprement l'enfance des hommes. C'est en nous que se trouve cette Antiquité que nous révérons chez les autres. »

Blaise Pascal,
Préface au Traité du vide [1]

PROLOGUE

« Donne-moi la beauté intérieure »

Les Champs-Élysées, les Titans et les Jeux olympiques

Les grandes équipes ne meurent pas, dit-on en rugby. Les grandes idées non plus, tout ce qui est grand ne cessant pas de l'être. Tout ce qui est intelligent non plus. La Grèce antique a été le berceau de la civilisation européenne. Alors que pour un penseur positiviste comme Auguste Comte, elle est aujourd'hui totalement dépassée, ce livre voudrait pouvoir montrer qu'il n'en est rien. Ce que la Grèce antique a su découvrir dans la pensée, dans l'art comme dans la morale est tellement extraordinaire et correspond tellement à ce que nous aimons que cela est toujours là, même si notre modernité n'est pas toujours à la hauteur de la splendeur de ses sources.

Jetons un regard sur une ville comme Paris. L'église de la Madeleine est une réplique du Parthénon qui trône à Athènes sur les hauteurs de l'Acropole. La façade est du Louvre ressemble à la façade d'un temple grec, comme la façade de l'Assemblée nationale et comme celle du Trocadéro. L'Académie française fait référence à l'Académie, nom donné par Platon à son école philosophique, de même que le lycée Henri-IV fait référence au Lycée, nom donné par Aristote à sa propre école. Alors que la plus belle avenue du monde, les Champs-Élysées, renvoie à la plaine de lumière où les êtres humains sont jugés une fois morts, l'Odéon, au centre de la capitale, renvoie à l'amphithéâtre où, jadis, les Grecs venaient écouter chanter les poètes. Dans le neuvième arrondissement, près de la place Pigalle, le quartier des artistes s'appelle la Nouvelle Athènes. Dans le quatorzième, il a le nom de Montparnasse en référence au mont Parnasse qui domine le sanctuaire de Delphes.

Après avoir jeté un regard sur Paris, écoutons notre langage. Les Grecs sont là, quand nous disons « beau comme Apollon », « fort comme Hercule », « riche comme Crésus », « escalader l'Olympe », « vivre une odyssée », « ouvrir la boîte de Pandore », « livrer un combat de Titans », « avoir un talon d'Achille », « avoir une épée de Damoclès au-dessus de la tête », « être dans un labyrinthe », « chercher le fil d'Ariane », « être charmé par le chant des sirènes » et « inspiré par les Muses ».

Après avoir écouté nos mots, regardons-nous vivre. « Païen » voulant dire « paysan », les Grecs étaient des terriens dotés d'un sens charnel de l'existence et vouant un culte à la Nature. Quand nous allons à la mer, à la montagne ou à la campagne, nous sommes comme eux. Nous vouons un culte au soleil, aux éléments et au corps. Tous les quatre ans, les cités grecques arrêtaient leurs combats qui étaient remplacés par les exploits des athlètes aux Jeux olympiques. Nous faisons de même. Les Jeux olympiques sont devenus le grand rendez-vous mondial de toutes les nations qui s'y retrouvent pour pratiquer la gymnastique, l'athlétisme, le lancement du disque et du javelot, le décathlon et la lutte gréco-romaine avant que les Jeux ne s'achèvent par le marathon en souvenir de Philippidès venu en courant annoncer aux Athéniens la victoire de leur armée sur Sparte.

Les Grecs participaient à la vie de la cité en se rendant sur l'agora afin d'y parler de politique ou d'économie, quand ils n'allaient pas au théâtre pour rire avec les comédies, pleurer avec les tragédies ou s'enchanter avec les poètes. Nous sommes comme eux, les villes nouvelles possédant des agoras et des théâtres.

Enfin, les Grecs sont encore là quand, pour penser, nous utilisons les termes « philosophie », « métaphysique », « logique », « éthique », « pathologique », « théorème », « complexe d'Œdipe », « mythe de Sisyphe », « ironie », « socratique », « platonique », « épicurien », « stoïque », « cynique », « paranoïa », « crise », etc. Ils sont également là dans les grands tournants de la pensée quand, à la fin de l'Antiquité, Clément d'Alexandrie se tourne vers Platon afin de mettre en place la gnose chrétienne ou bien quand saint Thomas d'Aquin s'inspire d'Aristote pour construire sa théologie. Ils sont toujours là quand, à la Renaissance, afin de fonder une morale laïque, Montaigne se nourrit d'Épicure et des stoïciens, ou bien encore, au XVIIIe siècle, lorsque les révolutionnaires adoptent la cité grecque comme modèle et le bonnet phrygien comme symbole de la citoyenneté. De même quand, au XIXe siècle, réunis dans un groupe appelé l'Athenaeum, les romantiques voient dans la Grèce la patrie du sens de la Nature et de la Poésie et que, au XXe siècle, Freud bouleverse la psychologie en recourant au mythe d'Œdipe pour décrire l'inconscient et ses complexes et qu'Heidegger entreprend de revenir aux présocratiques afin de repenser la métaphysique.

Cette constante présence des Grecs n'est pas un hasard.

La fin du monde

Les Grecs nous ont permis et nous permettent encore de penser trois choses. La première est la Nature.

On croit que celle-ci est une chose. Elle n'est pas une chose, mais un événement. Il aurait pu ne rien y avoir. Comme le dit Heidegger, il y a quelque chose et pas rien[1]. Ce qui est renversant. Il y a par ailleurs le fait que la Nature n'est pas un désordre, un *chaos* en grec, mais un ordre, un *cosmos*. Témoin sa capacité de s'organiser selon des lois. Et il y a le fait que le monde n'est pas muet, celui-ci parlant par sa beauté. D'où le sens de la Nature qui est d'être une présence parlante, présence que les Grecs ont appelée du nom de *Logos*, terme qui veut dire « lien » ainsi que le fait remarquer Heidegger[2] et que nous traduisons improprement par « raison ».

La Nature qui est événement n'est pas qu'un événement. Elle est un événement constant. D'où son lien avec la Vie, *zoi* en Grec d'où sont tirés « zoo » et « Zoé », la Vie étant un principe dynamique renvoyant à une expansion et à une croissance. La physique parle aujourd'hui d'univers en expansion. Les Grecs avaient déjà cette vision, la Nature étant pour eux la Vie. Enfin, s'il y a cet inouï qu'est la Nature et, dans la Nature, cet inouï qu'est la Vie, il y a dans la Vie l'inouï de la Vie qu'est l'Homme. Comme le dit Épictète : « Dieu a introduit l'Homme dans le monde et l'Homme est non seulement le spectateur de ses œuvres, mais leur exégète[3]. » Autrement dit, avec l'Homme la Nature n'est plus inconsciente mais consciente, l'Homme faisant passer celle-ci à l'état de conscience à travers son esprit, son souffle, son *pneuma* libérant l'intériorité de toutes choses.

D'où cette exclamation de Sophocle dans *Antigone*, quand le chœur s'écrie : « Entre toutes les merveilles, la plus grande merveille c'est l'Homme[4]. »

Il peut paraître présomptueux de dire que l'Homme est le centre de l'univers et que celui-ci a besoin de lui pour exister pleinement. C'est pourtant le cas. Si l'Homme n'existait pas, l'univers serait stérile. C'est dire si la responsabilité de l'Homme est grande, l'univers ayant non seulement besoin de lui mais que celui-ci devienne pleinement ce qu'il est, cette responsabilité étant bien résumée par la formule de Pindare : « Deviens ce que tu es[5] » reprise par Ovide, saint Augustin et Nietzsche. Phrase cosmique exprimant la vocation de l'Homme dans l'univers ainsi que la « fin ultime du monde », à savoir, comme le dit Hegel, l'« unité entre l'intérieur et l'extérieur[6] », l'extériorité du monde attendant que l'Homme s'intériorise pour s'accomplir. D'où le sens de notre lien avec les Grecs. Conscients de l'inouï de l'existence, de la Vie dans la Nature et de l'Homme dans la Vie, ils ont su parler de ce qui existe vraiment et que l'on appelle l'être. Comme le dit Hegel : « Les Grecs ayant su trouver à travers la beauté l'équilibre entre la Nature et l'Esprit et donner ainsi au divin sa mesure, quand nous sommes chez eux nous sommes chez nous. Nous sommes dans notre terre natale[7]. »

Le sens de la vie juste

La seconde chose que les Grecs nous ont permis de penser est le sens de la vie. La philosophie qui signifie « amour de la sagesse » vient de la *sophia*, la « sagesse », qui se produit quand on s'assagit. Terme qu'il importe de bien comprendre. Quand on est passionné, excessif et irritable, si l'on veut pouvoir vivre avec les autres comme avec soi-même, il importe d'opposer la raison à la passion, la mesure à l'excès et le contrôle de soi à la colère. Mais quand on est apathique, mou et frileux, il importe d'opposer la passion à l'apathie, la vigueur à la mollesse et le risque à la frilosité. La sagesse n'est donc pas la raison opposée à la passion mais un juste milieu entre raison et passion permettant de dépasser tant la passion sans raison que la raison sans passion. Message important invitant à apercevoir que tout est bon dans la réalité, à condition, comme le souligne Aristote, de savoir garder la mesure en se centrant intérieurement[8]. D'où la définition de l'Homme comme « animal raisonnable », l'Homme n'étant pas tant celui qui oppose la raison à l'animalité que celui qui est capable de trouver la bonne mesure entre les deux. Tâche ô combien précieuse tant pour lui que pour l'univers. L'univers étant fait de forces infra-conscientes, matérielles et animales d'un côté, et de forces divines, spirituelles et supra-conscientes de l'autre, quand ces forces entrent en conflit l'équilibre du monde se rompt. Quand elles s'accordent, l'équilibre du monde se réalise.

C'est dire l'importance de l'Homme et dans l'Homme de la sagesse de l'Homme. Témoin cette prière adressée par Socrate à la fin du *Phèdre* lorsqu'il dit au dieu Pan : « Cher Pan, et vous divinités de ces lieux, donnez-moi la beauté intérieure, et que l'extérieur soit toujours en harmonie avec l'intérieur[9]. » Comme le souligne Paul Diel, le symbolisme de la mythologie grecque enseigne que trois dangers menacent l'Homme : la confusion avec l'animal, la confusion avec les dieux et la confusion en général[10]. Ainsi, quand au lieu de faire évoluer son animalité vers le divin l'Homme se confond avec celle-ci, il se *banalise* et devient, tel le Centaure, un être hybride, mi-homme, mi-animal, incapable d'extraire l'Homme de l'animal. Quand, à l'inverse, au lieu d'incarner le divin dans l'animalité il se confond avec celui-ci, il devient *fou* et connaît le destin d'Icare, se brûlant les ailes pour avoir voulu voler trop près du soleil. Quand, d'une façon générale, l'Homme vit dans la confusion, que ce soit avec l'animal ou avec le divin, il connaît un destin *tragique*. Au lieu de se faire vivre, il se fait mourir. Seule la sagesse peut alors le sauver en l'aidant à retrouver le chemin vers ses forces supra-conscientes comme infra-conscientes au-delà de la banalité et de la folie.

On comprend de ce fait pourquoi la Grèce est tellement importante. Elle a fondé le véritable humanisme et le fonde encore. À condition de ne pas se méprendre à propos de ce terme. Il est courant d'entendre par celui-ci le fait non pas de faire descendre le Ciel sur la Terre, mais de se débarrasser du Ciel en installant un Homme qui n'est relié qu'à lui-même. Témoin Sartre dans *L'existentialisme est un humanisme* soulignant que l'Homme est enfin Homme quand il ne se raccroche qu'à lui-même dans une solitude métaphysique absolue[11]. Si les Grecs ont inventé l'humanisme en faisant descendre le Ciel sur la Terre, ils ne se sont nullement débarrassés du Ciel comme ils n'ont nullement installé à sa place un Homme uniquement relié à lui-même. Ils ont au contraire gardé le Ciel en mettant à ses côtés un Homme qui se relie à tout.

L'art de guérir

La troisième chose que les Grecs ont comprise et qui les fait être encore parmi nous réside dans l'art de guérir. Il y a de la beauté dans l'existence. Celle-ci vient du monde et du reflet divin qui se trouve en lui. Elle provient également de l'être humain, quand celui-ci sait regarder cette beauté et s'en inspirer pour aller vers le meilleur de lui-même. Il y a cependant aussi du tragique dans la condition humaine. Celui-ci vient de ce que, oubliant de regarder la beauté du monde et de s'en inspirer, l'être humain se met à errer, souffrir, faire souffrir et mourir. Le sens de la beauté ainsi que le sens du tragique sont nécessaires si l'on veut pouvoir accéder à une sagesse authentique. Ayons le sens de la beauté de l'existence en oubliant que le tragique est toujours possible, on perd sa vigilance et on s'égare dans un sens irresponsable de la beauté. Ayons à l'inverse le sens du tragique en oubliant la beauté possible de l'être humain, on perd la mémoire du beau et on s'égare dans une vision violente et désespérée du tragique. Ayons en revanche un sens de la beauté plein de vigilance et un sens du tragique plein de mémoire, on devient en mesure d'avoir une vraie sagesse. Celle que les Grecs ont eue. Celle qui permet de guérir.

Il est possible de bien vivre. Il suffit pour cela de posséder l'art de guérir, ce que les Grecs appellent le *pharmakon* et qui est, selon Bernard Stiegler, le concept clé de la vie grecque[12]. Cet art est un art de la vision dont le temple grec est une illustration exemplaire.

Il y a dans le monde quantité d'édifices en pierre avec des colonnes et du marbre. On n'a pas forcément de plaisir à les regarder. À Athènes, quand on regarde le Parthénon, on est saisi, ses pierres et ses colonnes de marbre ayant du sens. De même, il est courant d'entendre parler de la sagesse, pourtant cela ne change pas nos vies. À Athènes, quand on se souvient que le Parthénon était un temple dédié à Athéna, la déesse de la sagesse, ce terme cesse soudain d'être anodin.

D'une façon générale, nous avons tendance à vivre un divorce entre la réalité et la pensée, la pensée ayant souvent peu de réalité et la réalité peu de sens. À Athènes, quand on regarde le Parthénon, il en va autrement. La pierre et les colonnes ayant du sens, les choses se mettent à exister. Et la sagesse devenant palpable, les mots et les idées se mettent également à exister. De fait, tout se met à exister, le visible avec ses pierres, l'invisible avec ses significations. Et tout se mettant à exister, le monde se révèle comme présence et pas simplement comme objet. On devient soi-même une présence et pas simplement un sujet. Là où il y avait un objet et un sujet se faisant face, il y a désormais un courant de présence, dense, intense, lumineux.

Au Ve siècle av. J.-C., quand Périclès invente la démocratie, il aspire à bâtir une vraie société. Il comprend de ce fait qu'il est aussi important de respecter les êtres humains matériellement et concrètement en leur permettant de vivre que spirituellement et métaphysiquement en respectant le mystère qui est en eux. Aussi construit-il en même temps le temple d'Athéna et la démocratie. Cette relation entre le mystère et les hommes existe encore. Le soir à Athènes, quand on regarde le Parthénon au coucher du soleil, on est tellement saisi par la beauté que l'on a du respect pour tout, pour le mystère comme pour les hommes et les femmes venus du monde entier qui sont là. Parce que l'on est dans le mystère, on est dans l'humanité.

Lorsque Paris s'est construit comme lieu politique démocratique, ses bâtisseurs se sont souvenus consciemment et inconsciemment de la nécessité de relier démocratie et mystère. Aussi se sont-ils tournés vers la Grèce en inscrivant cette mémoire dans la pierre. Quand on regarde la façade du Louvre, qu'il fasse nuit ou jour, on est saisi. On s'imagine être à Paris à l'heure de la postmodernité, on est soudain en Grèce dans l'Antiquité. Cette façade donnant l'impression d'être une garde de veilleurs défendant la porte d'un lieu invisible et sacré, elle a quelque chose de sévère. Mais cette sévérité fait du bien. Quelque chose se redresse en nous à cette occasion. On était relâché, inattentif, on se met à faire attention et les choses et les êtres qui n'existaient pas autour de nous se mettent à exister. Paris a compris ce qu'Athènes a compris. Pour exister nous avons besoin de ce qui fait vivre en reliant la Vie à son mystère et le mystère à la Vie. L'Orient est traditionnellement pour l'Occident ce point de l'horizon d'où jaillit la lumière le matin. Il est courant de penser que l'Orient spirituel se trouve en Inde. Ce qui est vrai. On ignore cependant qu'il existe un Orient en Occident. Il s'agit de la Grèce, qui est un peu l'Inde spirituelle de l'Europe. Allons lever cette ignorance.

PREMIÈRE PARTIE

La beauté ou le monde à l'endroit

La Nature

Le planétarium de La Villette

Au planétarium de La Villette, le spectateur peut voir toutes sortes de films sur l'univers ainsi que sur la vie sur terre. Bien que traitant de sujets différents, ces films ont une caractéristique. Tout étant fait pour que le spectateur ait l'impression d'être plongé dans l'infini de l'univers ou bien au cœur de la Nature et de ses éléments, ces films sont époustouflants. Certes, face à la puissance de la Nature, on se sent peu de chose et on pourrait être tenté de dire comme Pascal que « le silence éternel de ces espaces infinis m'effraie[1] ». Mais tel n'est pas le cas, prendre conscience que l'on vit alors qu'on devrait être anéanti depuis longtemps donnant un sentiment de reconnaissance. Signe que la présence de l'Homme dans la Nature a quelque chose de sublime comme le souligne Kant[2], une telle présence témoignant d'un miracle et, derrière lui, d'une dimension surnaturelle de l'existence.

Les Grecs avaient un tel sentiment. Nous ne l'avons pas toujours. Témoin Sartre pour qui la Nature est synonyme de « nausée[3] ». Cette expérience va toutefois à l'encontre de celle que vit une grande partie de l'humanité. Loin de se sentir mal à l'aise dans la Nature, celle-ci s'y sent plutôt accueillie et libre, ce sentiment pouvant aller jusqu'à une forme d'extase comme l'ont expérimenté les grands poètes romantiques. Le monde n'est pas vide et nous ne sommes pas seuls, perdus dans l'infini. On le comprend en faisant l'expérience de la beauté du monde. Il y a des moments dans la vie où cette beauté parle du mystère de la création en nous donnant la sensation intense de participer à une aventure extraordinaire.

« Vivre selon la Nature »

On comprend les Grecs quand on comprend que tout s'organise chez eux autour de la notion de Nature. Ce terme est aujourd'hui décrié parce qu'il donne l'impression de figer les choses dans une « nature ». Chez les Grecs, rien de tel. Le mot « Nature » voulant dire « essence » mais aussi « réalité sensible », celle-ci désigne la réalité sensible dans ce qu'elle peut avoir d'essentiel. Cela change tout. Nous sommes proches des Grecs, plus que nous ne le pensons. Considérons notre pratique de la vie. Qu'est-ce qui nous semble sage ? Deux choses. Être naturel en agissant avec simplicité. Être intelligent, attentif, créatif. Comme les Grecs, nous associons sensible et essence. En ce sens, nous faisons nôtre la formule de Zénon de Citium, le père du stoïcisme : « vivre selon la Nature », en grec *zoon homologoumenos*, ce qui veut dire littéralement « être pareil à la vie[4] ». Formule qui a marqué toute l'Antiquité et qui est encore valable du fait de trois enseignements.

Premier enseignement : il ne faut pas avoir peur de la réalité. D'abord parce qu'il s'agit là d'un mauvais calcul.

Certes, la vie est rude, mais quand on a peur de cette âpreté, on la rend encore plus âpre en lui permettant d'avoir prise sur nous. En outre, pourquoi nous en faisons-nous ? Le néant ayant besoin pour être qu'il y ait de l'être, rien ne peut fondamentalement être anéanti. Il n'y a donc pas à s'en faire. Comme nous participons de l'être du monde et de la réalité, il y a quelque chose en nous qui ne périra jamais. C'est ce que rappelle Épictète à la fin de son *Manuel* quand, citant les deux accusateurs de Socrate Anytos et Melitos, celui-ci s'exclame : « Anytos et Melitos peuvent me tuer, mais non m'anéantir[5]. » On peut tuer Socrate comme Pierre ou Jacques. On ne peut pas tuer l'être de Socrate, pas plus que l'être de Pierre ou de Jacques, détruire l'être étant impossible.

Deuxième enseignement : il faut écouter la Nature. Si, pour le savant rationaliste moderne, celle-ci est un objet inanimé, réductible à des équations mathématiques, pour l'Homme d'hier comme d'aujourd'hui, elle parle en étant non pas quelque chose mais quelqu'un. Notre pratique le montre. Personne ne vit en pensant que la vie est vide et qu'elle n'a rien à lui apprendre. Tout le monde vit en pensant que la Nature est un Tout unique et parlant, un *Logos* auquel on peut parler et qui nous parle. C'est ce qu'exprime fort bien Victor Hugo à la fin des *Contemplations* lorsqu'il écrit : « Sache que tout connaît sa loi, son but, sa route ; que de l'astre au ciron l'immensité s'écoute… Tout dit dans l'infini quelque chose à quelqu'un[6]. » Le monde est un grand enseignement. C'est ce que rappelle également Aristote. « Ce fut l'étonnement qui poussa aux premières spéculations philosophiques. C'est en regardant le soleil, la lune, les étoiles, l'univers que les premiers philosophes eurent l'idée de s'interroger[7] », écrit-il dans sa *Métaphysique*.

Quand ce n'est pas la science que le monde nous enseigne, c'est la vie « belle et bonne », *kalos k'agathon* en grec. Témoin le conseil de Zénon de vivre selon la Nature en prenant celle-ci comme un maître afin de « progresser dans la vertu ». Un conseil que nous pratiquons tous, vivre pour nous tous en général consistant à écouter ce que la vie nous dit et tâcher de lui répondre.

Troisième enseignement enfin : il faut obéir à la Nature et à sa loi qui est une loi d'être. On croit souvent que tout est possible. On oublie qu'il y a un ordre des choses qui est de l'ordre de l'être, être étant nécessaire pour être Homme, agir et affirmer sa liberté. On s'en rend compte quand, jouant avec la vie en se croyant plus fort qu'elle, on est confronté au risque de la mort. On se met très vite à être moins fier. On s'en rend compte également quand on est confronté à ce que l'on peut appeler la force des choses. On ne peut pas aller contre celle-ci. L'être aspirant à être, on ne peut pas étouffer une telle aspiration. Quand on le fait, introduisant du non-être dans notre être, on se met à souffrir et, souffrant, on est confronté à la révolte réclamant ses droits. Ainsi, bien des atrocités traversent la condition humaine. Toutefois, comme il faut bien vivre et qu'il n'est pas possible de vivre sans cesse dans le drame et dans l'horreur, la vie prenant le dessus, celles-ci finissent par disparaître. « La Nature qui ne fait rien en vain » a tout fait avec vie et beauté, rappelle Aristote[8]. On ne peut pas indéfiniment refouler cette vie et cette beauté. Le mythe de la création du monde par Hésiode dans sa *Théogonie* en est une belle illustration[9].

Le cosmos

Au commencement, nous dit le récit, il n'y a rien que la nuit. Ce rien est tel que, niant tout, il finit par se nier lui-même. Cette négation donne Éros, le dieu de l'amour. L'amour, qui est fort, donne la Terre, Gaïa, laquelle est tellement terre qu'elle finit par produire son autre, le Ciel, Ouranos, lequel vient couvrir Gaïa de son amour passionné. De cette étreinte naissent les Titans, les Cyclopes, les monstres, les Géants, les Furies. Ouranos ne les supportant pas, une guerre s'ensuit dans laquelle il est vaincu par Cronos, le dieu du temps, qui se met à dominer les Titans avec son épouse Rhéa. Apprenant cependant un jour qu'il sera détrôné par l'un de ses fils, pour conserver son trône, il se met à avaler tous les enfants qu'il fait avec Rhéa. Sauf un que Rhéa parvient à sauver en le remplaçant par une pierre. L'enfant sauvé s'appelle Zeus, le dieu de la foudre. Aidé par les Titans et notamment par l'un d'entre eux, Prométhée, il détrône son père et fonde l'Olympe, le séjour des dieux. Les forces chaotiques du monde ayant été apprivoisées, l'humanité peut alors advenir, tout est prêt pour l'accueillir[10].

Ce récit est exemplaire dans la façon qu'il a de dévoiler ce qu'est l'ordre des choses, en grec *cosmos*. Loin d'être un ordre statique, celui-ci est un ordre vivant en apparaissant comme un désordre, *chaos* en grec, perpétuellement surmonté. Il en va en ce sens du monde comme de la beauté. Quand nous disons que quelque chose est beau, nous entendons toujours par là une harmonie mais aussi une prouesse, la beauté résultant de la prouesse consistant à passer du chaos au cosmos. La vie est d'autant plus forte et vivante qu'elle se lance des défis, souligne Nietzsche[11]. Dans le récit d'Hésiode, cette logique est perceptible à travers les trois mutations donnant naissance au cosmos. La première est celle qui fait aller du néant à l'être à travers l'apparition du trio Gaïa-Ouranos-Éros. La seconde est celle qui fait passer des forces déchaînées au temps symbolisé par Cronos. La troisième est celle qui transforme le temps destructeur en temps créateur avec Zeus et la création de l'Olympe. Toute la logique de la création vue par Hésiode est une logique de vie montrant que la vie est possible du fait d'une force d'amour plus forte que la violence et la mort. D'où le sens du monde ou *cosmos*, ce terme voulant dire « ordre » mais derrière cet ordre « harmonie », celle-ci allant de la vie de l'univers à la vie intime de l'Homme et inversement. La vie est une grande vague issue du fond des âges et de l'espace et venant jusqu'à nous. C'est ce que montre la *Théogonie* d'Hésiode. C'est ce que nous ressentons quand nous sommes, comme le dit Merleau-Ponty, « au monde »[12]. Cette notion de cosmos, d'harmonie nous liant à l'univers et liant l'univers à nous est encore bien présente parmi nous. Tout notre processus d'éducation en est imprégné, éduquer ayant comme sens d'aider à apprivoiser le monde afin de l'habiter. Enfin, la science est possible parce qu'elle s'efforce de dialoguer avec l'univers en voyant en lui un *cosmos*, un ordre qu'elle peut comprendre, et non un *chaos* inintelligible.

La phusis

Dans son ouvrage sur Lucrèce, André Comte-Sponville oppose *cosmos* à *phusis*, le *cosmos* désignant la Nature sous l'angle de l'ordre, et la *phusis* désignant celle-ci sous l'angle du désordre[13]. Si *cosmos* et *phusis* s'opposent, ce n'est pas pour s'annuler l'un l'autre mais pour se compléter et se fortifier. Comme le souligne Heidegger, *phusis* veut dire « croissance » et derrière ce mot « éclosion », terme faisant penser à *nascor* en latin, d'où vient le mot « nature » qui veut dire « naître ». En ce sens, *phusis* signifie « ce qui donne naissance à » et derrière cela « ce qui fait apparaître ». On touche là à l'être au sens fort, celui-ci étant ce qui est en train d'apparaître à travers les phénomènes, *ta phenomena* désignant en grec les apparences. On peut appeler cette venue au jour de l'être du nom de « production », terme qui veut dire « conduire devant ». Mais, trop marqué par son usage économique et industriel, ce terme risque de faire manquer l'essentiel, à savoir l'apparition et plus précisément la fulguration, la *phusis* étant de l'ordre de l'énergie fulgurante présente dans l'infiniment petit qu'étudie la physique quantique.

C'est dire si ce que nous entendons par Nature est loin de correspondre à ce qu'est véritablement celle-ci. Comme Heidegger le donne à penser, on devrait toujours s'étonner que la Nature existe et que nous existions nous-mêmes. On devrait toujours avoir une impression fulgurante de l'existence comme de la Nature. Quand on réduit cette dernière aux espaces verts ou bien encore à la partie non humaine de la réalité, on en est loin. En revanche Empédocle en est proche quand il enseigne qu'« Hélios frappant l'Olympe l'illumine de son regard intrépide[14] », cette pensée invitant à apercevoir l'énergie présente dans l'univers à travers la lumière solaire plus que lumineuse et le séjour des dieux plus que divin. D'où le sens de la *phusis* par rapport au *cosmos*, ceux-ci étant les deux faces de la même réalité, une réalité harmonieuse et fulgurante à la fois. Heidegger explique que dans l'être le voilement et le dévoilement vont de pair. Pour que quelque chose s'avance, il faut que quelque chose se retire. On s'en rend compte avec la parole comme avec la musique. Pour qu'il y ait parole, il faut qu'il y ait écoute. Pour qu'il y ait musique, il faut qu'il y ait silence. Dans la Nature, il en va de même. À l'image de la lumière qui est à la fois corpuscule et onde selon la physique quantique, pour que celle-ci existe il faut qu'il y ait harmonie, *cosmos*, mais aussi expansion fulgurante, *phusis*.

On comprend dès lors ce que les Grecs entendaient par Nature. Faite de *cosmos* et de *phusis*, celle-ci est une musique. Cette musique dont parle Pythagore quand il évoque l'harmonie des planètes. Cette musique dont parle Jean Giono quand il écrit *Le Chant du monde*. Cette musique dont parle l'astrophysicien contemporain Trinh Xuan Thuan quand, dans son ouvrage *La Mélodie secrète*, il écrit : « La Nature n'est pas muette. Tel un orchestre lointain, elle nous fait constamment parvenir des fragments de musique et de notes éparses[15]. »

La conscience cosmique

Lord Byron a dit un jour ne pas supporter l'idée qu'il puisse exister dans le monde quelqu'un de supérieur à lui[16]. À la fin du *Hasard et la Nécessité* de Jacques Monod, on peut lire : « L'homme doit savoir qu'il est désormais seul dans l'immensité indifférente de l'univers, d'où il a émergé par hasard[17]. » Jamais un ancien Grec n'aurait pensé ainsi, l'Homme n'étant à ses yeux ni seul au monde ni au-dessus du monde mais partie prenante d'un Tout vivant. C'est ce qu'exprime très bien Marc Aurèle, empereur romain certes, mais tellement grec dans l'âme : « Toutes les choses sont unies entre elles par un nœud sacré et rien n'existe sans avoir de relations avec ce qui l'entoure. Tous les êtres sont liés ensemble et tous concourent à l'harmonie du monde. Ainsi, il n'y a qu'un seul monde qui comprend tout, un seul Dieu qui est dans tout, une seule matière, une seule loi, une raison commune à tous les êtres doués d'intelligence, enfin une vérité unique, du fait qu'il n'y a qu'un état de perfection pour tous les êtres qui sont de même espèce en participant à la même raison[18]. »

Une telle vision caractérisée par la conscience d'appartenir à un Tout vivant, ou *conscience cosmique*, est l'essence de la pensée grecque. Très présente en Orient, elle vit en nous quand nous n'avons pas honte de ressentir comme Baudelaire une correspondance entre nous et le monde, le monde et nous, cette correspondance transformant le monde en un monde de symboles. Tout se mettant alors à vivre en nous comme dans le monde, devenant le monde en quelque sorte, on comprend ce que les maîtres stoïciens comme les maîtres zen enseignent à leurs disciples quand, pour les libérer, ils leur disent d'« être le monde », faire ainsi sauter la barrière entre soi et le monde étant la seule façon d'accéder à la conscience cosmique en participant à la sympathie universelle unissant l'univers, les hommes et les dieux. Et, comprenant ainsi, comme le dit Marc Aurèle, que « tout est lié », on comprend qu'il n'y a pas de différence entre notre corps, la cité et l'univers. Si notre corps est dans la cité ainsi que dans l'univers, l'univers et la cité sont dans notre corps, la cité étant au corps ce que l'univers est à la cité, ainsi que le souligne Platon en s'inspirant de la loi de divine proportion découverte par Pythagore et selon laquelle le moyen est au petit ce que le grand est au moyen. Parce que tout est compris par le Tout qui comprend tout. Parce que tout reflète tout, du microcosme au macrocosme et inversement. Parce que tout exprime un principe harmonieux intelligent et beau. D'où l'idée de *cosmopolitisme*, de « politique du cosmos », être Homme consistant à devenir un citoyen du cosmos, c'est-à-dire de l'harmonie.

Les dieux

La promenade de Nietzsche à Èze

À Èze près de Nice, quand on regarde la falaise de la montagne couverte de garrigue et de petits chênes verts porteurs de toutes les senteurs de la Méditerranée tomber à pic dans la mer et son bleu profond, on a le souffle coupé et, que l'on soit croyant ou pas, païen ou pas, qu'on le veuille ou non, en cet instant, la seule façon que l'on ait de traduire le vertige ressenti est de dire ou de se laisser dire : « Bienvenue à la table des dieux. » Tant il est vrai que face à ce spectacle grandiose on n'est plus sur terre mais sur l'Olympe, la montagne dans sa puissance majestueuse donnant l'impression d'être Zeus, le dieu de la foudre, et la mer une divinité féminine infiniment attirante et profonde. On a le même sentiment quand on visite les calanques de Marseille. Lorsque l'on voit la pierre sauvage et parfumée de la terre rencontrer la mer où le soleil dessine un chemin diamanté dans la lumière scintillante du matin, les dieux sont là. Non plus majestueux, mais solaires et beaux comme Apollon, le dieu du jour, et Hélios, celui du soleil. Tout a beau être terrestre et charnel, tout est en même temps intime et divin. C'est en cela que tout est visité par les dieux, ceux-ci étant la meilleure façon de décrire ce qui, étant visible et comblant nos sens, frappe en même temps l'invisible de nous-mêmes en allant jusque dans l'indicible de notre intime.

Nietzsche aimait se rendre à Èze. Marcheur infatigable, il descendait du haut de la falaise jusqu'à la mer en empruntant un chemin qui porte encore aujourd'hui son nom. On comprend pourquoi. À Èze, il devait trouver la puissance qu'il recherchait chez Wagner sans le poids parfois étouffant de celle-ci. Son âme assoiffée de mystique atteignait ce qu'elle cherchait : le dévoilement du divin non pas comme force ténébreuse, mais comme élan lumineux et solaire vers l'éternel été de la vie.

La force

Deux éléments fondamentaux caractérisent la Grèce : un sens très fort de la Nature et un sens tout aussi fort des dieux liés à celle-ci. Pour le penseur positiviste, il s'agit là de chimères inutiles. En fait, ces formes sont indispensables, celles-ci permettant de mettre en place la relation entre les hommes incarnés par les héros, la vie incarnée par les dieux et la parole incarnée par les mythes.

Les dieux et le divin ne vont pas de soi. Du moins en apparence, la réalité montrant qu'ils sont bien plus simples qu'on ne le pense, contrairement à ce que prétend la raison positiviste. Dans toutes les cultures, à toutes les époques, il s'est trouvé des hommes et des femmes disant éprouver qu'il y a *quelque chose* et non un vide au fondement de la vie, ce quelque chose étant une force, une puissance supérieure, la puissance créatrice de toutes choses, une force vitale surpuissante devant laquelle il est apaisant de se prosterner en un acte de profonde dévotion remplissant l'être entier d'une impalpable et bienfaisante douceur. Encore aujourd'hui, dans le monde marqué par la culture scientifique, rationnelle et objective qui est le nôtre, beaucoup d'hommes et de femmes venus de tous les horizons, des plus éduqués aux plus simples, disent ressentir qu'il y a à la base de la vie une force, une puissance supérieure devant laquelle il est bon de s'incliner. On a là l'essence du sentiment religieux et, à travers lui, du sacré. Un sentiment qui était celui des Grecs anciens et qui est encore le nôtre. Dans son essai de spiritualité athée, André Comte-Sponville déclare ne pas être convaincu par cette approche du divin, la notion de force lui paraissant vague[19]. Quelques pages plus loin, il raconte pourtant lui-même comment il a un jour eu une expérience d'extase dans la Nature[20]. S'il n'y a pas quelque chose comme une force dans la Nature, comment comprendre qu'elle puisse provoquer une extase ?

Il est normal que le divin déconcerte et paraisse dépourvu de réalité. Comme il nous comprend au sens où il nous englobe, nous ne pouvons pas le comprendre ni l'englober, ce qui dérange nos consciences habituées à tout maîtriser et désireuses de pouvoir le faire. Dans *La Poétique de la rêverie*, Bachelard explique qu'il existe deux formes de pensée[21]. La première est celle du *Cogito* qui renvoie au « Je pense » analytique. La seconde est celle du *Cogitor* qui renvoie à la rêverie et au songe où l'on est pensé. Le « Je suis pensé » est le type de pensée que l'on trouve au cœur de toute religion authentique. Quand on a affaire au divin, il faut accepter que celui-ci échappe. Il faut tolérer, comme le dit la psychanalyse, d'être dé-saisi de soi-même. Il faut admettre qu'il se présente à nous de façon aléatoire et imprévisible, son mode d'être étant non seulement la surprise mais la divine surprise. De même, il est normal que la notion de force, de puissance supérieure puisse apparaître vague. Comme l'a compris Aristote, une force étant ce qui se dégage du possible qui devient réel et du réel qui devient possible, elle est comme la Vie : insaisissable parce que toujours en mouvement et donc toujours agissante et dynamique. D'où sa puissance. Une puissance accessible seulement quand on admet que c'est en renonçant à saisir que l'on saisit.

En fait, pour accéder au monde du divin et du sacré, une révolution s'impose. Il faut accepter d'être *englobé par* et de ne pas pouvoir saisir ce qui nous englobe ainsi. Quand on s'y refuse, divin comme sacré devenant inabordables, on comprend que la personne habituée à tout englober et à tout saisir se sente heurtée par cette dimension et la refuse. Pour un esprit formé à tout rationaliser, comment accepter qu'il puisse y avoir, comme le dit Pascal, « des raisons que la raison ignore[22] » ou bien encore une dimension qui nous comprend sans qu'on puisse la comprendre[23] ?

Le rite

Si le désir de toute-puissance est un obstacle pour comprendre le divin, il en est aussi un pour comprendre le rite qu'il assimile à du théâtre. En quoi il se trompe. On croit que le rite est l'application d'un mythe. Comme le souligne Mircea Eliade, c'est l'inverse qui est vrai[24]. Les Anciens étaient très concrets et dérivaient les paroles des gestes. Le divin étant une puissance supérieure, ils entraient en contact avec lui en le vivant avec une profonde humilité. Ils étaient en cela très cohérents. Quand il est question du divin, la meilleure façon de concevoir celui-ci a toujours été et sera toujours de le considérer comme relevant d'une dimension exceptionnelle de l'existence. Et la meilleure façon de concevoir cette conception a toujours été et sera toujours de vivre cette dimension en adoptant soi-même une attitude exceptionnelle consistant à se refaire petit devant l'immense. En ce sens, la meilleure théorie du divin demeure sa pratique.

C'est ce que dit Pascal quand il indique que la foi vient de la prière et non l'inverse, l'important étant de prier pour croire. Idée difficile à comprendre aujourd'hui, tant il est courant de penser qu'il faut croire pour prier[25]. En cela Pascal a la même perception du divin que les Grecs anciens et notamment que Zénon de Citium, quand celui-ci écrit que les dieux sont la preuve qu'ils existent puisqu'on les honore[26]. Pensée absurde pour un penseur rationaliste et positiviste. Pensée profondément juste pour un esprit admettant le fait religieux, l'expérience montrant que c'est en se prosternant devant plus haut que soi que le divin se dévoile. Ce qui va plus loin que la foi en étant de l'ordre de la vie et de la pratique corporelle et non du simple croire. Qui est dans le croire suppose. Il cherche à adhérer. Il spécule encore. Dans l'attitude religieuse de prosternation, on n'est plus dans la supposition comme on est au-delà de l'adhésion, celle-ci consistant à être plongé corps et âme dans le divin. D'où la singularité d'une telle attitude. Saint Augustin explique dans l'un de ses sermons qu'il croit pour comprendre et qu'il comprend pour croire[27]. Dans l'attitude religieuse authentique, pas question de croire pour ou de comprendre pour. Pas question d'ailleurs de croire ou bien encore de comprendre, tout étant à vivre. Mieux encore, tout résidant dans le fait de se laisser comprendre par des forces dépassant l'Homme. Pur fidéisme ? Pur quiétisme comme le pense Sartre[28] ? Nullement. Pure action au contraire, car le fait de se laisser ainsi habiter par les forces émanant de la puissance supérieure permet de se remplir de telles forces et d'agir ensuite en les redistribuant.

Les Grecs anciens ont vécu avec les forces divines. Ils ont pensé que, celles-ci existant, il était important de se mettre en accord avec elles si l'on ne voulait pas errer et se heurter à des échecs tragiques. D'où la prière d'Épictète aux dieux à la fin de son *Manuel*, lorsque celui-ci s'exclame : « Conduis-moi ô Zeus et toi Destinée, où Vous avez fixé que je dois me rendre. Je Vous suivrai sans hésiter[29]. » Nous agissons comme eux sans nous en rendre compte. Quand nous agissons, nous essayons de nous mettre en accord avec les forces de la vie qui parlent autour de nous comme en nous. Comme le souligne Jacqueline de Romilly : « Quand un dieu parle à un homme, pour les Grecs ce n'est pas une figure de style. Ne nous arrive-t-il pas d'entendre une voix intérieure[30] ? »

Le sacré et le profane

Lorsqu'un être humain s'incline devant une puissance supérieure, force est de constater qu'il est à cheval entre deux mondes, l'un étant de l'ordre de la puissance palpable et visible, l'autre de la supériorité impalpable et invisible. D'où le caractère fondamentalement ambivalent d'une telle puissance supérieure, celle-ci étant double, visible et invisible, palpable et impalpable. Une telle dualité passe mal aujourd'hui. Le dualisme donnant l'impression de diviser la réalité, on lui préfère le monisme caractérisé par une vision une des choses. En quoi l'on se trompe. Contrairement à ce que l'on pense, c'est le monisme qui divise la réalité et le dualisme qui respecte son unité. Quand, par exemple, on dit que la réalité est matière et esprit, bien que l'on soit dualiste en parlant de matière et d'esprit, on respecte tous les aspects de la réalité. Quand, en revanche, on ramène tout à la matière, bien que l'on donne l'impression d'être dans l'unité, ou est dualiste en s'opposant à l'esprit. Cela permet d'éclairer le sacré.

Ainsi, quand Mircea Eliade explique que le propre de celui-ci consiste à revêtir un objet d'une dimension ontologique en le rattachant à la source d'être qui est à l'origine de toutes choses, il constate bien qu'en procédant de la sorte on dédouble l'objet, celui-ci se mettant à avoir une identité sur deux plans distincts, le plan profane, banal de l'objet quotidien et le plan sacré, ontologique de l'objet revêtu de sens[31]. Toutefois, en dédoublant ainsi l'objet, on en fait un objet chargé de sens et non plus un objet banal. On l'unifie donc sur le plan du sens en permettant une traduction de son aspect visible sur un plan invisible, l'objet qui ne représentait rien se mettant soudain à représenter quelque chose. Aussi convient-il d'apercevoir qu'il y a une unité de sens derrière le dualisme apparent. Mieux encore, que le dualisme visible-invisible permet le monisme du sens. De là le sens des dieux et, si l'on ose dire, leur intérêt, ceux-ci permettant de donner du sens en représentant le visible. Ce que ne permet pas le matérialisme « pur et dur » qui, se coupant du plan invisible, rend impossible sa représentation ainsi que son sens. Ainsi, quand on ramène le monde au monde simplement visible des objets de la vie quotidienne, quand, autrement dit, on *banalise* le monde, outre que l'on prive celui-ci de sens – le monde ne correspondant plus à rien faute d'une traduction de celui-ci sur un plan invisible –, on installe un dualisme pernicieux, tout ramener au visible et à la banalité exprimant une opposition implicite au plan invisible. De ce point de vue, le monde des dieux est un monde cohérent, le dualisme visible-invisible donnant du sens à tout. Ce qui n'est pas le cas du matérialisme qui, en banalisant la réalité, se révèle incapable de donner du sens au monde.

Les Grecs l'ont compris à leur époque. D'où leur lien avec le monde des dieux. Lien constamment rappelé par le souvenir de ceux-ci lors d'un repas, la première coupe de vin étant jetée au sol en signe d'offrande, ou bien encore par la prière jointe au salut adressé à l'autre au moment de se séparer quand il était dit : « Que les dieux soient avec toi. »

C'est une chose que l'on retrouve chez Spinoza sous une forme rationnelle. Contrairement à une mode d'aujourd'hui qui en fait un matérialiste, il est dualiste en expliquant fermement que Descartes a eu bien raison de distinguer le corps de l'âme, le corps étant une chose et l'âme une autre. Ce qui ne l'empêche pas d'être moniste, comme Descartes, en expliquant avec la même fermeté que l'être humain est un être global et donc un du point de vue de la puissance et de la vie. Autrement dit, Spinoza dans sa démarche est totalement en phase avec le sens profond du sacré et des dieux. Pensant comme les Grecs que le monde a du sens parce qu'il est vivant et qu'étant vivant il l'est autant sur le plan du visible que de l'invisible, il pense ensemble la vie et le dualisme matière-esprit qui en est l'expression. Ce qui est logique, la vie montrant qu'elle est une en étant une partout, sur tous les plans. Et la vie étant vie partout parce qu'elle est une.

Le fait social global

Les dieux sont bien réels quand on envisage le monde sous l'angle de la vie. Leur existence ne se limite pas cependant à cet aspect vivant, comme le montre la triple interprétation dont ils peuvent être l'objet, l'une étant religieuse et transcendante, l'autre psychologique, la troisième politique. Constatons-le, ces interprétations ont tendance à s'ignorer voire à entrer en conflit ainsi que le souligne Paul Ricœur[32]. La société birmane, qu'il ne faut pas confondre avec la junte militaire au pouvoir, donne une bonne idée de ce que la vie des Anciens pouvait être. Émile Durkheim parle de fait social global quand il décrit les sociétés dites primitives marquées par le sacré, ce dernier étant un phénomène religieux, psychologique et politique. La vie autour des temples en Birmanie illustre un tel fait. La vie religieuse en Grèce antique également, un dieu étant une figure religieuse, thérapeutique et politique. Paul Veyne a raison de se demander si les Grecs croyaient ou non en leurs dieux[33]. Ils y croyaient et ils n'y croyaient pas, peut-on répondre, les dieux n'ayant pas chez eux qu'une fonction religieuse. En cela également on aura raison de se demander si la pensée mythique est rationnelle ou pas. Elle l'est et elle ne l'est pas. S'il y a rationalité sur le fond, le mythe visant à créer du sens, il n'y en a pas dans la forme, le mythe construisant du sens avec des formes mentales dépassant le plan rationnel, comme le souligne Claude Lévi-Strauss dans *La Pensée sauvage*[34]. Aussi, tout comme on se trompe quand on ne voit dans les dieux qu'un aspect religieux, on se trompe quand on ne voit en eux que des figures psycho-sociales. De fait, le lien que les Grecs avaient avec leurs dieux ne se trouve ni dans les dieux ni dans le psychique et le social, mais dans le lien qu'il y a eu constamment entre eux, les dieux renvoyant au psychique et au social et le psychique et le social, renvoyant aux dieux. Se vivant comme appartenant à un Tout vivant appelé la Nature, ils vivaient les dieux, le psychique et le social comme un Tout vivant. C'est ainsi que, les dieux représentant l'ineffable de l'existence et le psychique et le social représentant sa chair, ils ont été des êtres vivants parce qu'ils ont su voir la chair du psychique et du social avec les yeux de l'ineffable et l'ineffable avec les yeux de la chair du psychique et du social.

Les mythes

Sunset Boulevard

En 1950, Billy Wilder réalise *Sunset Boulevard* (sorti en France sous le titre *Boulevard du Crépuscule*), mettant en scène l'histoire d'une vieille actrice hollywoodienne, Norma Desmond, interprétée par Gloria Swanson, rêvant d'un retour triomphal sous les feux des projecteurs. Amoureuse d'un scénariste raté qu'elle a recueilli, qui la trompe et qu'elle finit par tuer, Norma Desmond est arrêtée. La dernière scène du film la montre descendant les escaliers de sa maison sous les gyrophares des voitures de police en croyant que ce sont les flashs des photographes et les lumières des cameramen. *Sunset Boulevard* a eu un énorme succès en remportant trois récompenses aux Oscars. Ce succès vient de ce que ce film concentre les trois éléments constitutifs du mythe ainsi que d'Hollywood, à savoir la *narration*, le *grandiose* et le *tragique*. Tout mythe est une narration. Racontant le destin d'une vieille actrice par le biais du cinéma qui est une écriture de la culture par l'image et le son, *Sunset Boulevard* est bien une narration. Tout mythe est par ailleurs l'exposition du grandiose. Mettant en scène les rêves de résurrection d'une vieille actrice, *Sunset*

Boulevard a quelque chose de grandiose. Enfin, tout mythe a quelque chose de tragique en mettant en scène le désir latent qu'a le mythe de devenir réalité, ce qui est aussi meurtrier pour le mythe que pour la réalité. *Sunset Boulevard* est tragique en montrant comment la vieille actrice réalise son rêve de résurrection jusqu'au meurtre et à la folie.

L'humanité rêve de vivre un grand récit mettant en scène le grandiose ainsi que la confusion du grandiose avec le réel. Par le passé, le mythe a été le moyen de réalisation de ce rêve. En montrant à travers *Sunset Boulevard* comment le cinéma est le plus grand mythe que le cinéma tournera jamais, Hollywood démontre bien qu'il mérite son nom d'« usine à mythes ».

Le théâtre

Alors que les dieux incarnent la vie et sa force, le mythe incarne la parole sur la vie. Parole humaine sur le monde divin, celui-ci est double en disant des choses humaines sur un mode divin et des choses divines sur un mode humain. D'où son caractère insatisfaisant pour les puristes de la raison et de la religion, le mythe mélangeant trop le divin et l'humain. Profondément « impur », il n'en demeure pas moins qu'à travers les hommes et les dieux, il est un pont jeté entre l'Homme et le mystère en humanisant celui-ci tout en spiritualisant les consciences.

Vu avec nos yeux d'aujourd'hui, le mythe semble relever du roman d'aventures, de la pièce de théâtre ou bien encore du film. Ce qui est une bonne façon d'aborder les choses, le mythe réunissant effectivement tout cela en étant notamment et plus spécifiquement un théâtre. Trois éléments constituent le théâtre : le *lieu*, l'*action* et l'*expérience*.

Le théâtre est d'abord le lieu où se déroule une action. En Grèce ancienne, le théâtre était un lieu imposant taillé dans un pan de montagne en amphithéâtre. À Épidaure dans le Péloponnèse, l'impression qui s'en dégage est tellement grandiose que le lieu même est en soi un spectacle, une pièce muette et pourtant parlante, l'écrin pour accueillir le diamant étant un diamant lui-même. De ce fait, pénétrer dans le théâtre d'Épidaure revient à pénétrer dans le mythe du théâtre lui-même, le lieu étant la mise en scène du lieu. Le structuralisme a découvert que, pour décrypter les mythes, il fallait s'intéresser au signifiant et pas simplement au signifié, le signifié du mythe se trouvant toujours dans le signifiant. Le théâtre en est la vérification en étant la plus grande pièce de théâtre qui soit.

Outre le lieu, le théâtre est une action, celle de transposer la réalité humaine sur un plan divin en l'occurrence. En ce sens, il est le divin en acte. Si les dieux sont une énergie permettant aux hommes d'aller de la Terre au Ciel et du Ciel à la Terre, le théâtre en est la traduction. D'où son caractère tragique. Qui dit tragique dit le fait pour un être humain d'être écrasé par plus fort et plus haut que lui. C'est ce que l'on trouve dans la tragédie, celle-ci montrant l'homme banal mourant à la banalité pour naître à autre chose. Dans le théâtre antique, sur scène, il revenait à l'acteur de réaliser cette mutation, son masque ou *persona* faisant disparaître le visage des hommes afin de faire apparaître celui des dieux. Le terme de « personne » que nous avons conservé condense bien cette dualité constitutive de l'acteur, la personne désignant la présence de quelqu'un mais aussi son absence. Dans *L'Origine de la tragédie* Nietzsche souligne lui aussi la relation entre théâtre et tragédie, le but du théâtre étant de faire basculer le public dans le divin par une extase collective mettant fin à l'humanité banale. Dans la mythologie antique, c'est à Dionysos que revient la fonction d'incarner le théâtre, Dionysos étant théâtral du fait du cortège qui l'accompagne. Dionysos étant surtout le dieu qui ne se banalise jamais en mourant sans cesse pour renaître.

Enfin, outre le fait d'être un lieu et une action, le théâtre est une expérience. Quand, prenant du recul par rapport au monde, on regarde vraiment celui-ci, on s'ouvre nécessairement à la dimension théâtrale de l'existence, regarder en profondeur le monde consistant à voir ce qui se meut en lui mais aussi ce qui le meut grâce à un regard embrassant le visible et l'invisible et donc les dieux et les hommes. D'où le lien entre théâtre et vue d'ensemble, ce lien étant perceptible dans la racine *thea* qui veut dire « vue » et que l'on retrouve au cœur du terme *theatron*. Socialement parlant, le théâtre est l'expérience d'un tel regard, les spectateurs allant au théâtre pour voir une pièce, pour se voir entre eux en regardant une pièce et finalement pour voir les ressorts de la vie sociale et humaine à travers le théâtre et la société. En cela le théâtre est une véritable machine à faire voir la vie.

La catharsis

S'il y a une grande profondeur de pensée dans ce mythe actif qu'est le théâtre, celui-ci est aussi pratique et notamment thérapeutique. On s'en rend compte une fois encore à Épidaure, ce lieu grandiose donnant l'impression physique qu'il y avait là un lieu thérapeutique. Ce qui est vrai. Épidaure était effectivement un lieu thérapeutique où l'on ne venait pas se distraire, mais effectuer une purification, en grec *catharsis*, en prenant d'abord un bain de vapeurs afin de se purifier le corps par la transpiration puis en participant à ce psychodrame purificateur qu'est une pièce de théâtre. On a le même sentiment à Delphes, ce sanctuaire évoquant une sorte de spa métaphysique avec thermes et théâtre, mais aussi stade et temple, ces derniers favorisant l'élan du corps et de l'âme. Aussi peut-on dire que dans la Grèce antique les sanctuaires étaient des théâtres divino-humains permettant aux hommes et aux femmes de se purifier, osons le mot, de leur « stress », afin de substituer à celui-ci le clair regard mettant toute chose à sa place. De ce fait, les Grecs anciens effectuaient une sorte de parcours métaphysique dans un sanctuaire en commençant par purifier leur corps par les thermes et le stade avant de purifier leur âme par le théâtre et le temple. Nous faisons de même quand nous allons faire du sport, nous rendons au sauna, au cinéma puis à une séance de yoga. La Nature étant comme le dit Aristote à elle-même son médecin[35], nous faisons en sorte de donner le moyen à nos forces autoréparatrices de pouvoir s'exprimer.

Dans l'Antiquité, le théâtre et le mythe jouaient un rôle central dans le dispositif menant à la guérison en permettant ce que les psychanalystes appellent un « transfert » et qu'Aristote nomme, lui, une « identification[36] ». Comme il le note lui-même dans sa *Poétique*, on se sent soulagé quand on peut pleurer à l'occasion d'une tragédie et rire avec une comédie. Tout seul, on a souvent du mal à voir ce qui nous fait souffrir. En voyant une pièce de théâtre, on y parvient plus aisément, celle-ci aidant à dévoiler notre être intime en parlant à notre inconscient. On le sait, c'est en mettant des mots sur les sentiments que l'on parvient à se représenter ceux-ci. Au théâtre, au cinéma, en lisant un roman voire un essai philosophique, c'est en passant par la représentation des passions humaines devant soi qu'on prend conscience de celles-ci en soi.

Le mythe s'inscrit dans cette dynamique thérapeutique. Le récit de la création du monde au cours d'une étreinte amoureuse favorisée par Éros entre Gaïa et Ouranos en est une illustration. Lions l'étreinte amoureuse et la création du monde, on crée un état de conscience éliminant toute culpabilité à l'égard de l'une comme à l'égard de l'autre. Pourquoi avoir honte physiquement de soi puisque la sexualité reflète la création du monde ? Et pourquoi avoir métaphysiquement honte de soi puisque la création du monde reflète la sexualité ?

L'extrapolation

On a beaucoup reproché au mythe – et on le lui reproche encore – d'être une projection humaine donnant lieu à des extrapolations indues en mythifiant la réalité. Tous ces reproches sont justifiés sauf qu'ils commettent une erreur. Celle d'être précisément des reproches, projection, extrapolation et mythification n'étant pas aussi négatives qu'elles semblent l'être. Ainsi, il existe certes des projections gênantes, celles où l'on fait dire à la réalité ou aux autres ce qu'ils ne disent pas. Mais il existe toutefois des projections nécessaires. Quand il s'agit de se relier à l'avenir, il est impossible de le faire sans se projeter, cela consistant à avoir un projet, c'est-à-dire littéralement à se jeter devant et plus précisément à mettre en avant quelque chose de soi. Il est en général cohérent de réfléchir avant d'agir. Parfois, c'est en agissant d'abord et en réfléchissant après que l'on est cohérent. Ainsi, c'est en mettant en avant ce que l'on aime, ce que l'on rêve et ce que l'on souhaite que l'on rompt la glace avec autrui ainsi qu'avec l'avenir. Et les mythes qui portent les rêves de l'humanité permettent à celle-ci d'aller de l'avant au lieu de rester figée sur place.

Par ailleurs, à l'instar de la projection, l'extrapolation n'est pas négative. Certes, il existe des extrapolations débridées renvoyant à une imagination débridée battant la campagne. Mais « extrapoler » venant du grec *extra polis* qui veut dire littéralement « hors de la cité », ce terme désigne une sortie positive. Ainsi, lorsque Platon explique en s'inspirant du nombre d'or de Pythagore que la cité est au corps ce que l'univers est à la cité, le corps ainsi que l'univers sont hors cité, pourtant ils ne sont pas sans lien avec elle. C'est en extrapolant que ces relations apparaissent. Il est important d'extrapoler. C'est ainsi que l'on sort des sentiers battus en ouvrant des champs de pensée ainsi que de découverte. L'analogie entre la cité, le corps et l'univers ne va pas de soi. Mais on n'a encore rien trouvé de mieux aujourd'hui pour penser la cité que de la concevoir comme un corps social fait de multiples mondes, le corps permettant de penser son unité et l'univers sa diversité.

Enfin, on critique la mythification en y voyant une forme de grandiloquence déformant naïvement voire dangereusement la réalité. Ce qui peut être le cas. Pas toujours cependant, tant il est vrai qu'il y a des moments où mythifier la réalité aide à entrer dans celle-ci. Ainsi, quand on aime on mythifie toujours. Et quand on hait on démythifie toujours également. Il y a là un fait important. Le sentiment n'étant jamais neutre sous peine de ne plus être un sentiment, celui-ci est « blanc » ou « noir ». Quand il est blanc, cela témoigne d'un acte de résistance. Il s'oppose au fait de démythifier et derrière lui de réduire, de rabaisser, de dénigrer, de minimiser. Ce qui n'est pas rien. La vie sociale étant traversée par toutes sortes de conflits au cours desquels il n'est pas rare que de belles choses soient injustement rabaissées, c'est en mythifiant ce qui démythifie ainsi que l'on rétablit une forme de justice. Aussi peut-on dire qu'il y a dans le mythe une forme de résistance et qu'il lui revient d'exercer cette fonction. Notre vie sociale en est l'illustration. Il y a en elle des faiseurs de mythes et de louanges positifs, un peu comme dans la Grèce antique l'on trouvait des maîtres de vérité faisant la réputation de tel ou tel homme public, guerrier ou homme politique, ainsi que le rappelle Louis Gernet[37]. De tels faiseurs de mythes et de louanges n'étaient pas tant des faussaires que des restaurateurs de vérité. On comprend dès lors la fonction du mythe. Celle-ci relève de la fonction fabulatrice mise en évidence par Bergson dans *Les Deux Sources de la morale et de la religion*[38]. Quand un certain usage de l'intelligence soi-disant lucide s'ingénie à paralyser les forces de vie de l'humanité en ne montrant que les aspects négatifs et tristes de la réalité, c'est en mythifiant la réalité qu'évitant de sombrer dans le cauchemar, on se maintient pratiquement dans la vie. Comme le souligne Bachelard dans *L'Eau et les Rêves*, on commence toujours par rêver le monde avant de le construire. Le mythe est cette part de rêve nécessaire qui permet de construire[39].

La parole

Les mythes n'ont pas cessé de faire l'objet de nombreux essais d'interprétation. Si tous sont intéressants en en révélant tel ou tel aspect, beaucoup se trompent en croyant pouvoir découvrir leur sens unique. Ce qui n'est pas possible. Cela tient à trois raisons.

La première relève d'un principe de lecture. Lorsque l'on se trouve dans le cadre d'une parole religieuse, il faut savoir que la parole qui interprète celle-ci est aussi importante que cette parole même. Ainsi, dans la tradition chrétienne, la parole d'un Père de l'Église commentant les saintes Écritures est aussi importante que les saintes Écritures elles-mêmes. Quand les Écritures cessent d'être reliées à une théologie en étant la source inspiratrice de celle-ci, elles cessent d'être les Écritures. Avec le mythe, il en va de même. Celui-ci est interprété quand la parole qui l'interprète est aussi mythique que le mythe lui-même. Faute de quoi, tombant dans la banalité, le mythe cesse d'être un mythe. D'où l'échec du rationalisme dans sa compréhension du mythe. Certes, il n'est pas faux de voir dans un mythe un aspect psychologique comme le fait la psychanalyse avec Freud en réduisant le mythe d'Œdipe à un complexe. Tout comme il n'est pas faux de voir dans le mythe l'expression d'une problématique sociale et politique. Il n'en demeure pas moins qu'il est « mythique » au sens péjoratif du terme de croire et de faire croire que le mythe n'est qu'une affaire psychologique ou bien encore sociale, celui-ci étant aussi une affaire morale et spirituelle.

Le second élément s'opposant à une interprétation unique du mythe relève, lui, d'un principe de réalité. Quand il est question du mythe comme de la vie pratique, il importe de ne pas oublier qu'il existe deux niveaux de réalité contradictoires entre eux, le premier étant concret, le second symbolique. Considérons l'histoire d'Œdipe. Il est juste de voir en elle l'histoire de la transgression par Œdipe des deux interdits fondamentaux constituant l'humanité comme humanité évoluée, à savoir l'interdit du meurtre et l'interdit de l'inceste. Mais il est tout aussi juste de voir dans ce récit une histoire symbolique montrant comment Œdipe est celui qui, tuant le père et épousant son féminin intérieur avant de crever ses yeux extérieurs, devient, guidé par sa fille Antigone, l'initiateur des cités grecques à la connaissance de soi. Autrement dit, si tuer son père et épouser sa mère est un interdit sur le plan de la réalité humaine concrète, sur un plan symbolique il s'agit d'une loi initiatique. Ignorant le principe de contradiction, le mythe d'Œdipe présente les deux versions en même temps. D'où la difficulté qu'il y a à le comprendre et notamment à accepter le fait qu'Œdipe soit à la fois la victime d'un destin que les dieux lui imposent et le coupable que les dieux punissent comme s'il avait librement choisi de transgresser. Pour nous qui cherchons une logique et une justice dans cette histoire, elle est révoltante. Pour les Grecs qui la lisaient, elle ne l'était pas, celle-ci rendant bien compte de la réalité de la condition humaine qui, concrète et symbolique à la fois, interdit d'un côté ce qu'elle recommande de l'autre.

Enfin, le troisième élément s'opposant à une interprétation univoque du mythe est lié à sa fonction. Marqués par un mode de vie utilitariste, nous avons tendance à dire et à penser que parler consiste à parler pour dire quelque chose. Il ne nous vient pas de ce fait à l'esprit que l'on pourrait parler pour ne rien dire. Cela nous semble même une hérésie. Le mythe ayant comme principe de parler pour parler et non de dire quelque chose, sa logique va à l'encontre d'un tel mode d'être. De là sa complexité, celui-ci étant fait de sous-mythes, lesquels sont la source d'autres mythes. Logique absurde d'un certain côté. Logique merveilleuse d'un autre, le mythe étant comme l'amitié : une conversation sans fin. Le mythe étant aussi une forme de vigilance exercée par les gardiens de la vie afin de veiller sur la parole du monde pour qu'elle ne s'éteigne pas.

Les héros

Gérard d'Aboville

21 novembre 1991 : après être parti le 10 juillet des côtes du Japon, le navigateur français Gérard d'Aboville atteint la côte ouest des États-Unis ; il vient de traverser l'océan Pacifique à la rame. 14 octobre 2012 : le parachutiste autrichien Felix Baumgartner bat le record du monde de saut en parachute en franchissant le mur du son en chute libre après avoir sauté de plus de trente-huit mille mètres. 20 août 1980 : l'alpiniste italien Reinhold Messner atteint le sommet de l'Everest seul et sans oxygène.

Les Grecs anciens qui vivaient avec les dieux et les mythes vivaient aussi avec les héros, ces êtres à cheval entre les hommes et les dieux. C'est encore le cas aujourd'hui. Les héros sont toujours parmi nous. Les exploits réalisés par Gérard d'Aboville et d'autres en sont l'illustration en témoignant de l'un des phénomènes les plus singuliers qui soient. À travers le désir de se dépasser, un certain nombre d'êtres humains font exister, comme les héros de l'Antiquité, une forme de transcendance dans le monde moderne. D'où des exploits consistant à traverser des mers, escalader des montagnes, descendre dans les profondeurs de la terre, effectuer des raids à pied, à cheval, en voiture ou dans les airs au péril de sa vie.

Désir de se rassurer en voulant prouver quelque chose à soi et aux autres, besoin de faire parler de soi, narcissisme, mégalomanie, égoïsme délirant ? Le besoin de se surpasser peut certes déraper dans une folle course au record, à la victoire et à la gloire. Il y a toutefois autre chose. Interrogé sur la raison pour laquelle il marchait sur les câbles de ponts suspendus au-dessus de vides vertigineux, un escaladeur a répondu qu'il le faisait pour notre époque, qui a besoin d'héroïsme. Et, à la suite de sa traversée du Pacifique, Gérard d'Aboville a reçu d'une vieille dame une lettre sur laquelle était simplement écrit : « Merci, vous nous aidez à vivre. »

Le guerrier

L'Homme étant un « animal symbolique » qui a besoin de se représenter ce qu'il est pour être, ainsi que le souligne Ernst Cassirer[40], les dieux et les mythes ne sont pas ses seuls moyens de représentation. Il y a aussi le héros.

Il désigne littéralement un demi-dieu. Ce qui veut dire deux choses. Au sens propre, le héros descend d'un dieu et d'un être humain. À ce titre, il est une sorte de Centaure inversé, le Centaure étant mi-animal mi-homme alors que lui est mi-homme mi-dieu. Toutefois, un héros ne se définissant pas simplement par sa naissance divino-humaine, il faut aussi tenir compte de l'aspect moral faisant de lui un être exceptionnel. Ainsi, au sens figuré, il faut entendre par le terme « héros » un être humain qui, sachant faire face au danger, démontre un courage hors du commun. Ce qui peut être le cas à la guerre, le héros étant celui qui, afin de sauver les siens, fait face à l'ennemi, parfois jusqu'à la dernière extrémité en menant une résistance héroïque. Ce qui peut également être le cas dans la vie civile, le héros étant celui qui n'hésite pas à exposer sa vie afin de sauver celle des autres. Quoi qu'il en soit, qu'il soit militaire ou civil, un trait caractérise le héros : il sait dépasser la condition humaine en étant plus fort que les trois grandes peurs de l'humanité, celle du mal et de la violence, celle de la souffrance et celle de la mort. Signe d'une grande force mentale et, derrière elle, d'un remarquable accomplissement intérieur.

La réalité étant faite de matière et d'esprit, il faut pouvoir tenir ensemble ces deux dimensions totalement opposées l'une à l'autre. Il faut de ce fait pouvoir être constamment sur la brèche au cœur d'une contradiction permanente en refusant aussi bien la folie consistant à se prendre pour un dieu que la violence consistant à régresser dans l'animalité. Un être humain ordinaire n'y parvient pas. Le plus souvent il régresse vers l'animalité ainsi que vers la matérialité. Le héros, lui, y parvient. Il réussit ce tour de force en épousant le paradoxe du guerrier, qui consiste à vivre la guerre comme s'il s'agissait de la paix en restant en paix au cœur de la guerre. Paradoxe qui va de pair avec celui du sage, dont l'art consiste à traiter la matière comme s'il s'agissait de l'esprit. C'est ce que l'on appelle le courage. Venant du cœur qui est le siège de la colère ainsi que le rappelle Platon[41], le courage est une colère surmontée. Terme qu'il importe de bien comprendre en ne se méprenant pas sur ce que la maîtrise de soi peut bien vouloir dire. Comme le souligne Platon, être maître de soi-même peut être une passion[42], la passion d'être le maître. Elle est alors une tyrannie. Ce qui peut être séduisant. On peut avoir un plaisir pervers à être le tyran de soi-même. Les héros de Sade qui se plaisent à refouler toutes leurs émotions afin d'être froids en toutes circonstances en sont l'illustration. Leur propre dureté, y compris à l'égard d'eux-mêmes, les fascine et leur procure une certaine jouissance. D'où la sagesse de Platon soulignant qu'être maître de soi consiste à être non pas le maître de soi-même mais le sage de soi-même en étant non pas dur mais intelligent et réfléchi.

Quand on a affaire à de véritables héros, il est frappant de constater que ceux-ci ne se prennent nullement pour tels. C'est nous qui les voyons ainsi, pas eux. En quoi ils ont raison. L'héroïsme n'existe pas. Il n'y a que la sagesse qui existe. Toute la force des héros vient de là. Ils ne se forcent pas pour devenir des héros. C'est la sagesse qui les bâtit et rien d'autre. On comprend de ce fait quel type d'individu on peut appeler un héros. Il s'agit d'un être qui n'oublie jamais de réfléchir ni d'être intelligent. Même dans les pires moments de l'existence.

L'acteur

Il y a un lien entre le héros et l'acteur. Comme son nom l'indique, celui-ci est relié à l'action, l'acteur étant celui qui joue. Ce qui implique un double geste. Le premier consiste à être agissant en faisant ce qu'il faut pour agir. Le second à obéir à un autre qui fait agir en occupant la place assignée par celui-ci. D'où la complexité de son jeu, jouer nécessitant que l'on lie ensemble le fait d'agir et celui d'être agi, l'un n'allant pas sans l'autre. Complexité bien aperçue par Diderot quand celui-ci fait remarquer qu'il existe un

« paradoxe du comédien[43] ». Ainsi, pour pouvoir jouer, un comédien a besoin à la fois d'être un comédien et de ne pas l'être, de jouer et de ne pas jouer. Autrement dit, il a autant besoin d'être lui-même que d'être un autre. Qu'il vienne à ne pas se prendre pour un autre, en l'occurrence son personnage, restant lui-même et ne devenant pas un autre, étant donc normal, voire banal, il cesse d'être un comédien. Mais qu'il vienne à se confondre totalement avec son personnage en cessant d'être lui-même, perdant tout contact avec la réalité comme les psychotiques, il cesse aussi d'être un comédien.

C'est ce que fait le guerrier courageux ainsi que le sage avisé. Ainsi, quand le guerrier agit à la guerre comme s'il était dans la paix, il joue. Tout comme le sage joue quand il considère la matière avec les yeux de l'esprit. En fait, qu'il s'agisse de l'acteur, du guerrier ou du sage, tous jouent, jouer consistant à penser avec persévérance à travers les rôles que l'existence donne, que ce soit celui de l'acteur, du guerrier ou du sage. On comprend dès lors ce qui fait l'essence de l'existence selon le stoïcisme : le monde étant une partition écrite par un autre, on s'insère dans le monde en acceptant ce fait et en jouant le jeu de l'existence comme un musicien dans un orchestre, l'erreur étant de se prendre pour le metteur en scène de la vie. Ainsi, comme le dit Épictète : « Souviens-toi que tu n'es qu'un acteur dans le rôle qu'un auteur dramatique a bien voulu te donner. Accepte que ce rôle soit court s'il est court et long s'il est long. S'il veut que tu joues un rôle de mendiant, joue-le convenablement. Fais de même si ton rôle est celui d'un boiteux, d'un magistrat ou d'un simple citoyen. Il dépend de toi de bien jouer le personnage qui t'a été donné ; mais le choisir appartient à un autre[44]. »

Il faut beaucoup de force pour arriver à une telle sagesse, cette force consistant à ne plus avoir de moi. Ce qui est le cas du sage authentique pour qui la sagesse compte plus que lui-même, de l'acteur pour qui le théâtre passe avant tout ou bien encore du guerrier accompli, impassible face à l'adversité. Si acquérir une telle force demande un sacrifice total afin de mettre la force à la place du moi, la récompense en retour est totale elle aussi, celle-ci résidant dans l'art de souffrir, qui est l'un des plus élevés qui soient, un tel art étant l'art même de la vie. Dans les services de soins palliatifs aujourd'hui, un certain nombre de personnes en font l'expérience. Quand, au seuil du grand départ, on est arrivé à ce point de l'existence qui n'est plus la vie mais qui n'est pas encore la mort, et qu'il ne reste rien d'autre à faire sinon à devenir pure acceptation de l'inéluctable, il n'est pas rare que certaines personnes disent faire la découverte la plus importante qu'elles aient jamais faite. Le moi n'étant plus capable de les porter et s'accrocher à un tel moi n'ayant plus de sens, c'est la force de la vie qui les porte. Une force venant du fond de soi, souvent ignorée et pourtant bien là, comme le véritable gardien de nous-mêmes. Une force venant du fond de l'univers et pas simplement de soi. Une force venant, comme disaient les Anciens, de cette part mystérieuse de la vie appelée les dieux, ceux-ci désignant cette énergie de la vie qui se manifeste de façon miraculeuse au cœur de la réalité quelle qu'elle soit, celle de la mer, de la montagne, de la vie en pleine santé ou de la maladie.

Le sujet

On se demande souvent si le monde antique connaissait la notion de sujet. La réponse est souvent négative. Les Grecs vivant dans un univers gouverné par les dieux et cet univers ne laissant aucune liberté à l'Homme, ils n'auraient connu ni la liberté ni le sujet. Il y a là une projection d'un certain humanisme radical pensant que si l'Homme n'est pas Dieu, il n'existe pas. Contrairement à ce que l'on imagine souvent, les Grecs connaissaient la notion de liberté comme celle de sujet. Le héros en est la preuve.

« Sujet » vient du latin *subjectum* qui signifie « ce qui est jeté dessous » par opposition à l'objet qui est « jeté au-dessus » et au projet qui est « jeté devant ». Il est important que quelque chose soit jeté dessous. C'est là ce qui fonde en supportant. Un pilier supportant un chapiteau comme dans un temple est une belle image de ce qu'un sujet peut être. C'est la force, autrement dit, qui définit le sujet et non la liberté de faire ce que l'on veut ou de dire « je » ou bien encore « moi ». Les Grecs pensaient qu'il y a une force imperturbable derrière les manifestations de la Nature. Ils appelaient cette force du nom de « substance » ou bien encore comme chez Aristote d'« entéléchie ». Ils voyaient de ce fait la Nature comme un grand sujet. Quand les êtres humains étaient sages, c'est-à-dire fermes dans leur intelligence de la vie comme d'eux-mêmes, les Grecs les voyaient également comme des sujets. D'où un rapport particulier de leur part à ce que l'on peut qualifier de subjectivité. Celle-ci n'était pas la particularité sensible de chacun, ce qui fait que nous sommes irréductiblement différents les uns des autres sans l'espoir de pouvoir jamais nous rejoindre. De l'ordre de la force et non de la particularité, la subjectivité était ce qui parle à la force de chacun. D'où l'importance des statues de sages pour donner une idée de ce qu'un sujet pouvait être.

Bien que nous vivions dans un monde confondant subjectivité et particularité, nous sommes plus proches des Grecs que nous ne le pensons. Ainsi, la psychanalyse est très proche de l'expérience grecque du sujet. Comme le souligne Alain Didier-Weil, s'il y a en nous un moi crispé sur sa particularité névrotique qui n'est pas notre moi véritable et profond, il y a en nous un moi à la fois énigmatique et étonnant[45]. On le trouve dans la capacité que nous pouvons avoir de traverser les épreuves de l'existence et de nous en sortir. La psychanalyse permet de dévoiler ce sujet étonnant et énigmatique. Ainsi, faire l'épreuve de soi à travers la parole sur soi n'est possible que si l'on est soutenu par une force profonde, la force de vie que Spinoza[46] appelle le *conatus*, la force du sujet de l'inconscient pour reprendre les mots d'Alain Didier-Weil[47].

Il n'y a pas toutefois que la psychanalyse qui le permette. Durant la deuxième guerre mondiale, Bruno Bettelheim a rencontré ce moi dans les camps de concentration dont il a pu sortir vivant grâce à lui. C'est ce qu'il appelle le « cœur conscient[48] ». Robert Antelme a fait la même expérience. Dans les camps de concentration, il a lui aussi rencontré son moi héroïque et c'est en s'appuyant sur lui qu'il a pu comme Bruno Bettelheim revenir des camps. C'est ce qu'il a appelé l'« individu fondamental », cœur de l'espèce humaine[49]. Cœur que les nazis voulaient éradiquer.

Il y a en nous de l'indéracinable, Bruno Bettelheim ainsi que Robert Antelme en ont fait l'expérience. Descartes aussi lorsque, se demandant si l'on pouvait douter de tout, il a découvert que l'on pouvait douter de tout sauf du fait que l'on existe et que l'on pense, douter de tout requérant qu'un sujet existe et pense pour pouvoir douter. Bruno Bettelheim, Robert Antelme, Descartes sont ainsi très grecs quand ils parlent de l'Homme comme ils le font. Ils ont compris ce que le héros révèle : l'Homme est une force et non un moi, c'est ce qui fait de lui un Homme.

Le héros

On comprend pourquoi les Grecs vivaient avec les héros. C'est avec eux et notamment avec le plus aimé d'entre eux, Héraclès ou Hercule, qu'ils ont été en mesure de bâtir leur subjectivité profonde[50]. Fils de Zeus et d'Alcmène, Héraclès est promu au plus grand destin qui soit, être le roi que le monde recherche en étant la lumière du monde et l'ordonnateur de la vie. Mais en butte à la fureur d'Héra, la femme de Zeus, furieuse d'avoir été trompée, une épreuve lui est infligée : devoir surmonter la dépravation sexuelle qui le menace de banalisation. D'où le sens de son nom, « gloire d'Héra ». C'est parce que celle-ci va lui infliger une épreuve qu'il va devenir ce qu'il est et finalement faire rejaillir sa gloire sur elle.

Les débuts d'Héraclès sont pour le moins contrastés. Si, enfant, il se démontre capable d'étrangler un serpent qui s'est glissé dans son berceau (signe qu'il est apte à vaincre le moi vaniteux symbolisé par le serpent), adulte, pris d'un accès de démence, il égorge sa femme et ses trois enfants (signe qu'il doit encore vaincre ses pulsions dominatrices). Les douze travaux qu'il va effectuer vont lui permettre de surmonter son moi primaire. Ainsi, il étouffe le lion de Némée, symbole de l'esprit de domination. Il terrasse le taureau de Crète, symbole de brutalité. Il capture le sanglier d'Érymanthe, symbole de la débauche effrénée. Il affronte victorieusement les Amazones, ces femmes tueuses d'hommes, symboles de l'âme (féminine) tuant l'esprit (masculin). En détournant le fleuve Alphée afin de nettoyer la boue des écuries d'Augias, il purifie le subconscient de la banalité (la boue) et libère la capacité de sublimer (le bœuf luisant). En tuant l'hydre de l'Herne, serpent à têtes multiples qui repoussent quand on les coupe, il se débarrasse de la vanité et de ses mille ruses pour dominer. En luttant contre Géryon, le géant à trois corps, il s'attaque aux trois formes de perversité, la vanité banale, la débauche et la domination. En combattant Antée, l'anti-dieu, il lutte contre la tentation de retourner aux désirs terrestres. En tuant Diomède, qui règne sur un troupeau de chevaux mangeurs d'hommes, il tue l'impétuosité qui dévore l'esprit. En perçant de ses flèches les oiseaux du lac Stymphale qui empêchent de voir le soleil, il purifie le subconscient de toutes les images qui empêchent de voir l'esprit. En capturant la biche aux pieds d'airain, il fait preuve de la patience et de l'effort infinis pour arriver à marier ensemble la finesse de l'âme (la biche) avec sa force (les pieds d'airain). En allant cueillir les pommes d'or du jardin des Hespérides, il fait preuve d'une même patience afin d'unir les désirs terrestres (la pomme) à la sublimation (l'or). Enfin en domptant le Cerbère, monstre à deux têtes doté d'une queue de serpent gardien du Tartare, il purifie le subconscient (le Tartare, fleuve souterrain) de l'exaltation imaginative et du refoulement (les deux têtes) qui empêche l'esprit de venir habiter l'âme[51].

On comprend, à la lecture de ces douze travaux, pourquoi Héraclès a été le héros le plus aimé de la Grèce. L'aimer c'est aimer la force que l'on a en soi. C'est être psychiquement sauvé. D'où cet hymne d'Orphée qu'il faut lire comme une prière intérieure adressée à Héraclès.

Robuste et puissant Héraclès, vaillant Titan,
Aux mains de fer, combattant toujours victorieux,
Multiple, père du temps, bienfaiteur éternel,
Indicible, farouche, adoré, puissant Archer,
Devin au cœur magnanime, ogre, ensemenceur suprême,
Et secourable qui délivra les hommes de la peur des fauves
Et procura à tous ceux qui grandissent l'indispensable paix,
Comblé d'honneur, infatigable, enfant chéri de cette terre,
À nos lointains ancêtres tu apparus nimbé d'éclairs,
La tête ceinte d'aurore et de nuit ténébreuse,
Traversant d'est en ouest le champ des douze épreuves,
Immortel, rusé, énorme, inébranlable !
Viens vite porter remède à nos souffrances,
Agiter le rameau qui chasse les douleurs
Et que tes flèches éloignent le malheur[52].

Le réel

Le Mont-Blanc

Megève est l'endroit des Alpes d'où l'on voit le mieux le Mont-Blanc. Quand le télésiège amène les skieurs en haut des pistes, là où le sommet peut se dévoiler dans toute sa splendeur, il se fait un temps d'arrêt parmi eux. Durant un instant ils ne sont plus des skieurs, mais une troupe de pèlerins des temps anciens venant vénérer une divinité. À Zermatt, lorsque le train à crémaillère arrive en vue du Cervin, c'est tout juste si les touristes japonais ne se mettent pas à genoux. À Megève, si l'impression de sacré se fait moins démonstrative, elle n'en est pas moins tout aussi intense. Ceux qui sont là viennent assurément pour la glisse et le soleil. Mais sans oser toujours se l'avouer, ils viennent aussi pour ressentir ce point de l'existence où le physique, exprimé par la Nature, la *phusis* en grec, fait rencontrer le métaphysique, l'au-delà de la Nature qui renvoie à ses sources invisibles.

Comme les Grecs anciens, beaucoup de gens disent ressentir qu'il y a « quelque chose » dans la vie, une dimension supérieure devant laquelle on a envie de s'incliner. À Megève, face au Mont-Blanc, ce quelque chose est palpable. Puissante, immense, majestueuse, la montagne donne à ceux qui la regardent une leçon de métaphysique en leur enseignant qu'on ne rêve pas quand on pense qu'il y a quelque chose dans la vie. Le terme « être » qui veut dire « réalité » a alors un sens. Du fait d'un lien soudain révélé entre la réalité concrète qui nous fait face et une dimension surpuissante de l'existence, la réalité donne vraiment l'impression d'être réelle. Quand Hegel a vu le Mont-Blanc pour la première fois, il s'est assis face à la montagne, a croisé ses mains sur sa canne, mis son menton sur ses mains et s'est contenté de dire : *Es ist so*, « C'est ainsi ».

La réalité de la réalité

Les philosophes utilisent souvent la notion d'être. Certains d'entre eux comme Rudolf Carnap et l'école des logiciens de Vienne pensent qu'elle est vide et obscure. En quoi ils se trompent, l'être bien compris renvoyant à une expérience vivante du réel ouvrant sur la *théologie*, la *métaphysique* et l'*éthique*. On s'en rend compte en se penchant sur la réalité.

La philosophie est née au VIe siècle av. J.-C. en Grèce, la Grèce d'alors allant de l'Asie Mineure à la Sicile en passant par la Grèce actuelle. Cette apparition est due à des réformes politiques conduisant à une organisation de la cité sur des bases démocratiques et non plus religieuses. Mais surtout, elle vient d'un phénomène de fond qui balaie alors le monde et que Karl Jaspers appelle la « période axiale » de l'humanité[53]. En Chine avec Lao-tseu, en Inde avec le Bouddha, en Perse avec Zoroastre, en Israël avec Isaïe, en Grèce avec les présocratiques, tous les sages invitent à rentrer à l'intérieur de soi. Témoin de cette époque, la fameuse sentence inscrite au fronton du temple d'Apollon à Delphes, *Gnoti seauton*, « Connais-toi toi-même ».

Autre témoin de cette époque, Parménide à Élée, en Sicile, raconte dans un poème intitulé *De la Nature* l'initiation qui a été la sienne. Un jour des jeunes filles montées sur des cavales l'emmènent jusque vers le temple de la Vérité devant la porte duquel se trouve une déesse qui initie le jeune Parménide en lui tenant ce discours :

> Deux voies seules s'ouvrent à la quête de ta connaissance.
> L'une affirme : il est et il est impossible qu'il ne soit pas.
> C'est le chemin de certitude, la Vérité l'accompagne.
> L'autre affirme : il n'est pas et il ne peut pas être.
> Route, sentier où il n'y a que mensonge,
> Même chose se donne à penser et à être
> L'être qui se donne à dire et à penser doit être…
> Mais le non-être ne le peut. Médite-le, je t'en prie[54]...

Ce poème qui a l'air de dire une chose simple en soulignant que l'être est et qu'il ne peut pas ne pas être exprime une vérité fondamentale. Quand on réfléchit, on se demande inévitablement ce qu'est la réalité. Question difficile, les objections ne tardant pas. N'est-il pas très subjectif de parler de la réalité ? N'est-ce pas très relatif au lieu dans lequel on se trouve, à l'époque à laquelle on vit, à la culture à laquelle on appartient ?

Pour certains courants de pensée comme le bouddhisme ou l'advaïta en Inde, la réalité n'est qu'une illusion. Pour la pensée baroque, elle est une folie. Pour le nihilisme, elle est absurde. Parménide a pris une autre option, celle de dire que la réalité existe bel et bien. Et nous avons pris cette option avec lui. Celle-ci se fonde sur un simple constat logique. Pour dire que la réalité est subjective, relative, anthropomorphique ou illusoire, il faut bien qu'il y ait une réalité, sinon on ne pourrait même pas le dire. Au XVIIe siècle, Descartes a recours au même raisonnement, quand il critique le scepticisme qui doute de tout. Impossible de dire que rien n'existe et qu'il n'y a pas d'être sans être soi-même et pouvoir penser. Quand donc on dit que la réalité n'existe pas, on ne sait pas ce qu'on dit. Aussi faut-il se rendre à cette conclusion : il y a de l'être, il y a de la réalité. Affirmation essentielle. C'est grâce à elle qu'il est possible de vivre sans folie dans le monde. Ce qui n'est pas rien. Toute la civilisation repose sur ce principe. Cela se voit quand quelqu'un a commis une faute. La justice et la morale lui rappellent que la réalité existe et que l'on ne peut pas faire sans elle.

Le début de la théologie

On comprend donc que la philosophie ait commencé avec des penseurs comme Parménide rappelant que la réalité existe. Reste que son apport ne s'arrête toutefois pas là. Comme le souligne le grand helléniste Werner Jaeger, il faut voir en lui le premier théologien[55]. Jadis reine des sciences, la théologie est aujourd'hui marginale, quand on ne remet pas en question son existence même. Du moins en apparence, l'expérience montrant que l'on a besoin de Dieu pour ne pas basculer dans le nihilisme. Car quand on réfléchit, on ne se demande pas simplement si la réalité existe mais si, fondamentalement, il y a *quelque chose*. On peut répondre qu'il n'y a rien, on est alors métaphysiquement nihiliste. On peut aussi répondre qu'il y a quelque chose et non rien, on est alors métaphysiquement théologien. C'est le cas de Parménide qui se fonde pour cela sur la logique en se posant une question simple : peut-il fondamentalement ne rien y avoir ? Le néant peut-il exister ? Deux choses s'y opposent. Soit le néant existe et, étant de l'être, il n'est pas le néant. Soit le néant est vraiment le néant et, dans ce cas, il n'existe pas. Autrement dit, par quelque bout que l'on envisage l'existence du néant, celui-ci n'existe jamais. Donc il y a quelque chose qui existe fondamentalement et ce quelque chose est ce que l'on appelle Dieu. Ce qui débouche sur trois conséquences fondamentales. La première est métaphysique et consiste à rappeler qu'il ne peut pas y avoir n'importe quoi. L'absurde, le chaos, le vide, le néant, la folie sont impensables, absurde, chaos, vide, néant, folie requérant pour être qu'il y ait de l'être. Plus d'être ? Ils s'évanouissent avec lui. Thèse encore une fois fondamentale, qui évite le délire collectif. Si cela n'avait pas été dit et pensé, si cela n'était pas dit et pensé constamment, il n'y aurait rien. L'Europe n'existerait pas. Tant il est vrai qu'il n'est pas possible de vivre dans une réalité dépourvue de réalité où le discours officiel consiste à dire qu'il n'y a pas de réalité. Deuxième conséquence liée à la première, s'il ne peut pas y avoir n'importe quoi, on ne peut pas penser n'importe quoi. Il y a des lois de la pensée, comme le rappelle la déesse au jeune Parménide. Penser suppose que l'on obéisse à la pensée en ne pensant pas ce que l'on veut mais ce que la pensée veut, celle-ci étant une affaire de pensée et non de subjectivité fantaisiste appelant arbitrairement pensée ce qui lui passe par la tête. Penser consistant, comme le dit Hegel, à se tenir dans le « sérieux de la pensée », cela consiste non pas à penser ce que l'on veut mais à penser ce qui pense. Enfin, s'il ne peut pas y avoir n'importe quoi et si l'on ne peut pas penser n'importe quoi, on ne peut pas agir n'importe comment ni être n'importe quoi. Si la métaphysique et la pensée ont leurs exigences, la morale a aussi les siennes en étant non pas une affaire individuelle mais une affaire d'être.

Autrement dit, la théologie est un coup de tonnerre. Les êtres humains que nous sommes, qu'ils soient de la Grèce d'il y a deux mille cinq cents ans ou de l'Europe d'aujourd'hui, aimeraient bien pouvoir être totalement libres et appeler être, pensée et morale ce qu'ils veulent et ce qui leur plaît. La force de la théologie consiste à rappeler que cette liberté ne débouchant ni sur l'être, ni sur la pensée, ni sur une morale vivable, elle n'est autre que du nihilisme et ne rend pas libre. En cela la théologie a un aspect libérateur, son action conduisant à détruire les idoles devant lesquelles nous nous prosternons afin de nous montrer autre chose.

Le début de la métaphysique

Si la découverte de l'être (*to on* en grec) ouvre sur la dimension transcendante du céleste, elle ouvre également sur la dimension immanente du terrestre à travers la métaphysique. Au XVIIIe siècle, des penseurs satiriques comme Voltaire se sont moqués d'elle en y voyant une sorte de sous-physique procédant à des explications fantaisistes du monde à partir de présupposés arbitraires ou superstitieux. La réalité est autre, la métaphysique étant une discipline rigoureuse sans laquelle il n'y aurait ni physique ni science, toute physique et toute science reposant sur des présupposés métaphysiques.

Ce terme est composé de *méta* qui veut dire « au-delà », et de *phusis*, « Nature ». Primitivement, la métaphysique désignait un ensemble de livres d'Aristote venant après la physique. Ces livres traitant de la Cause première et ne décrivant pas la Nature comme dans la physique, ils désignaient les fondements de la physique. Cette définition vaut encore aujourd'hui. S'il y a ce que pense la physique, il y a également ce qui lui permet de penser. C'est là l'objet de la métaphysique, qui permet de penser en général toutes les sciences. En ce sens, elle est une vision pensante de la Nature à travers une science de ses fondements. Aristote, qui l'a formalisée, l'a définie comme « science de l'être en tant qu'être là[56] », cette science menant à la « pensée de la pensée[57] ».

Une telle formule fait souvent peur, en donnant l'impression que la métaphysique est une fuite dans l'abstraction d'une pure spéculation. De fait, elle est bien plus concrète qu'on ne le pense.

Prenons le monde qui nous entoure. Celui-ci est vivant. Mais pourquoi l'est-il ? S'il n'y avait pas une pensée derrière la vie du monde, il n'y aurait rien. D'où le lien de la vie avec la pensée. Un lien que l'on met en évidence chaque fois que l'on vit intelligemment. Ce que l'on fait en faisant de la métaphysique. Mais prenons à l'inverse la pensée. Celle-ci pense et donne à penser. Pourquoi ? Si elle ne renvoyait pas à une réalité, elle serait vide. D'où le lien de la vie avec la pensée. Un lien que l'on met en évidence chaque fois que l'on vit la pensée. Ce que l'on fait là encore en faisant de la métaphysique. Autrement dit, la métaphysique n'est pas une pensée sans vie au-delà de la vie, mais la pensée vivante montrant en permanence le lien qu'il peut y avoir entre la vie et la pensée, la pensée et la vie. Aussi est-elle une critique constante de la pensée seule comme de la vie seule, la réalité étant affaire de lien, de *Logos*.

C'est ce que montrent les paroles de la déesse à Parménide, paroles de vie invitant à la pensée vivante et non à l'abstraction. Quand on les analyse, on s'aperçoit qu'elles ne disent nullement qu'il n'y a que l'être qui existe. Plus subtilement, elles rappellent qu'il y a de l'être et du non-être et qu'il ne faut pas confondre les deux. Il est important qu'elles rappellent d'abord que le non-être existe et que tout n'est donc pas de l'être. Tout n'est pas réel. Tout n'est pas Dieu. Tout n'est pas métaphysique. Quand il n'y a plus rien qui existe à part la réalité, Dieu ou la métaphysique, plus rien n'existe. Tout étant dissous par eux, on est dans le néant. Il est important par ailleurs que ces paroles rappellent que le non-être existant, il n'est pas l'être et l'être n'est pas lui. Quand l'être est tout même le non-être, il n'y a plus d'être. Le non-être devenant l'être, il n'y a plus de non-être non plus. De fait, il n'y a plus rien. D'où l'importance de la distinction entre être et non-être. C'est elle qui est garante de la réalité de l'être, qui n'est donc pas là où on le pense. C'est parce qu'il se distingue constamment qu'il est constamment.

Il s'agit là d'une pensée fine invitant à voir que la réalité est réelle parce qu'elle a l'art de se tenir dans l'unique. Ainsi, en cela, la métaphysique se conçoit comme art de se tenir dans l'unique et pas simplement dans les explications. Un art qu'Aristote développera en faisant de celle-ci la science de la spécificité des choses. Si la réalité existe, elle a mille façons d'exister. La métaphysique est l'art de développer ces mille façons. Aussi fait-elle penser au botaniste qui, en se promenant, dévoile les merveilles de la Nature. L'une des étymologies de « philosophie » est « amour de la saveur » et pas simplement de la sagesse. La vraie métaphysique en est l'illustration en étant une promenade savoureuse dans l'existence nous apprenant à voir, à sentir et à aimer. Promenade savoureuse donnant raison à Héraclite, quand celui-ci dit de Dieu qu'il est « comme un feu mêlé d'aromates[58] ». Si Dieu existe, il existe de façon savoureuse avec mille parfums. La métaphysique est là pour nous le rappeler. Il est aussi important de parler de la saveur de Dieu que de son existence, Dieu existant vraiment quand il est savoureux et pas simplement quand il existe. La postmodernité a quelque mal aujourd'hui à croire en Dieu. Si elle avait entendu parler du Dieu savoureux de Parménide, d'Héraclite et d'Aristote, ce ne serait sans doute pas le cas.

Le début de l'éthique

Théologique, métaphysique et scientifique, la théorie de la réalité – ou ontologie, « science de l'être » – de Parménide est aussi une éthique, un art de se comporter, *ethos* en grec voulant dire « comportement ». En ce qui concerne Parménide, cet art réside dans un sens de l'éternité, un tel sens étant l'essence de la sagesse. Il suffit de regarder la façon dont on vit pour s'en convaincre. Loin de vivre dans l'éternité, nous vivons dans le temps. Ce qui fait que nous ne vivons pas et que nous sommes dépourvus de toute sagesse.

Cela vient de ce que nous sommes enfermés dans un cercle vicieux. Comme on manque de temps, on court derrière lui. Et courant derrière lui, on manque de temps. Le manque de temps, autrement dit, génère son propre manque. C'est qu'on se trompe de réalité. On croit que le temps existe comme on croit que la mort existe. Regardons la réalité. Meurt-elle ? Non. Elle a été, elle est, et elle sera toujours. Regardons-nous. Partie de la réalité, nous sommes comme elle. Il y a en nous quelque chose qui ne peut pas mourir. Il faudrait pour cela que l'on n'ait jamais fait partie de la réalité et que la réalité disparaisse totalement. Ce qui n'est pas possible. Pourquoi nous en faire donc ? Pourquoi craindre la mort ? Quant au temps, cessons de croire que nous en manquons. Dès que l'on s'arrête, on en a beaucoup. Cela vient de ce que, prenant le temps, on n'est plus pris par lui. Signe que le temps est une affaire d'attitude.

La vie est de tout temps. C'est en quoi elle est éternelle. On s'en rend compte en sortant du temps par le fait de prendre du temps. Étant tout entier dans le temps que l'on prend, on accède au tout-temps de la vie. On s'en rend compte également avec le désir. Qui a de multiples désirs n'a le temps de rien. Qui ne désire qu'une chose au lieu de s'éparpiller a le temps de tout. Ne se sentant pris au piège par rien, il est disponible, ouvert, léger. D'où l'intelligence de penser la sagesse comme un art de sortie du temps.

Pour illustrer cela, Zénon, le maître de Parménide, imagine une série d'arguments afin de démontrer que le temps n'existe pas. Supposons qu'Achille et une tortue fassent la course. Tout le monde pense qu'Achille ne fera qu'une bouchée de son adversaire. En quoi tout le monde se trompe. Achille ne rattrapera jamais la tortue. La raison ? Pour la rattraper, Achille devra d'abord parcourir la moitié de la distance qui le sépare de celle-ci puis la moitié de cette moitié et la moitié de cette moitié, etc. En fait, on ne s'en aperçoit pas, mais une distance infinie sépare Achille de la tortue. Les paradoxes ont scandalisé les Grecs à l'époque. Ils scandalisent encore aujourd'hui en étant aux yeux d'un philosophe comme Bergson le péché originel de la philosophie[59]. En quoi on manque d'humour. Car ce n'est pas au premier degré qu'il faut prendre Zénon et Parménide.

Le réel

Regardons les choses sous l'angle de l'éternité. Il n'y a pas de sens à dire que ceci est plus grand ou plus rapide que cela. La tortue est aussi éternelle qu'Achille peut l'être et réciproquement. C'est La Fontaine qui reprend cette antique sagesse dans le monde moderne avec sa fable « Le lièvre et la tortue »[60]. La vitesse est une affaire de mental. La tortue qui ne fait qu'une chose à la fois, à savoir avancer, est plus rapide que le lièvre qui, faisant trente-six mille choses en même temps, n'avance pas. On est donc rapide en s'arrêtant à une chose comme la tortue et, avec elle, comme tous ceux qui savent s'arrêter sur l'être en écoutant ce qu'il y a de divin dans ce qui est. Voilà pourquoi on peut dire que le Mont-Blanc, qui est une montagne métaphysique et théologique, est aussi une montagne éthique : il nous apprend à être. Comme au temps de Parménide.

L'idéal

La haute couture

Sur les quais, non loin du Pont-Neuf à Paris, quand on passe devant les vitrines du couturier Max Chaoul, on a du mal à ne pas s'arrêter. Les robes exposées là en jettent tellement plein la vue que l'on est littéralement happé par celles-ci comme un enfant devant un arbre de Noël. Le couturier a l'art de toujours présenter trois types de robes. Des robes courtes style tunique d'Amazone. Des robes du soir style fourreau de déesse, soit noires, soit en lamé. Des robes de mariée style robe de princesse éblouissante de blancheur. Les robes sont présentées sur des mannequins noirs très sobres. Pourtant, on a l'impression presque physique qu'une femme réelle, en chair et en os, se trouve derrière chaque modèle.

Cette impression est telle que la femme est presque plus présente que si elle était là réellement. Cela vient de ce qu'il en va ici comme avec le caricaturiste qui d'un trait de plume et de langage fait mieux sentir un caractère ou une situation qu'avec bien des images et bien des discours. En outre, la femme étant idéalisée, sublimée, magnifiée à travers ces robes, on pourrait penser que celles-ci trahissent son être.

Or tel n'est pas le cas. Curieusement, c'est parce que la femme est idéalisée qu'elle apparaît comme réelle, et ce du fait qu'il en va ici comme avec un cadeau. Quand on offre quelque chose, le don est autant dans la chose donnée que dans la façon de présenter un tel don. Que la présentation du don vienne à disparaître, le don disparaît aussi. La femme, autrement dit, est liée à l'idée comme à l'idéal s'exprimant par les robes qui la mettent en valeur. Cela vient de ce qu'elle est comme la vie. Elle est femme et femme vivante parce qu'elle est porteuse d'une grande idée.

La forme

Spontanément, nous avons tous tendance à appeler réalité une chose sensible. Vivre consistant à vivre de façon concrète en percevant par les sens, il est inévitable que l'on confonde la réalité avec la matérialité. En quoi nous nous trompons. Que la réalité soit sensible et notamment visible, c'est ce que l'on ne saurait contester. Mais qu'elle ne soit que cela est une erreur. La réalité ayant besoin que la matière ait une forme pour qu'elle soit quelque chose et non un pur bloc d'indétermination, celle-ci est spirituelle et donc intellectuelle et abstraite et pas simplement matière. La sculpture en est un bon exemple. Un sculpteur pour sculpter a besoin d'un bloc de marbre. Mais il a aussi besoin d'une forme, une sculpture étant une forme imprimée dans la matière. En ce sens, il a besoin d'une idée (*eidos* en grec), la forme étant le produit de l'idée. Point de forme dans la matière ? Point de sculpture, la forme étant ce qui fait voir la matière comme sculpture. Les Grecs en ce sens ont fait une trouvaille en découvrant que la réalité se compose de matière *et* de forme.

Ils ont compris qu'il existe une double source de la réalité : matérielle et formelle. D'où l'identité chez eux entre réalité et œuvre d'art et plus précisément entre réalité et sculpture, une telle identité donnant une juste mesure de ce que la réalité peut être.

Quand il s'agit aujourd'hui d'expliquer l'origine des idées, nous avons tendance à les ramener à une origine humaine, l'idée étant vue comme le produit de l'aptitude humaine à pouvoir mimer le monde grâce au cerveau. Les anciens Grecs avaient déjà cette conception. Comme le souligne Jean-Pierre Vernant, l'intelligence, ou *metis*, était selon eux le produit de la ruse comparable à la façon dont le caméléon reproduit son environnement en se confondant avec lui afin de se protéger en cas d'agression[61]. Platon[62] a repris cette idée avant qu'Aristote ne le fasse à son tour en faisant de l'Homme ce vivant singulier qui imite[63]. Reste que si les idées viennent avec l'Homme, elles ne viennent pas que de lui.

Il y a d'abord un caractère créateur de l'idée. Ainsi, quand Cézanne pose les bases du cubisme et au-delà de l'art moderne en mettant en relation sur une toile des pommes et des cercles, cette mise en relation est le produit d'une abstraction et de ce que Kant appelle un acte de « schématisation[64] ». Une telle abstraction est possible parce que l'Homme a la capacité de pouvoir s'abstraire de son environnement. Acte proprement miraculeux expliquant notamment selon Kant la découverte des mathématiques par Thalès[65]. L'idée, autrement dit, est le produit d'un état intérieur et pas simplement d'une ruse. La vie intérieure consistant à devenir présent à soi et à ce que l'on vit, dès que l'on se met à sentir ce que l'on sent, ayant une idée de ce que l'on sent, on est dans l'idée. Et, étant dans l'idée, on touche à l'être. L'être étant l'être parce qu'il est présent à lui-même, l'être par sa propre présence à lui-même est une grande réflexion en acte, une grande idée. D'où la formule de Parménide : « Même chose se donne à penser et à être[66] », pensée faisant percevoir que l'idée au sens fort est la plus belle façon que l'être peut avoir d'être.

Le modèle

L'idée qui permet de penser permet aussi d'agir. On s'en rend compte quand on est en présence du pouvoir de l'idéal. Il y a des moments idéaux dans la vie où tout est harmonieux. Ce sont les moments heureux de l'existence au cours desquels l'extérieur est en harmonie avec l'intérieur et réciproquement. De tels moments sont rares, on en conviendra, mais ils sont réels. Incarnations du bonheur, ils font que nous ne désespérons pas totalement de sa possibilité. Si tel n'était pas le cas, nous ne pourrions pas vivre. Tant il est vrai que nous vivons parce que nous espérons pouvoir vivre heureusement. De tels moments sont aussi des moments métaphysiques, faisant toucher du doigt le lien qu'il peut y avoir entre notre monde et un monde idéal venant parfois opérer une trouée dans nos vies. De tels moments sont enfin formateurs. Qui dit idéal dit modèle et action de modeler. Le bonheur en est un exemple. Il nous modèle tout comme nous nous modelons sur lui. On touche là au mystère des mystères. Il y a quelque chose d'heureux dans le fait que la vie existe et que nous existions. Ce bonheur d'exister parle en nous en nous incitant à vivre heureusement. Tel un maître invisible, il nous pousse à nous parfaire. Il éclaire de ce fait l'une des particularités de la vie humaine. Cherchant à vivre harmonieusement, les êtres humains cherchent à vivre avec art ainsi qu'avec sagesse. C'est la part idéale d'eux-mêmes qui les appelle ainsi, cet appel pouvant prendre bien des formes.

La plus fréquente d'entre elles est psychologique. Les psychologues sont formels à ce sujet, l'idéal est nécessaire à la construction du moi. Tout simplement parce qu'il donne envie de se construire. Quand on est jeune, on a besoin d'images qui tirent vers le haut afin de s'élever. Les jeunes les trouvent dans des héros ou des héroïnes de romans, des acteurs et des actrices, des champions et des championnes. Ce pouvoir de l'idéal devient profond quand celui-ci est moral. Tout être humain aspire à pouvoir se regarder en face sans rougir de lui-même. On appelle cela avoir une dignité. Celle-ci tire une partie de son origine d'un sentiment de fierté sociale. Il est agréable d'entendre dire du bien de soi et de se sentir favorablement considéré dans le regard de l'autre. Mais il y a plus. Tout comme l'être, les êtres humains ont besoin de donner une manière d'être à leur être. Ils y parviennent en poursuivant une certaine idée d'eux-mêmes liée au meilleur d'eux-mêmes. Quand tel est le cas, il y a une identité entre soi et l'idée de soi, cette identité valant pour la vie collective et notamment la vie politique. Tout comme les individus qui la composent, une société a besoin de se modeler et donc de modèles. Il importe d'entendre par là non pas une pensée toute faite mais une idée permettant de s'élever au-dessus de soi-même. C'est ce qu'a compris Platon en écrivant *La République*, modèle de société fondée sur l'éducation et plus précisément sur la philosophie. C'est ce qu'ont fait les stoïciens en pensant la société sur le mode d'une « citoyenneté cosmique[67] », en grec *cosmopolitès*. C'est ce que nous tentons de faire en nous efforçant de créer une société à partir d'un certain idéal d'humanité.

L'imagination

Liée à l'action, l'idée est aussi liée à l'imagination. L'action en témoigne. Il est rare d'avoir une véritable idée. En politique, l'esprit capable d'avoir des idées est très recherché. Dans la recherche scientifique, dans la vie économique et sociale également. Quand il s'est agi de construire la Très Grande Bibliothèque de France, de nombreux projets ont été présentés, un seul a été retenu : celui figurant la Bibliothèque sous la forme de quatre livres ouverts. Idée superbe : le livre comme monument et le monument comme livre.

L'idée qui est liée à la conception est liée au concept, terme qui semble abstrait et qui est cependant concret, concevoir signifiant « donner naissance » et donc « donner vie ». On fait naître une plante en introduisant une graine dans la terre et en faisant croître celle-ci. Pour une idée, il en va de même. À condition de bien comprendre quelle graine permet à une idée de naître. Il est courant de penser que l'on a des idées en partant d'images. Il s'agit là d'une erreur, concevoir consistant à sortir des images au lieu d'y entrer. Ce qui est logique. Nous avons trop d'images en nous. Cela nous empêche d'imaginer, en formant, comme le dit Gaston Bachelard, des « obstacles épistémologiques[68] ». On s'ouvre en revanche à l'imagination en sortant des images. Ce que fait l'idée, ainsi que l'a montré Platon.

Pour voir une table, rappelle-t-il, il faut pouvoir reconnaître celle-ci en l'identifiant. On y parvient quand on devient en mesure de ranger la table que l'on voit derrière le concept général de table. Personne n'a jamais vu le concept de table, il s'agit là d'une pure idée. Pourtant, un tel concept existe bien. On le comprend en faisant une expérience proprement métaphysique. Au lieu d'avoir peur d'aller dans l'abstraction, ayons-en le courage. Nous allons faire trois découvertes : la première étant qu'une table est une construction géométrique requérant un plateau et quatre pieds et, derrière cela, un plan et quatre droites perpendiculaires ; la seconde étant que, pour construire une table, il faut vouloir être et construire son être en faisant quelque chose de lui ; la troisième étant que, pour avoir envie d'être, il faut avoir conscience du caractère unique, incomparable et proprement idéal de l'être. Autrement dit, pour voir une table, il faut passer par l'idéal. Tous les artistes en ont conscience. C'est ainsi que les peintres peignent. Quand on regarde les tableaux de Van Gogh, on a le sentiment que tous les arbres qu'il peint sont l'expression d'un arbre fondamental qu'on ne voit pas. Et, de fait, c'est parce tous ces arbres expriment cet arbre invisible qu'on les voit et qu'ils nous frappent. On touche là à l'essence de la création. Celle-ci consiste à faire rentrer l'invisible dans le visible afin de révéler le visible. Platon l'a parfaitement compris. Posons un arbre visible sans le relier à son double invisible, n'exprimant pas le mystère de la création l'arbre est insignifiant et on ne le voit pas. Relions en revanche un arbre visible à un arbre unique, inimaginable, qu'on ne voit pas, l'arbre s'illumine.

On comprend en ce sens comment Platon a pu jouer un rôle dans la libération de l'imagination créatrice. Au XIVe siècle en Perse, Ibn Arabi, penseur soufi, surnommé le « fils de Platon », développe toute une métaphysique de l'imagination créatrice afin de montrer comment il est indispensable de passer par le monde divin si l'on veut pouvoir avoir accès au monde humain[69]. À la Renaissance, c'est vers Platon que les humanistes se tournent lorsqu'il s'agit d'expliquer que tout rapport au monde passe par l'imagination et donc l'idée[70]. Aujourd'hui, lorsque la psychologie de la forme dite de la *Gestalt* tente d'expliquer qu'il faut avoir une vision non pas atomisée mais globale pour percevoir le monde, Platon est encore présent. Platon est, autrement dit, présent dès qu'il s'agit de rappeler qu'on ne voit le monde que si on l'imagine en ayant une vision large et non étroite de celui-ci.

La nostalgie

Lumineux, l'idéal n'est pas que cela, il a aussi une autre face : celle de la nostalgie. De fait, quand on vit dans l'idéal et que l'on revient dans la réalité quotidienne, on est toujours quelque peu déçu. Aussi n'a-t-on qu'un désir : revenir vers l'idéal. D'où la nostalgie qui veut dire en grec « maladie (*algos*) du retour (*nostos*) ». La nostalgie est parfois perçue comme une attitude passéiste négative, triste voire morbide. C'est là confondre l'idéal et le passé en s'imaginant qu'éprouver de la nostalgie consiste à vouloir retourner en arrière, alors qu'il s'agit de revenir à l'idéal, ce qui n'est pas la même chose. On n'en a pas toujours conscience, mais il existe des tristesses positives et des désirs de retour créateurs. Quand, face à l'idéal, on ressent une tristesse que le monde ne soit pas à cette hauteur, il n'y a pas là simplement un regret, il y a aussi un désir, le désir que le monde soit meilleur qu'il ne l'est. Un désir d'autant plus fort que le monde est imparfait. En quoi cela est-il inconvenant ? Il n'est pas désolant que l'on se désole de l'état du monde. Il l'est en revanche que l'on ne s'en désole pas. La raison qui ne s'attriste de rien n'est pas simplement triste, elle fait peur. En revanche, l'âme capable de s'émouvoir a quelque chose de réjouissant. Camus le dit fort bien dans *Le Mythe de Sisyphe* quand il écrit que l'« on reconnaît un penseur à sa nostalgie[71] ». La raison sûre d'elle-même avance que ce qui est devait être. Elle pense que tout est explicable. Elle a des raisonnements pour tout. Or, pour reprendre les mots de Camus, on reconnaît la profondeur d'une pensée comme l'humanité d'un homme à l'écart que la pensée comme l'âme savent inscrire entre l'être et le devoir être. Tout ce qui est ne doit pas être. Il faut être aveuglé par sa raison pour prétendre le contraire ou bien être cynique comme le politicien machiavélique ou le criminel impatient de justifier ses crimes. Quand on a de l'âme et quelque humanité, on a le courage d'échouer à tout pouvoir comprendre et à tout pouvoir justifier en se résolvant au désordre du monde.

Platon a fondé sa philosophie en plaçant l'idéal au-dessus de la réalité au lieu de le confondre avec elle. Il a opposé l'intelligible au sensible en tentant de montrer que le premier ne peut pas se résorber dans le second. Nietzsche a vu là une forme de haine de la vie porteuse de nihilisme. Une lecture attentive de Platon montre qu'il n'en est rien, le nihilisme provenant non pas de la nostalgie de l'idéal mais de ce que, aspirant à être le plus fort en écrasant le monde autour de soi, on n'a plus aucun idéal ni aucune nostalgie. Ce qui nous préserve du nihilisme consiste en revanche à oser rappeler que le monde dans lequel nous vivons n'est pas tout au lieu de prétendre le contraire.

Platon a fondé l'idéalisme philosophique pour lutter

contre le nihilisme de son époque où déjà l'idéal de l'Homme fort, prêt à tout justifier, séduisait. Depuis Platon, la résistance au nihilisme et, notamment, à la confusion entre l'idéal et la réalité du monde demeure le fondement de l'idéalisme, celui-ci défendant certes l'importance des idées mais surtout la fonction de l'idéal. Vu le fait inouï de l'existence, le monde devrait être émerveillé de vivre et tout faire pour vivre cet émerveillement. Il devrait vraiment penser et tout faire pour que l'on pense. Tel n'est pas le cas, cette attitude apparaissant comme naïve à certains et suspecte à d'autres. Mais face à ceux qui ont renoncé à s'émerveiller, l'idéalisme n'a pas abdiqué. De fait, il est une soif d'exister refusant de s'accommoder de l'indifférence et du renoncement. François Châtelet[72] ainsi qu'aujourd'hui Alain Badiou[73], tous deux marxistes, l'ont parfaitement compris en voyant dans Platon non pas un nihiliste mais un révolutionnaire invitant à fonder une vraie société. Ils sont en cela les héritiers d'Homère comme nous le sommes tous. Reportons-nous à l'*Iliade* et l'*Odyssée*. Nous y découvrons le résumé de la condition humaine. Celle-ci commence comme dans l'*Iliade* avec un désir de conquête incarné par Achille, guerrier splendide et valeureux, ce désir renvoyant au désir de régner sur le monde, avant d'apercevoir la vanité d'un tel projet[74]. D'où l'*Odyssée* d'Ulysse, habité par la nostalgie, la maladie du retour, le souvenir d'Ithaque et derrière Ithaque de sa patrie intérieure[75]. Si toute philosophie authentique passe par le fait d'être ce que Benjamin Fondane appelle une « conscience malheureuse[76] » en écho à Hegel[77], toute philosophie est un voyage à Ithaque en prenant ses distances avec le monde extérieur par le monde intérieur.

Le beau

La Cour carrée du Louvre

Quand, passant rue de Rivoli à la hauteur du métro Louvre, on pénètre dans la Cour carrée, on a un choc. Alors que la ville bourdonne de voitures, dc mondc, dc bruits et de cohues diverses, soudain, plus rien de tout cela, mais le silence, le calme, le beau. Celui-ci est diffusé par l'harmonie que l'œil rencontre partout. D'abord, par les quatre ailes de la Cour formant un carré parfait. Ensuite, par l'équilibre des façades, dont les hautes fenêtres encadrées par des colonnes surmontées d'un chapiteau sont autant de temples grecs alignés. Tous se rappelant et s'annonçant, le regard ne se lasse pas de les voir si semblables, cette répétition régulière mettant chacun en valeur. Le regard ne se lasse pas non plus de parcourir le dallage uni, sobre et dépouillé de tout à l'exception en son milieu d'un bassin d'eau qui adoucit la rigueur de ce décor de pierre. La nuit, lorsque les lumières qui éclairent les façades de bas en haut s'allument, l'ensemble devient féerique voire fantastique, celui-ci faisant se rencontrer le théâtre et le sacré.

Le beau qui est harmonie est toujours également prouesse consistant à faire surgir celle-ci là où on ne l'attend pas.

Dans l'Antiquité, c'était le cas des sanctuaires qui faisaient surgir l'esprit au milieu de lieux sauvages. Aujourd'hui, la Cour carrée du Louvre est un peu notre sanctuaire antique en faisant jaillir du calme au milieu de l'agitation. Parfois, le soir, il arrive qu'un inconnu vienne sonner de la trompe au milieu du porche menant de la Cour carrée à la Pyramide. On n'a plus alors l'impression d'être dans un sanctuaire mais dans une forêt profonde pleine d'animaux sauvages et habitée par l'esprit d'Artémis, la déesse de la nuit, sœur d'Apollon, dieu du jour. Et l'on comprend ce que le philosophe nous dit quand il explique que la beauté est un mystère.

L'harmonie

Concevant l'humanité comme reliée à un tout vivant et pensant, les Grecs pensaient qu'un principe harmonieux gouvernait le monde en s'exprimant à travers le vrai, le bien et le beau, le vrai étant ce qui est bon pour la pensée, le bien ce qui est bon pour l'action et le beau ce qui élève l'Homme vers le Tout pensant et vivant. D'où l'importance centrale du beau, celui-ci étant le moteur du bien et du vrai, et avec l'importance du beau celle de l'harmonie vivant à travers le temple, la statue et la beauté des visages révélée par le profil.

Le beau et l'harmonie sont liés. Un beau visage ou une belle musique sont harmonieux. L'harmonie est l'expression du fait que les choses sont en sympathie les unes avec les autres. Ce que Baudelaire exprime bien quand, faisant l'expérience de l'harmonie qu'il ressent dans la Nature à travers tout un jeu de correspondances, il écrit : « Les parfums, les couleurs et les sons se répondent[78]. »

Il y a des raisons qui nous font aimer l'harmonie. La première est liée à la paix. L'harmonie repose. On ne peut pas vivre en étant toujours sur le qui-vive avec l'idée que l'on peut être attaqué d'un instant à l'autre. Il est reposant de pouvoir goûter l'oubli de la guerre. Divin oubli. La seconde raison est mentale. Nous avons besoin de penser le monde pour nous en faire une image et ainsi savoir ce que nous vivons, ce qui fait partie de notre plaisir de vivre. Les symétries que l'on trouve dans les choses aident à créer une réflexion. Quand tout est trop dissemblable, la pensée n'est plus en mesure de réfléchir. Ce qui est vrai de la pensée l'est de la vie pratique. On ne peut pas être trop dissemblables et vivre ensemble. Si comme le dit un adage « les contraires s'attirent », comme le dit un autre adage toujours « qui se ressemble s'assemble ». Enfin, la troisième raison qui nous pousse à aimer l'harmonie est fondamentale. Il existe une expérience qui nous structure en profondeur, celle que l'on fait quand on sent un écho entre ce que nous sommes et le mystère de l'existence présent dans l'univers. Savoir que nous ne sommes pas rien nous permet de ne pas devenir fous. L'harmonie est cette expérience même. Quand en musique nous ressentons une douce harmonie, quand en peinture les rapprochements de couleurs nous subjuguent, quand nous pouvons vivre ces moments de l'existence où tout est miraculeusement à l'unisson, nous faisons une expérience métaphysique. Parce que tout est harmonieux, la vie se met à nous parler. Parce que la vie se met à nous parler, elle se révèle comme *Logos*.

Nous sommes unis à quelque chose d'essentiel qui unifie tout. C'est ce que signifie l'harmonie. Cela éclaire l'art grec dit « classique » fondé sur la formule d'Aristote : « L'art est l'imitation de la Nature[79]. » Une telle formule est incompréhensible quand, se focalisant sur la notion d'imitation, on ne voit en elle qu'académisme. Souvenons-nous qu'Aristote parle d'imiter la Nature et pas simplement d'imiter. Cela change tout, imiter la Nature voulant dire imiter la Vie, ce que l'on fait en étant dans l'harmonie avec elle qui est précisément harmonie. D'où la beauté de l'art. Répercutant l'harmonie qui se trouve dans la Vie, il nous met en harmonie avec cette beauté. Et, en cela, il crée une véritable cité humaine, une telle cité ne pouvant se faire sans beauté. C'est ce que souligne Kant dans la *Critique de la faculté de juger*[80]. La cité est impossible quand tous ses membres ne pensent qu'à eux. Elle se rassemble en revanche quand ceux-ci sont capables de transcender leur moi. Une communauté humaine se bâtit à travers une communion esthétique.

Le temple

Le propre d'un artiste n'est pas d'avoir des idées, mais de savoir les concrétiser, explique Hegel dans son *Esthétique*[81]. C'est ce qu'ont fait les Grecs en rendant leur sens de l'harmonie palpable à travers des objets d'art, le temple étant le prototype de tous ces objets. Vu de l'extérieur, celui-ci est un lieu dans lequel ont lieu les sacrifices, les cultes et les prières de telle ou telle religion. Vu de l'intérieur, il en va autrement.

Quand quelque chose ou quelqu'un se met à être, au sens fort du terme, en devenant une présence, cette ouverture est un événement, la présence en rayonnant autour d'elle faisant vivre le temps et l'espace. L'espace n'est plus alors un espace mais un temple, à savoir un lieu dans lequel se noue une expérience de lien essentiel avec l'être dans sa plénitude. Ce que Baudelaire exprime bien quand il écrit : « La Nature est un temple où de vivants piliers[82]... » Par ailleurs, quand quelqu'un a une forte présence, qu'il est inspiré ou pénétré par la présence de l'être, on dit qu'il est habité. Signe qu'un être humain peut devenir un lieu où la présence ou l'inspiration font leur demeure. Ces éléments permettent de comprendre ce qu'est un temple. Il ne faut pas voir dans celui-ci un lieu extérieur où des prêtres exécutent des rites, mais un lieu intérieur transformant l'espace en lieu capable d'accueillir l'être afin que l'Homme puisse ensuite le faire. D'où son importance. Vivant trop dans l'extériorité, nous manquons d'être et de présence. Le temple permet de pallier ce manque en étant dans l'extérieur une ouverture sur l'intérieur. La vie est absurde quand elle ne s'ouvre sur rien. Avec le temple, elle acquiert un sens. On s'en rend compte en y pénétrant.

Cette expérience est d'abord toujours spatiale. Jetons un regard sur les grands temples du monde. Ils sont tous dans des lieux splendides dont certains sont proprement époustouflants, comme le temple d'Athéna à Lindos dans l'île de Rhodes en Grèce ou bien celui de la Concorde à Agrigente en Sicile. Ce n'est pas un hasard. Un lieu a beau être magnifique, quand il n'y a rien pour célébrer la présence de l'être en lui, abandonné à sa sauvagerie il finit par devenir hostile. En revanche, dès qu'on y place un temple, sa beauté ressort. Espace sacré dans l'espace, le temple révèle l'espace en faisant de celui-ci un écrin accueillant le mystère du monde.

Approchons-nous maintenant du temple en le considérant de plus près. Fait de colonnes alignées régulièrement, il supporte un chapiteau. On a là une figuration du lien qu'il peut y avoir entre l'inférieur et le supérieur, le monde d'en bas et le monde d'en haut, la matière et l'esprit, l'humain et le divin. Quand la Terre ne supporte rien en n'étant le pilier de rien, dépourvue de Ciel elle est vide. À l'inverse, quand le Ciel ne vient rien coiffer, n'étant le Ciel de rien il est vide également. Tout est vide, autrement dit, quand il n'y a ni colonnes ni chapiteau. Sans Terre pour porter et sans Ciel pour couronner, le monde n'a aucun sens. En revanche, dès qu'il y a temple il y a sens. En cela, en voir un consiste à voir le sens du monde.

Approchons-nous encore. Dans un temple, il n'y a pas que les colonnes et le chapiteau, il y a aussi l'intérieur et l'extérieur figurés par l'ombre et la lumière, les colonnes étant le point de rencontre entre les deux puisqu'elles reçoivent la lumière du dehors et laissent venir l'ombre du dedans. Tout comme la Nature qui est faite de dévoilement et de voilement, nous sommes faits de lumière et d'ombre, de conscience et d'inconscient, d'apparence et de secret. Quand nous l'ignorons en vivant uniquement à l'extérieur de nous-mêmes, nous nous mutilons. De quelqu'un qui a une structure, on dit qu'il a une colonne vertébrale. Il y a un lien entre la colonne du temple, celle de notre corps et le fait d'avoir une colonne vertébrale. Quand on a une colonne vertébrale intérieure, devenant le support d'un Ciel intérieur on redresse sa colonne vertébrale physique sans plus éprouver le moindre mal de dos, grande maladie contemporaine. Voir un temple et se laisser voir par lui, c'est retrouver sa verticalité intime. C'est être remis debout. C'est être redressé par une main invisible. On comprend de ce fait pourquoi les foules de l'Antiquité se pressaient autour des temples et traversaient toute la Grèce pour se rendre à Dodone en Épire au nord, à Delphes au centre et à

Olympie au sud. Ce n'était pas par arriération mentale comme le pense le philosophe positiviste, mais parce que ces foules savaient pour le vivre et pour le sentir qu'un temple est un lieu de soins où l'on rééquilibre son sens de la vie tout en soignant son corps.

La statue

Les Grecs anciens ne se sont pas contentés de construire des temples pour faire vivre le sens du monde, ils ont aussi placé des statues à l'intérieur comme à l'extérieur. Ce qui est riche de significations. Ainsi, dans un temple, quand elle représente un dieu, la statue est là pour en imposer, pour écraser, pour pétrifier. Moment important dans la structuration tant psychique, morale que spirituelle de l'être humain. Dans le monde profane où rien n'est sacré, on finit par oublier cette dimension et, de ce fait, par se croire parfois tout permis. Outre qu'un tel oubli du sacré rend fou, il installe la tyrannie et la violence dans la vie sociale ainsi que la destruction de tout sens sur le plan métaphysique. L'expérience de la prosternation devant une statue dans un temple permet de se purifier et de guérir tant de la folie, de la violence que du néant. Les foules antiques qui se laissaient pétrifier par les statues des dieux qui leur en imposaient chassaient ainsi leurs démons. En Birmanie aujourd'hui, les Birmans qui viennent adorer le Bouddha dans les temples ont encore ce sens de la statue. Dans *L'Essence du christianisme* publié en 1842 en Allemagne, Ludwig Feuerbach voit dans la religion une aliénation[83]. Ce qui est vrai, celle-ci consistant effectivement à placer l'essence de l'Homme en Dieu et non dans l'Homme. Feuerbach perçoit là quelque chose de négatif. Les Grecs anciens y voyaient au contraire quelque chose de libérateur, une telle aliénation permettant à l'être humain de devenir autre, le désaliénant en le délivrant de lui-même. Aussi les Birmans sont-ils joyeux d'adorer leur Bouddha. Il faut imaginer les Grecs joyeux d'adorer leurs dieux, cette adoration ne se limitant pas là.

Si la statue peut avoir pour effet de pétrifier, elle peut avoir également celui d'humaniser. Témoins les statues hors des temples et notamment celles de Praxitèle au IVe siècle av. J.-C., le maître des maîtres. Quand on regarde les éphèbes ou les femmes sculptés par lui, on n'est pas pétrifié mais subjugué, quelque chose d'irréel émanant de ces corps nus et de ces visages. Alors qu'avec les statues des dieux on est dans la transcendance, avec celles des hommes on est dans la perfection.

La statue est, autrement dit, comme le temple, un miracle d'équilibre et d'harmonie. Si elle permet de sortir l'Homme de sa folie en le pétrifiant face aux dieux, elle lui permet également de sortir de sa banalité en le réveillant grâce aux beaux corps et aux beaux visages. Elle est, à ce titre, un moyen de centration de soi bien représenté par l'aurige de Delphes, statue montrant à la fois l'intériorité du conducteur de chars retenant ses coursiers et la rayonnante beauté de ce visage du fait de sa retenue. Une telle statue est l'incarnation même de l'âme juste capable d'aller vers le soleil sans chuter sur la terre en se laissant embarquer par sa partie obscure, comme l'évoque Platon dans le *Phèdre*[84]. Elle est à ce titre l'incarnation même de la sagesse et du sage. Qu'une statue soit celle d'un dieu ou d'un homme, il faut sculpter pour la produire, sculpter voulant dire travailler dans le détail. C'est ce que fait le sage. Pour préserver l'équilibre entre les dieux et les hommes, celui-ci sculpte les dieux et les hommes dans le moindre détail. Quand il y parvient, il devient un véritable artiste de la cité, donnant ainsi raison à Simplicius qui écrit : « Dans la cité, un philosophe est un sculpteur d'hommes et un artisan fabriquant des citoyens à la fois loyaux et dignes. Il n'a pas d'autre métier que de se purifier et de purifier les autres afin de vivre une vie en harmonie avec le cosmos. Il est le père, le pédagogue, le législateur, le conseiller et le protecteur de tous les citoyens, se réjouissant avec ceux qui sont heureux et consolant avec compassion ceux qui sont affligés[85]. »

Le profil

Il est beau qu'il y ait le temple pour faire vivre l'harmonie avec le divin, tout comme il est beau qu'il y ait la statue dans le temple afin de faire vivre l'harmonie entre le divin et l'humain. Reste qu'il manque un élément pour que tout soit vraiment harmonieux : l'harmonie de l'Homme avec lui-même. Les Grecs l'ont exprimé à travers le fameux profil grec dont Hegel nous donne une belle analyse : « [Il] se caractérise par le rapport doux et équilibré entre le front et le nez. Si, chez l'animal, tous les organes du visage sont subordonnés aux dents, ce qui donne à la gueule de l'animal un aspect proéminent, chez l'homme tout est subordonné au front. Comme le front s'avance, la bouche est en retrait. Le visage acquiert, de ce fait, un aspect contemplatif et spirituel, le front venant s'opposer à la bouche qui mord et au nez qui flaire. Subordonné au front, le nez est le point d'équilibre de l'ensemble du visage du fait de sa subordination au front. Le profil grec décrit dans sa belle harmonie et sa fluidité la transition de l'animalité à l'esprit à travers le nez qui en est le moyen terme[86]. »

On comprend, à la lecture de Hegel, pourquoi le profil grec a fasciné et fascine encore. La beauté étant la prouesse consistant à surmonter le désordre, le *chaos*, en mettant à la place un ordre, un *cosmos*, le profil grec par son équilibre est l'image même de cet équilibre. Et, par là, il exprime quelque chose d'important dans l'inconscient humain. Il est angoissant de vivre dans un monde agité, sauvage, hostile. Il est reposant de vivre dans un monde calme, harmonieux et amical. Tout l'effort de la civilisation réside dans le fait de nous faire passer de l'agitation au repos. Le visage calme et concentré de l'aurige de Delphes nous dit une telle victoire. Aussi est-il une leçon de vie autant que le temple et la statue peuvent l'être.

Le visage ne se limite pourtant pas à ce simple aspect, il est aussi révélateur. Et c'est là que le profil est intéressant. Quand on voit quelqu'un de profil, voyant comment il se profile dans la vie, on voit qui il est, son profil révélant la façon dont il s'harmonise avec le Tout. C'est ce que décrit fort bien Hegel. D'où l'importance du profil dans la vie sociale et économique, celui-ci étant essentiel afin de savoir qui est qui et qui peut faire quoi. Approche pragmatique certes, mais pas uniquement. Quand quelqu'un est en harmonie, cela se voit. Et cela est beau à voir. D'où la définition platonicienne du beau comme éclat du vrai qui sera reprise par le Moyen Âge. Ce qui n'est pas évident à comprendre aujourd'hui. Comme le souligne Luc Ferry, une telle vision ne prive-t-elle pas le beau de toute liberté, de toute personnalité et de toute sensibilité[87] ? Mal compris, c'est le risque. Bien compris, c'est l'inverse, le beau comme éclat du vrai pouvant signifier l'harmonie entre l'être et le faire. Quand tel est le cas, cela s'appelle la poésie, celle-ci étant la rencontre entre la parole et l'outil à travers la parole utile et l'outil parlant. Qui vit cela est toujours rayonnant. Non seulement son visage a un profil harmonieux, mais en plus il a quelque chose d'unique qui fait rêver : il a de l'allure.

Le bien

La Liste de Schindler

Parler du bien et du mal suppose que l'on se donne un modèle de perfection et que l'on appelle bien tout ce qui s'y conforme et mal tout ce qui s'en écarte. Ne supportant pas qu'on lui dicte sa conduite, notre mentalité démocratique a tendance à rejeter toute notion de bien et de mal en ramenant le bien au bien pour soi et nullement au bien en soi. Toutefois, quand quelqu'un fait du bien aux autres, personne n'y trouve à redire. De même quand quelqu'un, qui pourrait tirer un avantage d'une situation, ne le fait pas par respect pour autrui ou bien reste fidèle à ses engagements ainsi qu'à sa parole alors que cela le désavantage, on n'hésite pas à dire que c'est quelqu'un de bien. Preuve que le bien existe et que nous en avons tous une idée dès lors qu'il n'est pas un modèle mais un sens des autres ainsi que de la droiture.

Nous sommes en cela très proches des Grecs qui prisaient par-dessus tout les gens bien, *kalos k'agathos*, à la fois humains et droits. Les qualifiant de « dignes de mémoire », ils en faisaient des « mémorables », pour reprendre le titre d'une œuvre de Xénophon. En 1953, le Parlement israélien, la Knesset, a décidé de reconnaître comme Justes parmi les nations les hommes et les femmes qui avaient sauvé des Juifs durant la seconde guerre mondiale. En 1993 est sorti *La Liste de Schindler*, film de Steven Spielberg narrant l'histoire d'Oskar Schindler qui, durant la guerre, avait sauvé mille cent Juifs promis à la mort en les faisant travailler dans son usine non loin du camp de Plaszow. Schindler a reçu le titre de Juste parmi les nations. À Athènes, en Grèce, quand la Gestapo est venue demander à l'archevêque orthodoxe Damaskinos la liste des Juifs de la ville, celui-ci a inscrit son nom en tête de liste. Il a lui aussi reçu le titre de Juste parmi les nations.

La perfection

Quand il est question de perfection, il est courant d'entendre dire que celle-ci n'existe pas, rien ni personne n'étant parfait dans ce monde. Cette idée qui se veut réaliste l'est moins qu'il n'y paraît. Dans la vie, il y a des moments parfaits où tout est bien. Tellement bien qu'il n'y a rien à ajouter ni à retrancher. Cela se suffit à soi-même. Les Grecs ont appelé cette autosuffisance du nom d'« autarcie », *autarkeia*, terme qui veut dire le « même comme principe ». On s'interroge à propos du bien, l'autarcie nous apporte la réponse. C'est elle la perfection, rien n'étant plus puissant que de se suffire à soi-même et rien n'étant plus heureux ni plus libre que d'être conforme à soi. L'art nous en donne une belle expression. Ainsi, quand Paul Valéry écrit dans *Le Cimetière marin* :

> Ce toit tranquille, où marchent les colombes,
> Entre les pins palpite, entre les tombes ;

Midi le juste y compose de feux.
La mer, la mer, toujours recommencée
Ô récompense après une pensée
Qu'un long regard sur le calme des dieux[88] !

Que veut-on de mieux que ce poème pour dire la mer, le soleil, la Méditerranée, la paix émanant de ce grand repos qu'est la mort ? Tout étant dit, il n'y a rien à dire sinon qu'il y a tout à être en accueillant et en aimant infiniment. Jusqu'à présent, il ne s'est trouvé personne pour proposer une version améliorée du *Cimetière marin*. Tout comme il n'est venu à l'idée de personne de penser que la chapelle Sixtine manque de bleu, que le *Requiem* de Mozart a trop de notes et que la *Madone* de Botticelli aurait besoin de quelques retouches. Aussi y a-t-il du sens à dire que la perfection existe. La Grèce permet de le dire. Quand on est dans l'île d'Amorgos et que l'on regarde la mer du haut de la terrasse du monastère de Chozovotissa, le monastère de la Mère de toute douceur datant du XIe siècle, la vie se dévoile telle qu'elle est. Puissante et infiniment douce à la fois, parfaite en son essence. Et l'on a envie de dire comme Paul Valéry :

[...] quelle paix semble se concevoir !
Quand sur l'abîme un soleil se repose,
Ouvrages purs d'une éternelle cause,
Le Temps scintille et le Songe est savoir.

Oui, la perfection existe, mais nous avons du mal à l'avouer. Nous avons peur de passer pour orgueilleux si nous ne disons pas que l'on peut toujours mieux faire. En quoi nous faisons une erreur. À force de vouloir toujours mieux faire, on finit par n'être content de rien et par tout détruire. C'est ce qui rend la notion de progrès tellement problématique. Il y a des moments dans la vie où il faut savoir être content et dire : « C'est bien. » Les Grecs le savaient, leur sagesse consistant à savoir être contents avec ce qui est. Nous le redécouvrons aujourd'hui en voyant les limites du progrès perpétuel.

L'excellence

Quand la perfection n'est pas perçue comme inexistante, il n'est pas rare qu'elle soit tenue pour ennuyeuse. Ce qui, là encore, invite à réfléchir. Tant il est vrai que l'on a du mal à percevoir en quoi l'imperfection est distrayante. Que l'on sache, personne n'apprécie les films mal faits, la cuisine ratée, les peintres médiocres, la musique mal interprétée et les romans mal ficelés. Tout le monde aime voir des films bien faits, manger de la cuisine raffinée, contempler des tableaux de maître, écouter de la grande musique et lire des chefs-d'œuvre. De même, ce n'est pas avec des cuisiniers sans talent que l'on apprend la cuisine, avec des peintres ratés que l'on apprend la peinture, avec des musiciens médiocres que l'on apprend la musique et avec de mauvais maîtres que l'on apprend la sagesse. On cherche en général un cuisinier talentueux pour apprendre la cuisine, un peintre doué pour apprendre la peinture, un musicien averti pour apprendre la musique et un maître avisé pour s'initier à la sagesse. Ayons de ce fait l'honnêteté de le reconnaître : rien ne se faisant sans excellence, c'est elle que nous voulons. Ce qui passe par trois règles.

La première est d'avoir précisément des règles, et notamment des règles d'équilibre et de proportion. Ce que tout artiste sait intimement. On n'inscrit pas une forme dans la matière sans trouver le point de rencontre entre les deux et donc sans se plier à ce dont l'œuvre a besoin et à ce qu'elle va dicter pour exister comme œuvre. Pour régler l'art, il faut commencer par se régler sur lui.

La deuxième règle a trait à l'exécution. L'art est une ascèse. Il implique un dépouillement afin d'arriver à devenir l'instrument du destin. Une telle ascèse est comparable à celle des athlètes olympiques. Il faut une discipline de tous les instants, de tous les gestes, de toutes les pensées. Quand tel est le cas, l'être, dépouillé du superflu et de l'encombrant, devient en mesure d'accéder à la fine pointe de la sensation qui est la même que celle de l'inspiration. Il n'y a plus alors de distinction entre destin et liberté, la liberté de l'artiste étant d'obéir au destin de l'art.

La troisième règle est celle de la finition. Ainsi que l'a fait remarquer Alexandre Koyré, les Anciens comme Aristote vivaient dans un monde fini alors que nous vivons dans un monde infini[89]. Cela ne vient pas de ce que nous possédons des instruments d'observation de l'espace et de son étendue qu'ils n'avaient pas, mais d'une originalité de leur part. Alors que l'infini nous fascine parce que l'absence de limites nous apparaît comme un signe de liberté, l'infini n'intéressait pas les Grecs, celui-ci étant à leurs yeux un défaut plus qu'une qualité. L'art en est la raison. Une œuvre a besoin pour se dire œuvre et se communiquer comme telle d'être achevée. Tant qu'elle est inachevée, elle n'est pas une œuvre. D'où l'intérêt d'un penseur comme Aristote pour le fini, signe de perfection.

Les Grecs aimaient que les choses et les êtres aient une forme. Aussi aimaient-ils l'excellence, elle seule étant en mesure de donner une forme en étant cette action réglée qui permet aux choses et aux êtres d'aller au bout d'eux-mêmes. Nous sommes comme eux. Nous aimons que les choses et les êtres aient une forme. Quand tel n'est pas le cas, nous sommes insatisfaits. Les choses et les êtres n'étant pas allés au bout d'eux-mêmes, nous sentons qu'il manque quelque chose. Comme on dit, « ce n'est pas ça ».

La justesse

Outre qu'en général on croit que la perfection n'existe pas ou qu'elle est ennuyeuse, on pense qu'elle n'est pas faite pour le commun des mortels, mais pour une élite de surdoués. Ce qui est là encore une erreur. La perfection est accessible. À travers l'expérience de la justesse, expérience plus fine, plus précise, plus sensible, plus intérieure que celle de la justice.

Les Grecs comme Platon, Aristote ou encore les stoïciens pensaient que celle-ci gouverne toutes choses. Cela vient, on l'a vu, de ce qu'ils pensaient le monde comme une grande cité, une grande *polis* et celle-ci comme un monde, un *cosmos*. D'où l'idée de cosmopolitisme. Idée utile pour définir un critère de justice. Une cité requérant de l'égalité devant la loi[90] mais aussi de l'équité afin de respecter les mérites de chacun[91], il n'est guère aisé de trouver un moyen d'accorder le respect de la loi et celui des mérites individuels sans que l'un ne lèse l'autre en créant des injustices. Il est possible d'y parvenir cependant. Il suffit pour cela de respecter une règle d'équilibre dont Aristote parle bien quand il écrit qu'« un homme sage fuit l'excès et le défaut en recherchant partout la moyenne, qui s'établit non par rapport à l'objet mais par rapport à nous. De même, une connaissance remplit bien sa fonction quand elle poursuit une juste moyenne en se référant à celle-ci afin d'agir. C'est ce qui fait dire à propos de tout ouvrage convenablement exécuté qu'on ne peut ni lui ajouter ni lui retrancher quoi que ce soit, toute addition et toute soustraction ne pouvant que lui retirer une part de la perfection et de l'équilibre qui le maintient. Les bons ouvriers travaillent toujours les yeux fixés sur le point d'équilibre[92] ».

Nos amis ne sont pas tous les mêmes, pourtant ce sont nos amis. Inversement ils ont beau être nos amis, ils ne sont pas tous les mêmes. Nous sommes donc justes avec eux quand nous savons les penser ainsi en les unissant et en les distinguant. Nous sommes alors dans la justesse, celle-ci consistant à vivre l'amitié en sachant que si l'on peut donner de l'amitié à tous, on ne peut pas demander à tout le monde la même chose. D'où l'importance d'avoir des demandes précises à leur égard en n'attendant pas d'eux ce qu'ils ne sont pas capables de donner. Ce qui est généreux pour soi comme pour autrui. Ainsi, quand on sait demander à quelqu'un ce qu'il est capable de donner, lui permettant d'être lui-même, on lui fait du bien. Quand, inversement, on s'oblige à être précis avec autrui, devenant intelligent, on se fait du bien. On comprend de ce fait l'amitié. Celle-ci consiste à se faire du bien ensemble en étant dans la vie de façon précise. On a là une bonne expression de ce que la justesse signifie. Celle-ci est une conversion à la sagesse passant par un dépassement de l'égalité comme de l'équité.

Nous pensons souvent que la justice est une affaire de règles, alors qu'elle est un mode d'être et non une règle, un *ethos*, une façon de vivre. Ce qui est plus exigeant, être juste consistant non pas à se demander comment les autres peuvent le devenir mais comment soi-même on peut y parvenir. D'où la pertinence d'Aristote quand il définit l'Homme comme « animal politique[93] ». Tous les animaux étant des êtres vivants qui vivent collectivement, contrairement à ce que l'on pense, l'Homme n'a pas comme caractéristique de vivre en société. En revanche il a comme trait spécifique de vivre cette vie collective en faisant de celle-ci quelque chose de vivant. Par exemple à travers l'expérience de l'amitié qui est le juste milieu entre l'égalité et l'équité. Si tous les animaux sont vivants, l'Homme est le plus vivant d'entre eux en ayant compris que « c'est en forgeant que l'on devient forgeron[94] ».

Le souverain bien

Muni de la justesse, on peut dès lors comprendre ce qu'est le bien et le lien qu'il peut y avoir entre bien et pensée. Toute pensée allant de l'extérieur vers l'intérieur, toute pensée commence avec des pensées. Quand on ferme les yeux, les images fourmillent en nous. C'est ainsi que nous recevons le monde extérieur et que la pensée commence, une impression donnant un début d'idée de ce que le monde peut être ainsi qu'un désir de communiquer avec autrui. Un début seulement.

On n'a plus d'impressions si, à la longue, on ne les organise pas. D'où l'importance de la croyance. Représentation du monde bâtie à partir d'une supposition subjective, elle permet d'élever les impressions au niveau d'une opinion. Ce qui est dynamique. Comme le dit Platon dans *Le Banquet*, quand on n'est pas sage, c'est ainsi que l'on accède à la sagesse, dire ce en quoi l'on croit et donc ce que l'on aime permettant de mettre en forme ce que l'on dit comme ce que l'on aime mais aussi de se laisser former par l'amour comme par la parole[95]. Reste que cela est limité.

Car s'il est important de dire des choses que l'on aime, il l'est également de dire des choses que l'on sait et pas simplement que l'on aime. On y parvient en soumettant ce que l'on croit à des protocoles de raisonnement et de vérification mis en œuvre par une exigence intellectuelle à la fois méthodique et systématique. C'est d'une telle exigence que viennent les sciences, si précieuses. Sachant de quoi elles parlent pour l'avoir vérifié intellectuellement et expérimentalement, elles évitent d'errer mais aussi d'affabuler. Sauf que, si cela est nécessaire, cela n'est pas suffisant.

Les êtres humains ne sont pas simplement désireux de comprendre le comment des choses mais de savoir pourquoi le monde existe, pourquoi nous existons, pourquoi vivre. À cette question il n'y a eu, il n'y a et il n'y aura toujours, comme l'a montré Platon, qu'une seule et unique réponse : parce qu'il est bien que le monde existe, que l'on existe et que tout existe[96]. On s'en aperçoit au contact du monde. Il y a une stabilité en lui comme dans les choses et les êtres. Celle-ci n'est pas un hasard. Si les choses sont ainsi ce qu'elles sont, c'est qu'il y a quelque chose qui fait qu'elles sont. Ce quelque chose est de l'ordre non pas de l'être mais d'une urgence. C'est ainsi, l'être ne peut pas ne pas être et ce de toute éternité. Le néant est impossible. Leibniz explique qu'il est meilleur qu'il y ait de l'être que du néant[97]. Spinoza est plus juste quand il explique qu'il est nécessaire que l'être soit[98]. De fait, être étant tellement beau, il est impensable de ne pas être. Là est le bien. Là est la réponse qui fait vivre et qui sauve. Pour penser, comme les nazis, qu'une partie de l'humanité ne mérite pas d'exister, il faut détester la vie. Face à une telle horreur de la pensée, il n'y a qu'une réponse. Celle qu'ont eue les Grecs et qui est autant une parole d'éternité que *la* parole d'éternité : il est bien que le monde existe, que les hommes existent, que tout existe. D'où l'erreur de voir, comme Karl Popper, en Platon le père du totalitarisme[99]. Platon est bien plutôt le père de la résistance au totalitarisme. Comme les Grecs.

Le vrai

Le grand vin

Les Grecs entendaient par vérité ce que l'on tire de l'oubli, *alethéia* (d'où est tiré le prénom Alice) étant formé de *léthé* « oubli », et du *a* privatif, littéralement le « sans oubli ». On peut entendre par vérité l'origine d'une réalité oubliée que l'on redécouvre. Quand on a perdu le sens de la vie comme le héros d'*À la recherche du temps perdu* de Proust et que l'on redécouvre à travers une sensation mémorielle que dans l'existence rien ne se perd jamais, on comprend la vérité comme retour aux origines. Il y a toutefois une autre expérience du sans-oubli. On la trouve dans le mémorable. Ainsi, quand on goûte un grand vin, on éprouve toujours trois grandes sensations. On a d'abord l'impression immédiate d'avoir affaire à quelque chose de bien fait, de soigné, de non-trafiqué, en un mot d'*authentique*. On sent ensuite qu'on est en présence de quelque chose de *grandiose*, le plaisir donné par ce vin faisant accéder à des sommets inégalés de finesse. Enfin on a l'impression de savoir intimement que ce vin va s'inscrire pour longtemps dans la *mémoire* et que non seulement on aura du plaisir à s'en souvenir, mais qu'il sera utile de le faire, quand il s'agira de se prononcer sur ce qu'est un bon vin ou pas.

Il est courant de douter de la vérité en se demandant si elle existe vraiment, tant on a tendance à penser qu'elle est relative et subjective. Quand un vin est authentique, grandiose et mémorable, ce n'est plus à un vin qu'on a affaire, mais à la vérité du vin, un vin étant vrai non pas parce que nous le définissons comme tel, mais parce que celui-ci nous montre ce qu'est le vin en se définissant en nous. Aussi n'est-ce pas par hasard que l'on a pu dire que « la vérité est dans le vin », comme l'exprime bien la formule latine *in vino veritas*.

Le dévoilement

Si les Grecs ont fait une expérience forte du beau et du bien, ils ont également fait une expérience forte du vrai, terme controversé aujourd'hui qu'il importe de bien définir. Alors que nous appelons vérité l'exactitude, celle-ci consistant à dire ce qu'il en est d'une réalité afin de pouvoir la maîtriser et ainsi agir sur le monde, les Grecs ont eu une approche non pas technique mais métaphysique du vrai en entendant par là le dévoilement de la vérité dans toute sa splendeur. Vision puissante impliquant trois éléments.

D'abord, un sens du secret. Quand Parménide a affaire à la vérité, il s'agit d'une expérience et non pas d'un discours abstrait. Il est par ailleurs question d'une initiation et non d'une expérience banale. Enfin, il est en lien avec une divinité qui l'enseigne au lieu d'être seul avec sa réflexion. La vérité, autrement dit, se présente sous la forme d'une parole exceptionnelle qui n'est pas donnée à tout le monde n'importe comment. À force de vivre dans un monde qui dévoile tout en réclamant sans cesse que tout soit dévoilé, nous avons tendance à oublier que le vrai, qui renvoie au dévoilement de ce qui fait l'intime et l'essence d'une chose, ne se donne pas comme cela. D'où les problèmes que nous entretenons avec la vérité. Quand celle-ci ne revêt plus un caractère secret, elle donne l'impression de ne pas exister.

Reliée au secret, la vérité est par ailleurs liée au dévoilement, celui-ci consistant en une exactitude supérieure. Ainsi, la vérité résidant non pas dans la réalité mais dans une parole ou une image conformes à celle-ci, elle est de l'ordre du bien et avec lui de la justesse faisant dire : « C'est ça » à propos de telle parole ou de telle image exprimant cette réalité. Quand une parole ou une image d'une réalité sont non pas justes mais particulièrement justes et nous font dire non plus : « C'est ça » mais : « C'est exactement ça », tant cela est « tellement ça », on n'est plus dans l'ordre de la justesse et du bien mais dans celui de la prouesse et du beau. D'où un plaisir esthétique procuré par la vérité, plaisir comparable à celui dispensé par un mime quand il croque à merveille tel ou tel acteur de l'actualité ou à un conteur qui raconte si bien des histoires que, comme l'on dit, « on s'y croirait ». Magie ici du dévoilement par le truchement d'une parole ou d'une image présentant à nouveau ce qui est en le mimant ou en le traduisant. Représentée ainsi, la réalité est presque plus réelle, comme si sa représentation lui ajoutait quelque chose en révélant une partie cachée d'elle-même. Ce qui est logique, une réalité ayant besoin d'être révélée pour se mettre à vivre dans le monde des hommes.

Enfin, outre son lien avec le secret et le dévoilement, la vérité est liée à un renversement de perspective sous la forme d'une objectivité supérieure. Dans le monde courant, c'est l'Homme qui est censé construire la vérité. De là sa relativité et le fait qu'elle finisse pas disparaître à force d'être relative. Dans le monde de la pensée, il en va autrement. Ce n'est plus l'Homme qui fait la vérité, mais la vérité qui fait l'Homme. L'expérience d'un grand vin en est une illustration, le vin lui-même enseignant ce qu'est le vin. Il en va de même pour toutes les choses importantes. Ce sont elles qui nous enseignent et non pas nous qui leur dictons ce qu'elles doivent être. En art, cela est évident. C'est la peinture qui enseigne le peintre, la musique qui enseigne le musicien et le langage qui enseigne le poète. Dans le cadre de la vie et de la pensée, c'est également le cas. C'est le corps qui nous enseigne de l'intérieur comment vivre et comment conduire sa vie. De même, c'est la pensée qui nous enseigne de l'intérieur ce que penser veut dire et ce que la sagesse signifie. D'où la vérité qui émane des vivants et des sages. Elle parle à travers eux. C'est ce qui leur donne leur visage serein et leur regard profond.

La prédication

La splendeur du vrai ne vient pas uniquement de ce qu'elle est le dévoilement de la réalité en le montrant telle qu'elle est. Elle vient également de ce qu'elle est capable de faire vivre une telle splendeur dans la réalité concrète. Une telle concrétisation du vrai repose sur le principe dit « d'identité », $a = a$, principe qui va de pair avec celui du tiers exclu, $a \neq non\text{-}a$. Principe simple en apparence, compliqué en réalité.

Considérons la réalité concrète. Un être vivant est nécessairement amené à être une chose et son contraire au cours de la vie en étant jeune et vieux, enfant et adulte, vivant puis mort. Tant il est vrai que, dans un univers vivant et donc évolutif, tout est amené à changer. Reste que pour être une chose et son contraire, encore faut-il être et avoir une réalité capable d'embrasser deux expressions opposées de son être. Ainsi, c'est le même être qui est capable d'être jeune puis vieux, enfant puis adulte, vivant puis mort. Il faut donc qu'existe une réalité permanente se tenant derrière les phénomènes pour que ceux-ci puissent être les phénomènes de quelque chose. Mentalement, il faut être capable de voir le *même* à travers l'*autre* si l'on veut pouvoir voir l'autre, l'autre étant l'autre du même et non du vide. L'identité des choses et des êtres est un mystère qui renvoie au caractère étonnant de la réalité. C'est ainsi, la réalité a le pouvoir d'être une et d'être réelle du fait d'être une, être un voulant dire être ce que l'on est. Personne n'a jamais vu *la* Nature ni *l'*Homme. Pourtant nous parlons tous de la Nature et de l'Homme en supposant qu'il y a un être de la Nature comme de l'Homme. Il faut pouvoir avoir la force de se tenir dans l'un et le même. Quand on vit dans la réalité concrète où tout change tout le temps, comment ne pas être tenté de penser que tout est multiple et de devenir sceptique ? La déesse qui initie Parménide à la vérité l'enseigne à devenir fort, à être donc un et à rester le même malgré les circonstances. Descartes, quand il découvre le *Cogito*, fait la même expérience de l'intérieur.

Quand on reste ainsi fort en demeurant ancré dans le mystère des choses et des êtres, on transforme le multiple. Au lieu d'y voir le chaos, on apprend à y voir de la richesse. Ainsi, l'être ne chute pas au contact du devenir, il s'enrichit avec lui. Si Socrate est Socrate, il l'est parce qu'il est des tas de choses.

Étant Homme, il est mortel, mais il est aussi un animal doté de *Logos*, un animal social et politique, etc. De fait Socrate contient une multiplicité de qualités qui sont lui sans être pourtant lui. Ce paradoxe s'explique. Le propre de Socrate étant de faire vivre Socrate et pas simplement de n'être que Socrate, Socrate est le même parce qu'il est capable d'être autre. Ainsi, il est Socrate parce qu'il est mortel, animal doté de *Logos*, animal politique, etc. Le propre de la pensée est de faire vivre tout ce qu'est Socrate, en pratiquant ce que l'on appelle la prédication, celle-ci reposant sur la mise en relation d'un sujet S (Socrate) et d'un prédicat P (mortel). Quand on est un homme comme Socrate, il est certain que l'on possède en soi tous les caractères liés au fait d'être un homme. Pratiquer la prédication permet de retrouver ceux-ci. Certes, on ne fait là rien de nouveau. L'Homme étant un terme générique, il comporte en lui tous les caractères liés à l'Homme, de tels caractères étant donnés au départ. Reste que cela permet de ne pas se tromper de prédicat en pratiquant l'art des désignations justes, ce qui n'est pas négligeable. En outre, cela permet de voir des relations souvent inaperçues avec des termes que l'on ne soupçonnait pas. Ainsi, quand on remarque que $a = b$ mais aussi que $b = c$, il devient possible de conclure que $a = c$, la relation entre a et c, qui n'était pas évidente au départ, le devient. La relation *S est P* n'est donc pas statique. Multipliée et mise en chaîne, elle permet de passer de l'inconnu au connu en ouvrant le connu à l'inconnu. Quand tel est le cas, la splendeur du vrai apparaît sous la forme discrète du plaisir de la cohérence et de la fermeté de pensée ainsi que sous celle de la surprise qu'il y a à voir surgir des liens là où on ne pensait pas pouvoir en trouver.

Le vrai

L'adéquation

On peut avoir une approche analytique du vrai en mettant en relation un sujet avec les prédicats qui lui correspondent. C'est ce que fait la logique courante. Celle-ci vérifie la compatibilité entre un sujet et ses prédicats en mettant au jour les classes d'appartenance dans lesquelles les objets s'inscrivent. Ce qui est précieux. Il est tellement habituel de mettre en relation des choses qui n'ont rien à voir entre elles. On peut cependant aussi avoir une approche empirique du vrai en mettant en relation une idée avec une réalité concrète. Le vrai est alors défini comme adéquation entre la chose et l'idée[100], en latin *adequatio rei ad intellectu*, définition classique de la vérité qu'il importe de bien comprendre. Si une telle approche du vrai allant de l'idée aux choses est réaliste, ce n'est pas pour s'abîmer dans les choses en renonçant à l'idée, mais pour se servir des choses afin d'avoir des idées, ce qui est moins simple qu'il n'y paraît. Le sens des choses comme de l'expérience semble aller de soi et être naturel voire immédiat. En fait, cela requiert une haute réflexion, aller vers les choses exigeant que l'on ait l'idée d'y aller et celle-ci passant par l'idée que le contact avec la réalité concrète peut apporter quelque chose que nous ne savons pas. Il s'agit là d'une double révolution. La première consiste à avancer que les idées ne sont pas la seule source des idées. La seconde que les choses peuvent être source d'idées. En ce sens, être réaliste ne consiste pas à opposer la réalité aux idées, mais à passer par la réalité concrète pour aller vers les idées. Aristote nous en donne la raison. C'est lorsque l'on va jusqu'au bout, en concrétisant telle ou telle idée, que l'on acquiert une véritable idée de telle ou telle idée[101]. En art, tant qu'une œuvre n'est pas achevée, il n'est pas possible d'en avoir l'idée ou, si on en a une, celle-ci est vague. Elle n'est qu'une idée au sens péjoratif du terme, tout juste une ébauche. D'où le lien entre idée et concrétisation, l'idée d'une œuvre ne surgissant que quand celle-ci est achevée.

Quand on envisage le monde sous un tel angle, il change d'allure. Étant plein de choses et donc de concrétisations, il a quantité de choses à nous apprendre, chacune étant une leçon de réalisation. En outre, plein de vie, il invite à devenir vivants à notre tour. Ainsi, une chose étant vivante du fait d'être le résultat d'une concrétisation, il faut de multiples éléments pour qu'elle se concrétise. D'où la nécessité d'acquérir un sens du multiple en percevant que la diversité des éléments qui font une chose constitue les prédicats de celle-ci. Le forgeron le sait bien. C'est en forgeant qu'il apprend à devenir forgeron, les mille détails qui permettent de forger se dévoilant au fur et à mesure que l'on forge. De même, c'est en jouant de la musique que l'on devient musicien, la musique se trouvant dans la musique comme activité et non dans la musique comme chose[102]. On est donc dans les choses et la véritable idée des choses quand on est dans le courant d'activité qu'il y a derrière elles. Un tel courant de vie ou cause première passe par quatre causes. Comme le montre l'art de bâtir une maison, pour bâtir il faut bien sûr des ouvriers qui sont sa cause *antécédente*. Il faut des matériaux qui sont sa cause *matérielle*. Il faut un architecte et un plan qui sont sa cause *formelle.* Enfin, il faut le projet d'y habiter qui est sa cause *finale*. Matériau, concept, hommes et sens, il faut tout cela pour bâtir une maison. C'est en se frottant à la réalité que l'on s'en rend compte. Qu'un élément vienne à manquer, la maison s'écroule. Une maison est, autrement dit, un tout en équilibre. Quand tel est le cas, quand donc on « sent » l'architecte, les ouvriers, les matériaux, la maison enseigne ce qu'est une maison, comme le grand vin enseigne ce qu'est le vin.

La contemplation

Laissons-nous enseigner par les choses et par la vie en les regardant développer leurs prédicats, la connaissance devient contemplation. Ce terme est souvent associé à une attitude passive, ce qui est une erreur tant il est actif de contempler. C'était du moins l'opinion des sages grecs pour qui la contemplation était le sommet de la connaissance. Il nous arrive parfois d'avoir comme eux ce même sens de la connaissance. Le terme « contempler », composé des termes latins *templum*, « temple », et *cum*, « avec », signifie « être avec le temple » et par extension « se faire temple » en faisant passer le temple extérieur au temple intérieur. Pour les anciens Grecs comme pour toutes les grandes sagesses ainsi que les grandes traditions initiatiques, tout repose sur un principe fondamental qui peut se résumer ainsi : la réalité concrète matérielle et visible est reliée à un principe spirituel, immatériel et invisible. Tout est donc compris dans une vaste réflexion associant une source lumineuse qui se projette dans les choses et les choses qui la reflètent. Dans les sagesses comme dans les traditions, ce phénomène se traduit à travers le couple Ciel-Terre, dont le temple est la manifestation dans le monde des hommes. Se rendre au temple, dans ces conditions, consiste pour les êtres humains à revenir à la source lumineuse de la réalité. Un tel retour s'accomplit vraiment quand, au lieu d'être extérieur, ce retour devient intérieur. L'être humain n'est plus alors dans le temple, il *est* le temple.

C'est par la contemplation que l'on devient ainsi un temple, c'est-à-dire la manifestation de la rencontre entre le Ciel et la Terre. On associe généralement le fait de contempler au fait de regarder. En fait, cela consiste à faire plus, contempler voulant dire non pas avoir un regard mais être un regard voire être *le* regard. Ce qui va loin. Qui regarde une chose illumine celle-ci en la regardant, cette chose sortant de l'inexistence grâce à ce regard. Il est en retour illuminé par cette chose en sortant lui aussi de l'inexistence. En fait, quand il y a un vrai regard, tout sort de l'inexistence, celui qui regarde comme la chose regardée. D'où la force de la contemplation. Celle-ci revient à tout faire exister, le monde des hommes comme le monde des choses. On comprend que les Grecs découvrant sa puissance en aient fait le moteur de la connaissance comme de l'action, rien ne rendant plus connaissant et plus agissant que le fait de contempler, rien ne résolvant mieux également le problème qui se pose à la condition humaine. Comme le soulignent toutes les traditions initiatiques, rien n'est plus important dans l'existence que la vérité, celle-ci consistant à se demander ce qui existe vraiment, si nous existons vraiment et s'il peut y avoir un lien entre nous et ce qui existe vraiment.

Quand on aborde de telles questions sans préparation avec notre intelligence quotidienne, on débouche sur un fiasco. Cherchant dans le quotidien si quelque chose existe vraiment, il nous faut conclure à un échec. Même chose en ce qui nous concerne. D'où un désabusement compréhensible faisant conclure que le monde, les hommes et la vie sont un échec. Ce qui est une erreur. Ce n'est pas la réalité qui est un échec, mais notre façon de l'appréhender, vouloir penser le monde et l'existence sans contemplation ne pouvant qu'échouer. Mettons-nous maintenant à regarder le monde de tout notre être. Devenons non pas objectifs mais supérieurement objectifs. Illuminant le monde par notre regard, nous nous mettons à exister véritablement. Étant illuminés en retour par les choses, le monde, l'existence derrière les choses et le monde et l'être derrière l'existence, l'idée d'une source lumineuse d'existence devient évidente. Notre regard sur les choses coïncidant avec la lumière émanant de celles-ci, nous comprenons Aristote quand celui-ci définit la vérité comme adéquation entre la chose et l'idée. Tout comme nous le comprenons quand il voit dans le multiple et le monde visible la preuve de l'existence de l'Un et d'une source d'existence invisible. Si les choses et les êtres existent, c'est bien qu'il y a quelque chose qui les fait exister. Et si cette source est réelle, c'est bien parce que les choses et les êtres le sont. En ce sens, le visible est un témoignage de l'invisible comme l'invisible est un témoignage du visible. Tout est témoignage, le visible comme l'invisible.

DEUXIÈME PARTIE

La tragédie ou le monde à l'envers

L'ombre

Les égouts de Paris

À Paris, il est possible de visiter les égouts de la capitale. Il suffit de se rendre place de la Concorde, de rejoindre une sorte d'embarcadère et là de descendre sous terre. Une barque emmène alors ceux qui se risquent dans cette aventure à travers un dédale de galeries et de canaux proprement fascinant. Il y a sous une ville comme Paris une autre ville que l'on ignore, sans laquelle Paris ne serait rien si celle-ci n'existait pas. Tous les jours, nous produisons des eaux usées. Si rien n'était fait pour les évacuer, submergés par celles-ci nous finirions par étouffer dans la saleté et dans les épidémies. Tous les jours, nous fabriquons également des déchets. Il est quelque peu émouvant, lorsque Paris dort encore, de voir le matin à cinq heures les bennes à ordures s'activer pour ramasser les poubelles, afin que la ville soit propre et que la vie puisse s'y dérouler. On éprouve alors un sentiment de gratitude à l'égard de ceux qui font ce travail, telles des mains invisibles, secrètes et silencieuses dans le cœur de la nuit.

Habitués à vivre dans la lumière du jour, nous avons tendance à oublier que l'existence est aussi faite d'une part d'ombre sans laquelle cette lumière ne pourrait pas rayonner. S'il y a l'existence au grand jour, il y a aussi les souterrains de l'existence. Au VIe siècle av. J.-C., Héraclite en avait conscience quand il enseignait que « l'ordre du monde est comme un tas d'ordures répandues au hasard[1] ». Le monde ne serait pas si beau s'il ne fabriquait pas des ordures et des déchets. Aussi y a-t-il de la beauté même dans les ordures. Héraclite reçut un jour des visiteurs alors qu'il faisait la cuisine. Devant leur air étonné qu'un sage comme lui puisse se livrer à des tâches si triviales, il se contenta de leur dire : « Les dieux sont aussi dans la cuisine. »

La part d'ombre

Dans le monde des hommes, pour percevoir des objets, il faut de la lumière mais aussi de l'ombre. Quand rien ne vient faire écran pour arrêter la lumière et créer une face lumineuse et une face obscure, aucun objet n'est visible. Noyé dans la pure lumière, on n'est pas dans la lumière mais dans la nuit. D'où le paradoxe du lumineux dans le monde. Celui-ci n'est pas fait de lumière mais de lumière et d'ombre. Il y a là une belle image de la condition humaine. Ainsi, dans une vie, il arrive toujours un moment où les êtres humains sont confrontés à leur part d'ombre. La nuit, quand la lune ou un réverbère nous éclairent et que nous découvrons notre ombre sur le sol, nous voyons à quoi ressemble notre silhouette, l'ombre projetée sur le sol étant comme une image renvoyée par un miroir.

Un certain nombre d'expériences dans l'existence nous permettent de découvrir qui nous sommes. La première d'entre elles intervient à l'adolescence quand le corps se sexualise et que vient le temps des premiers émois. On découvre alors qui l'on est en s'étonnant souvent de celui que l'on découvre. À cette occasion, on voit surgir notamment l'inconscient avec son fond obscur, ses refoulements et son potentiel créateur. Si la rencontre avec la sexualité, l'amour et l'inconscient est toujours une épreuve, il s'agit là d'une épreuve positive, celle-ci nous permettant de devenir des êtres réels, c'est-à-dire capables d'émotion, en grec *pathos*. La deuxième expérience qui permet de se découvrir est de type social et concerne le travail ainsi que les rapports au pouvoir et à l'argent. Là encore, c'est en devenant des individus engagés dans la société que nous découvrons qui nous sommes, le contact avec les autres et avec les réalités nous révélant à nous-mêmes. Ainsi, certains ignorent qu'ils ont le sens des affaires, des talents d'organisateur ou un don pour la diplomatie et c'est en rentrant dans la sphère des échanges qu'ils s'en rendent compte. Enfin, la dernière grande expérience qui nous permet de nous découvrir renvoie à l'existence concrète à travers notamment ces grandes épreuves que sont le rapport à soi, le rapport à autrui, la mort, la souffrance, le mal. Tant que l'on n'a pas vécu, il y a un certain nombre de choses que l'on ne peut pas comprendre. Cela se voit à l'occasion de la mort. C'est à son contact à travers le danger ou la mort d'un proche que l'on prend conscience du caractère précieux de la vie. La vie, autrement dit, n'est pas simplement lumineuse, elle a aussi sa part d'ombre. Part d'ombre indispensable, qui lui donne de l'épaisseur.

Au XIXe siècle, c'est le romantisme qui a initié la culture européenne à sa part d'ombre. Ce sont les maîtres du soupçon, héritiers du romantisme, qui en ont fait une véritable science. Aujourd'hui, la culture contemporaine tient pour un fait acquis que nous avons un inconscient affectif et sexuel, social et politique, existentiel, l'inconscient étant la façon que nous avons de parler de notre part d'ombre. Ainsi, nous entendons par là le fait que tout a un retentissement dans les profondeurs de notre incarnation corporelle et affective, sociale et politique, existentielle, ce retentissement nous révélant ce que nous sommes. Les Grecs anciens avaient un sens de l'ombre. Témoin l'existence de dieux diurnes comme Apollon ou de déesses nocturnes comme Artémis. Témoin également l'aspect contrasté de certains dieux, ceux-ci s'employant parfois à dispenser autant le mal que le bien. En ce sens, il importe de ne pas perdre de vue que, si le monde des dieux est le double lumineux des êtres humains, il est aussi le double de leur inconscient, chaque dieu ayant de profondes résonances psychiques en étant un reflet de leur problématique émotionnelle, sociale et existentielle.

Le destin tragique

Quand on interroge les psychanalystes, ceux-ci sont unanimes sur un point : il y a un certain nombre de choses dont on ne fait pas l'économie. Ainsi, on ne fait pas l'économie du corps et de la sexualité, de la société et de la politique, de l'existence en général et du coût que représente l'existence. Cela veut dire que la vie est difficile et qu'étant difficile, tout l'est, l'amour, le travail, le fait d'être sur terre. On devient humble et attentif quand on accepte un tel fait. On tombe dans un orgueil inconscient quand on s'y refuse. Ou plutôt on maintient un état d'immaturité, ce qui est parfois fréquent. Que de fois on est tenté de minimiser le coût de l'existence pour ne pas voir la réalité en face, vivre sans angoisse et ainsi ne pas souffrir. Les psychanalystes sont là aussi formels sur ce point : c'est en voulant éviter la souffrance que l'on s'y précipite.

Il y a là une loi tragique que les Grecs connaissaient bien et que la psychanalyse n'a fait que reprendre. Lorsque Œdipe apprend par Tirésias le devin que son destin va être de tuer son père et d'épouser sa mère, épouvanté il fuit sur la route de Thèbes. Et c'est en fuyant ainsi qu'il rencontre sur son chemin un homme, qui n'est autre que son père, qui lui barre la route et qu'il tue. Cet épisode se retrouve dans l'histoire de cet homme qui, apprenant qu'il va mourir à la tombée de la nuit à Samarkand, fait tout pour éviter de s'y rendre, tout ce qu'il fait pour fuir cette ville l'y conduisant malgré lui à la tombée du jour. Qui ne veut pas assumer son passé est condamné à le subir, disait Freud. Qui ne veut pas assumer la vérité comme Œdipe ou la mort comme l'homme de Samarkand se condamne à les subir. Comme l'enseigne la sagesse orientale, le conflit entretient l'existence de ce avec quoi on est en conflit. Comme Œdipe qui, fuyant la vérité fait vivre la vérité qu'il veut fuir. Comme l'homme de Samarkand qui, fuyant la mort, donne vie à la mort qu'il veut fuir. Le conflit a un coût qui consiste à aboutir au contraire du résultat escompté. Quand ce paradoxe est vécu sans que l'on s'en rende compte, il est fatal de croire à l'injustice et, derrière elle, au sort qui s'acharne contre soi. Quand on s'en rend compte en revanche, comprenant que l'on est soi-même le destin que l'on imagine exister à l'extérieur de soi, on cesse de se révolter contre le sort et l'on commence à ouvrir les yeux sur ce qu'est la réalité.

Freud explique que l'inconscient ne connaît pas la négation. Du point de vue de la vie comme du désir, tout est vivant. Ainsi, un conflit a beau être une expérience pénible, il n'en est pas moins une relation que nous vivons avec quelqu'un d'autre, relation intéressante et vivante pour nous en ce qu'elle nous renseigne sur notre part d'ombre. D'où notre intérêt inconscient à être en conflit, intérêt perceptible à travers la difficulté que nous éprouvons à nous désintéresser de ce conflit et à en sortir. Que l'on ait un ennemi n'est jamais l'effet du hasard, il nous concerne toujours en étant le révélateur d'une part de nous-mêmes. Quand on s'en rend compte, on cesse de souffrir. Prenant conscience que l'on fait vivre inconsciemment ce qui nous fait du mal, on cesse d'être l'artisan de son propre malheur. À l'inverse, quand on ne le comprend pas, on déchaîne les forces du destin. Si la tragédie est l'expression du déchaînement de telles forces, elle est aussi la conscience du mécanisme qui en est la cause.

La souffrance tragique

Les Grecs avaient beau avoir un grand sens métaphysique, ils n'en avaient pas moins les pieds sur terre. Lorsqu'ils se rendaient dans des sanctuaires, c'était assurément pour contempler, comme on l'a vu, en se faisant temple afin de relier le Ciel et la Terre, mais c'était aussi pour se soigner en assistant à ces psychodrames que sont les tragédies. Voyant comment les hommes faisaient leur propre malheur, ils apprenaient à ne pas faire le leur. Ils apprenaient de ce fait à sortir de la souffrance, la tragédie étant la voie royale menant à une telle délivrance.

À l'origine du tragique de la condition humaine, il y aura toujours ce fait incontournable : les êtres humains ne sont pas des dieux, ce ne sont que des êtres humains. De même le monde des hommes n'est pas un monde substantiel mais accidentel. En ce sens, dans la souffrance et le tragique que connaît la condition humaine, il y a toujours une raison qui ne dépend pas des hommes et qui relève d'un destin extra-humain. Mais il y a aussi une raison qui relève bien de la responsabilité humaine. Si on peut accepter sa condition et l'ordre voulu par les dieux et le destin, on peut aussi le refuser. Quand tel est le cas, tout étant vivant et tout obéissant à la loi des chocs en retour génératrice de fatalité, on se condamne à avoir la vie contre soi et donc à la subir. On connaît alors le *pathos* au sens négatif du terme, celui-ci étant une émotion que l'on subit et qui induit cet état de passivité et d'esclavage nommé passion, génératrice de *pathologies* diverses. Notre terme « souffrance » porte la trace de cette vision antique de la souffrance, ce terme renvoyant au fait de subir. Avec une grande lucidité, les Anciens ont vu dans l'esclavage l'essence de la souffrance humaine. Ce qui est finement observé. Nous pensons que la souffrance vient du fait d'avoir mal et donc que si l'on n'avait plus mal, on ne souffrirait plus. C'est une erreur. Quantité de choses font mal, ce n'est pas pour cela qu'on en est esclave et que celles-ci font souffrir. De fait, la souffrance vient avec l'esclavage et non avec le mal. Qu'on le veuille ou non, nous sommes tous enchaînés à la difficulté que nous pouvons avoir d'accepter d'être des hommes. Nous refusons d'accepter notre condition, d'où notre servitude. Nous entretenons un affect négatif à l'égard de la vie qui nous empêche de vivre. Au lieu de refuser l'existence, mettons-nous à l'accepter en n'hésitant pas à nous forcer pour cela. Acceptons d'être des hommes dans une vie que nous n'avons pas voulue mais qu'un autre a voulue pour nous, et nous sommes délivrés de la souffrance. Subissant le fait de subir une limite, nous cessons de subir la révolte contre celle-ci. C'est ce que veut dire « patience », terme dans lequel on retrouve le mot *pathos* et qui signifie « supporter ». Nous subissons toujours quelque chose dans l'existence. Aussi la vraie question n'est-elle pas d'opposer le refus de subir quoi que ce soit au fait de subir, mais de savoir ce qu'il faut subir, la révolte ou l'acceptation.

La tragédie présente toujours l'histoire de héros qui commencent par refuser d'accepter et qui, souffrant et subissant du fait de leur refus, finissent par s'ouvrir à l'acceptation. Le tragique est la grande figure de la modernité, qui est une époque tragique. Ce qui n'a rien d'étonnant, la grande figure de la modernité étant la révolte et la volonté de ne pas subir avec comme conséquence une relation obsédante à la souffrance faite de hantise. Les Grecs l'avaient compris bien avant les modernes, la question de la modernité s'étant posée chez eux à travers celle de la souffrance. Question à laquelle ils ont répondu en acceptant de souffrir, ce qui permet de se délivrer de la soumission inconsciente à la souffrance. D'où le lien de la pensée grecque avec le négatif et pas simplement avec l'harmonie pour des raisons harmonieuses.

La conscience tragique

Quand il est question du tragique, il est courant d'entendre par pensée tragique une pensée sombre ramenant l'existence à l'échec. Ce qui est dangereux. Si tel est le cas, les forces destructrices de ce monde ont gagné. Elles sont dès lors l'essence de la réalité. La destruction devient de ce fait légitime, détruire revenant à être dans la nature des choses. C'est ainsi que pense Sade. C'est ainsi que pense en général la pensée de la violence, comme le rappelle René Girard. Il y a toutefois une pensée tragique qui n'est pas destructrice. On la trouve dans la conscience tragique, cette conscience renvoyant à un rapport à la réalité et non à un discours prétendant révéler l'essence de la réalité.

Il y a dans la réalité des événements terribles comme des catastrophes naturelles ou des massacres qui font chaque fois des centaines de milliers de morts. Quand de tels événements se produisent, le fait de se sentir dépassé, l'impression de toucher à une limite indicible, la manifestation de cette impression par un silence, un retrait, de la pudeur sont la façon la plus digne qui soit de respecter l'énormité des événements terribles qui ont lieu. Le tragique est alors, si l'on peut dire, « positif », en étant l'expression d'un rapport à soi et non d'un discours sur le monde. Si dans la pensée tragique l'important repose sur le tragique, dans la conscience tragique l'important réside dans la conscience, le tragique étant un prétexte pour la conscience et non la pensée un prétexte pour le tragique. Il existe de grandes pensées issues de la conscience tragique. Celle de Pascal en est une, sa pensée étant l'acceptation de limites infranchissables s'agissant de la condition humaine. L'existence étant marquée par des sommets et des abîmes, il est possible de décrire la façon dont les êtres humains vivent les premiers comme les seconds. Mais quant à savoir pourquoi certains s'élèvent et d'autres chutent, il y a là un mystère qui nous dépasse.

Dans l'Antiquité, il y a eu de grandes pensées tragiques. Le relativisme héraclitéen, le matérialisme démocritéen, le cynisme et la sophistique ont été de telles pensées. Se fondant sur une conscience de l'Homme et de ses limites, elles se sont demandé comment vivre dans un monde où les hommes ne sont pas des dieux. Question que nous nous posons encore aujourd'hui. Toutefois, si les Anciens ont connu la conscience tragique et les pensées qui pouvaient en résulter, ils ont également connu les passions tragiques et les pensées qui vont de pair. Ils ont su repérer en ce sens les pensées que l'on peut qualifier de terribles, exaltant la démesure, flattant la démagogie et le machiavélisme en politique ou bien encore justifiant une inversion scandaleuse des valeurs. Hannah Arendt a fort bien vu que le mal se présente souvent à nous sous une forme banale[2]. Les Anciens en avaient déjà conscience. C'est la raison pour laquelle ils ont été critiques à l'égard du tragique en distinguant bien la conscience tragique des manipulations du tragique par la violence ou bien encore par la démagogie qui cherche à s'en servir et à le justifier. Ce qui est précieux, une telle démarche contribuant à projeter une lumière sur nos ombres.

Le relativisme

Le pont Mirabeau

La Seine à Paris attire beaucoup de monde. Le ruban d'eau qu'elle dessine à travers la capitale a quelque chose de fascinant. Lorsque, de la passerelle des Arts, on regarde le coucher du soleil, on a l'impression de voir toute la ville. Non loin de là, la Conciergerie ne serait pas si mystérieusement belle s'il n'y avait pas à ses pieds la présence de l'eau lui permettant de se détacher. Et il manquerait quelque chose à Notre-Dame s'il n'y avait pas les bouquinistes avec leurs valises de métal posées sur les parapets du fleuve et dans lesquelles il est toujours heureux de découvrir un livre que l'on cherchait ou un dessin auquel on ne s'attendait pas.

Un fleuve comme la Seine n'est pas simplement un lieu social, c'est aussi un symbole métaphysique et poétique. Comme le souligne Bachelard dans *L'eau et les rêves*, l'eau et les rêves sont liés. Il y a quelque chose d'apaisant à regarder les eaux dormantes d'un lac, on est loin du monde et de son agitation. On reçoit à l'inverse une leçon de philosophie quand on regarde les eaux passantes. Alors que nous avons tendance à nous accrocher aux choses comme aux êtres en voulant tout retenir, l'eau qui emporte tout ne nous enseigne-t-elle pas que, tout passant, il importe de nous détacher de tout ? À Bénarès en Inde, le Gange est un fleuve sacré. Les hommes et les femmes qui s'y baignent au lever du soleil viennent y chercher une purification afin d'avoir une âme aussi légère que la fluidité des eaux. Un fleuve qui passe dit toute notre difficulté d'être, comme le montre si bien Apollinaire dans son poème « Sous le pont Mirabeau » publié en 1913 :

> Passent les jours et passent les semaines,
> Ni temps passé ni les amours reviennent[3].

Un fleuve qui passe peut cependant aussi révéler la magie de l'être et faire dire comme Rimbaud : « Et j'ai vu quelquefois ce que l'homme a cru voir », quand on accepte comme lui de se faire « bateau ivre[4] ».

L'impermanence

L'un des enseignements fondamentaux du bouddhisme réside dans l'impermanence. Cet enseignement repose sur deux constats. Le premier concerne les limites humaines. Nous n'avons pas les moyens intellectuels de décrire ce qu'est la réalité. Celle-ci est tellement lumineuse, tellement extraordinaire, tellement renversante que ce que nous appelons réalité est loin d'exprimer ce que celle-ci est vraiment. Aussi les notions d'être et de permanence sont-elles trompeuses, ce que nous appelons être ou permanence étant loin de ce que l'être et la permanence sont réellement. Le second constat est d'ordre thérapeutique et éthique. Les êtres humains veulent tellement retenir les choses et les êtres qu'ils font tragiquement leur malheur. Aussi sort-on de la souffrance en apprenant à se détacher des choses ainsi que du monde. Rien n'est éternel en ce monde. Il importe de le savoir. On souffre moins.

Au XVIe siècle, Montaigne s'est exercé dans ses *Essais* à pratiquer la pensée de l'impermanence. Il y a trouvé une forme de quiétude de l'âme. Durant l'Antiquité, c'est Héraclite qui fait figure de grand maître de l'impermanence. Et il le reste aujourd'hui puisqu'il est souvent question en philosophie de « mobilisme héraclitéen » ou bien encore de « fleuve héraclitéen », terme qu'il importe de comprendre. Ainsi, quand Héraclite enseigne que « tout s'écoule et n'est jamais le même[5] », il importe de voir là non pas une destitution de l'être, mais une autre façon de parler de celui-ci, l'être trouvant son être et sa permanence dans la non-identité. Ce qui est logique. Qui est toujours instable n'est pas instable mais stable, tant il faut de stabilité pour être *toujours* instable. On comprend en ce sens le projet héraclitéen. Celui-ci n'est pas tant de supprimer l'être que de nous apprendre à voir celui-ci de façon plus profonde à partir de deux rappels. Tout d'abord, l'être ne peut s'opposer à rien sinon il ne serait pas de l'être mais du non-être en étant la négation du non-être. En ce sens, pas question d'opposer l'être au non-être. Mais de plus, si on entre dans l'analyse du non-être, on s'aperçoit que quand le non-être est le non-être même, ce n'est plus du non-être mais de l'être. Aussi convient-il de s'ouvrir à cette conclusion. Rien n'arrête l'être. En particulier le non-être, qui n'est pas un obstacle pour l'être. On comprend de ce fait que tout coule. Tout est fluide. D'où un changement de rapport au temps. Comme le souligne Mircea Eliade, rien n'angoisse autant les hommes que le temps qui passe, lequel est synonyme de mort, la mort de cadavre et le cadavre de décomposition[6]. Le temps fait peur aux êtres humains parce qu'il signifie qu'un jour ils ne seront plus regardables, ils seront repoussants comme la vermine peut l'être. Comme le dit Baudelaire en expliquant à la femme qu'il aime qu'un jour elle sera pareille à une charogne qui pourrit au soleil mangée par la vermine et par les mouches :

> [...] vous serez semblable à cette ordure,
> À cette horrible infection,
> Étoile de mes yeux, soleil de ma nature[7].

Souvenons-nous cependant que le temps n'est pas simplement passage et fuite, mais fluidité et écoulement. On sort alors de la peur du temps, tout comme Zeus se rend maître de Cronos, son père dévoreur d'enfants. Certes, on peut voir la mort comme une chute, on peut la voir aussi comme un passage. Il est léger de passer en se disant que tout n'est qu'un passage. On guérit de tous les maux avec cette conscience. Le temps assassin devient un temps médecin. On comprend dès lors le sens profond des fameux aphorismes d'Héraclite disant que l'« on ne peut pas entrer deux fois dans le même fleuve[8] » ou « nous entrons et nous n'entrons pas dans les mêmes fleuves, nous sommes et nous ne sommes pas[9] ». Le passage étant fluidité, nous n'entrons jamais dans le passage et la mort. De fait, alors que nous nous croyons mortels, nous sommes beaucoup plus immortels que nous ne le pensons. De même, nous pensons que l'éternité s'oppose au temps, mais le temps est bien plus éternel qu'on ne le pense. En fait, la vie est tragique, mais il ne faut pas avoir peur du tragique, la vie se cachant derrière lui.

L'amour et la haine

Comme l'a vu Bachelard, les eaux passantes qui coulent sont un grand enseignement. En nous montrant qu'il peut y avoir fluidité derrière ce qui semble une fuite, elles nous invitent à voir que les choses ne se passent pas souvent là où on le pense. Ainsi, ce que nous pensons être le positif n'est pas souvent aussi positif que cela et inversement. Les eaux qui passent fuient certes, mais ne vaut-il pas mieux fuir et couler que stagner ? Il n'est donc pas si négatif que cela de fuir, pas plus qu'il n'est si positif que cela de stagner. D'où la nécessité de revoir notre approche de la raison ou *Logos*. On l'a vu, ce terme signifie « lien ». On lie les choses entre elles à partir du même. Comme en amour, où l'on est attiré par le fait de retrouver le même en l'autre. Reste que le lien seul ne suffit pas, il faut aussi savoir délier. Sinon à quoi bon lier ? Aussi faut-il non pas simplement de la concorde, mais de la discorde. C'est ce que comprend Empédocle, lorsque dans son poème *De la Nature* il lie ensemble l'amour ou la concorde et la haine ou la discorde en écrivant : « À tour de rôle les éléments commandent tandis que les cycles continuent. Se dissolvant les uns dans les autres tour à tour renaissant par l'ordre du destin... Tantôt sous l'action de l'Amour, ils se fondent en une même entité. Tantôt, éparpillés par l'effet de la haine ennemie, ils se voient divisés, jusqu'à ce que leur tout, de nouveau réuni en un, soit soumis[10]. »

Puisque d'amour il s'agit, la vie montre que pour que deux êtres s'aiment et puissent fonder une famille, il faut qu'ils se soient séparés chacun de leur famille. C'est donc sur la destruction de la famille existante que la famille à venir se construit. D'où la pertinence du couple amour-haine pour comprendre la structuration de la vie affective comme de la vie sociale. Importance que Freud va reprendre à son compte puis, derrière lui, la psychanalyse, en faisant percevoir que l'être humain se construit avec *Éros*, le désir, et avec *Thanatos*, la mort, prise ici au sens de « deuil » et non de « pulsion de mort ». Importance lisible dans toute relation profonde, deux êtres ne pouvant se rencontrer que sur fond de solitude, être seul voulant dire aller vers l'unique de soi-même et aller vers l'unique de soi-même étant la condition pour rencontrer l'unique en l'autre. De même, dans le registre de la parole, la communication entre deux êtres n'est possible que s'il y a parole et silence, l'un ne pouvant parler que si l'autre se tait et inversement. Même chose en musique, où le silence entre les notes est aussi important que les notes elles-mêmes. Si l'on veut pouvoir éviter le bruit, il faut avoir intégré son contraire pour pouvoir produire le langage ainsi que la musique de sa vie, ceux-ci ne pouvant se dévoiler que dans le silence permettant de les entendre. Hegel ainsi que la pensée existentielle ont su s'en souvenir en faisant apercevoir que l'on ne comprend rien aux relations humaines si l'on n'aperçoit pas que celles-ci accouchent d'elles-mêmes en se dialectisant. Se relier veut ainsi dire ne pas se relier tout le temps mais savoir être hors relations, singulier, unique.

L'harmonie des contraires

La logique reposant sur le principe d'identité, *a* = *a*, inséparable du principe de non-contradiction, *a* ne peut pas être à la fois *a* et *non-a*. Cela est vrai et sera toujours vrai, un tel principe étant la condition de possibilité de tout discours logique. Reste que sur un plan pratique, les choses ne sont pas si simples. Quand on a affaire à un sujet vivant, il importe de tenir compte de son inconscient. Ainsi, un sujet peut donner l'impression d'être lui-même et ne pas l'être. Plus précisément encore, plus il prétend être lui-même, moins il l'est, l'angoisse, c'est bien connu, prenant parfois l'apparence de la fausse assurance afin de se masquer elle-même. Aussi un sujet angoissé n'est-il pas lui-même bien qu'il donne l'apparence du contraire. Quand tel est le cas, c'est en niant l'apparence du sujet que l'on retourne au véritable sujet. D'où la valeur créatrice de la négation. Valeur bien aperçue par Alain quand il explique que « penser c'est dire non », formule qu'il explicite tout de suite en ajoutant : « Non à soi[11]. » Si l'angoisse tend à se masquer, la naïveté et l'orgueil inconscient tendent à s'ignorer. C'est dès lors par le conflit avec soi que l'on sort des faux-semblants. Aussi peut-on dire que la paix avec soi passe par la guerre au sens de combat avec soi, vivre sagement consistant à se purifier sans cesse, tant les faux-semblants sont tenaces et envahissants.

C'est une chose que l'épistémologie contemporaine a bien comprise. On n'approche pas la réalité sans une révolution permanente, souligne Bachelard[12], et ce parce que la réalité est elle-même une révolution permanente. D'où sa complexité. Une complexité mise au jour bien avant les penseurs contemporains et, selon Edgar Morin, déjà présente dans la pensée d'Héraclite : « C'est Héraclite qui a exprimé avec un sens intense de la complexité le lien qui relie complémentarité et antagonisme à travers ce qui est complet et ce qui ne l'est pas, ce qui s'accorde et ce qui ne s'accorde pas, ce qui est en harmonie et ce qui ne l'est pas[13]. » Ce que les fragments d'Héraclite vérifient. Par exemple celui où il est dit que « la guerre est père de tout, roi de tout. Elle fait de certains des dieux et d'autres des hommes en rendant les uns libres et les autres esclaves[14] ». La négation est un tribunal de la pensée. C'est là que l'on voit qui est qui. Qui est capable d'aller contre lui-même est un dieu. Qui n'en est pas capable n'est qu'un homme. Il y a chez Héraclite une profonde connaissance de la réalité comme du sujet humain vivant avec son inconscient. D'où son sens du paradoxe afin de faire réfléchir. Témoin ces fragments où il dit que « commencement et fin coïncident sur le pourtour du cercle[15] », « le nom de l'arc est vie, son œuvre : mort[16] », « ce qui change reste en repos[17] », « le chemin qui monte et celui qui descend sont le même[18] ». Ne croyons jamais savoir ce qu'est un commencement, la vie, le changement ou bien encore un chemin qui descend, c'est ainsi que l'on demeure dans l'équilibre de la pensée comme dans l'équilibre du monde qui harmonise des forces contraires, ainsi que le dit Héraclite, « comme la lyre et l'arc[19] ».

L'éternel retour

Héraclite a fait une découverte magistrale. Il est possible de penser la contradiction et plus précisément les contradictions que l'on trouve dans la réalité. Il est de ce fait possible de penser la vie et à travers elle notre condition, celle-ci étant la contradiction même puisqu'elle est toujours autre, toujours changeante, toujours instable. Il suffit pour cela d'épouser le temps en allant au bout de l'idée que tout passe. Une telle idée est désespérante quand on y songe, revenant à dire que les belles choses ne durent pas. Elle est toutefois réconfortante d'un autre côté, dans la mesure où elle vaut aussi pour les mauvaises choses qui de même ne font que passer. Désespérante d'un côté, réconfortante de l'autre, l'idée que rien ne dure est donc un juste milieu entre illusion et désespoir. Plus que cela, elle est un dépassement du couple espoir-désespoir. Un tel dépassement caractérise le point le plus fort de l'existence. Soyons au-delà de l'espoir comme du désespoir, on est dans la plénitude de la vie. On *est* au sens fort, sans avoir besoin d'espérer quoi que ce soit puisque l'on est ; sans avoir peur de désespérer puisque ne pas espérer fait être et non s'anéantir. État proprement singulier. Car mettons-nous à ne rien attendre et à ne rien redouter, plus rien ne peut nous arriver. On est en sécurité, les accidents arrivant quand on attend ou qu'on redoute quelque chose. Ce qui fait comprendre l'éternité. Celle-ci n'est pas un temps infini comme on le pense souvent, mais un hors-temps issu d'un état intérieur. Le bouddhisme enseigne que c'est nous qui faisons arriver les événements à travers nos désirs et nos craintes. Comme c'est nous qui avons le pouvoir de les faire cesser. C'est nous donc qui, par notre état intérieur, avons le pouvoir de rentrer dans le temps ou d'en sortir. Il suffit pour cela d'épouser le temps en allant au bout de l'expérience de l'impermanence. Celle-ci conduit nécessairement au hors-temps.

On a là le noyau de la pensée d'Héraclite et la clef de son mobilisme. Celui-ci est un moyen de libérer l'âme humaine et non une expression pessimiste. Tant que l'âme n'épouse pas le temps, prisonnière des contraires en étant ou dans l'espoir ou dans le désespoir, elle souffre et subit. Quand, en revanche, elle apprend à passer avec tout, elle se libère. D'où le sens de l'éternel retour, dont Nietzsche a vu qu'il structure la condition humaine. Héraclite l'avait déjà perçu. Toute la vie n'est qu'un long effort pour dépasser la vie, dans l'âme humaine comme dans l'existence. Ainsi, la vie humaine est rythmée par l'effort inlassable pour épouser le temps, ce qui débouche de façon imprévue dans l'existence sur le surgissement de moments de génie. Même chose avec la vie qui, elle aussi, étant un effort pour épouser la vie débouche miraculeusement sur des parenthèses sublimes. Le soleil en est un bel exemple. Comme le dit Héraclite, celui-ci « est nouveau chaque jour[20] ». Phrase banale en apparence, profonde en réalité, signifiant que le soleil met une journée à faire ce que parfois on ne parvient pas à faire en une vie et ce chaque jour, le soleil étant l'illustration de la capacité qu'a le temps de se dépasser. L'enfant en est un autre exemple. Quand il joue, spontanément il dépasse le temps. Spontanément il est le temps même. En cela Héraclite enseigne très justement que « le temps est un enfant qui joue aux dés. Royauté d'un enfant[21] ». Hegel et la pensée existentielle sauront s'en souvenir en faisant percevoir que l'on ne comprend rien à la logique de la condition humaine si l'on ne voit pas que celle-ci est un éternel effort pour se dépasser et accoucher ainsi de son propre génie.

Le matérialisme

Le désert d'Atacama

En Amérique du Sud, entre le Chili et la Bolivie se trouve le désert d'Atacama, qualifié de désert le plus aride du monde. Là, sur des milliers de kilomètres carrés, entourée par des volcans culminant à six mille mètres d'altitude, s'étend une gigantesque croûte de sel produite par l'évaporation. Les reliefs sculptés par le vent et le sel sont tellement étranges qu'ils donnent au paysage une allure extraterrestre. Le désert d'Atacama fait penser au matérialisme. Dans le désert d'Atacama, le minéral est roi. Il n'y a rien d'autre. Tout le reste a été évacué. Dans le matérialisme, la matérialité est reine. Pas question d'expliquer le monde autrement que par la Nature et les éléments qui la constituent. Pas question non plus de vivre autrement que pour ce qui se passe ici et maintenant dans le présent.

Le matérialisme est exigeant. Il y a en lui une quête de pureté. Revenir à la nature matérielle et présente de l'existence revient à libérer celle-ci de tout ce dont on la surcharge pour se rassurer. Soucieux de découvrir la vérité une fois dans sa vie, au XVIIe siècle, Descartes s'est proposé de faire table rase de tout ce qu'il avait appris durant son éducation. Le matérialisme procède de la table rase. Il est la fabrication d'un désert, comme celui d'Atacama. Ce qui n'est pas sans force ni élégance, le fait de se retrouver seul avec l'existence permettant à celle-ci de libérer sa puissance et de revêtir l'étrange beauté qui émane toujours de ce qui est sobre, dépouillé et retenu. D'où la force d'attraction du matérialisme philosophique bien résumé par André Comte-Sponville : « Ce que j'aime dans le matérialisme, c'est son désespoir. Ne croire en rien. Considérer la Nature sans adjonctions étrangères. La voir comme indifférente. Renoncer aux bonheurs illusoires. L'espoir est un opium. Le matérialisme est une désillusion[22]. »

Les faux problèmes

Bergson souligne que, souvent, les philosophes inventent des faux problèmes auxquels ils se font un point d'honneur d'apporter des réponses[23]. Ce qui débouche sur des pensées irréelles donnant l'impression du réel alors qu'elles en sont dépourvues. L'un des grands mérites du matérialisme bien conçu réside dans la capacité qu'il a de nous délivrer des faux problèmes. S'il existe une profondeur de la métaphysique, tous les rapports à la métaphysique ne sont pourtant pas bons. Il y a parfois en elle d'inutiles inquiétudes produites par ceux qui, comme on dit, se posent des « problèmes métaphysiques » en compliquant inutilement les choses là où cela n'a pas lieu d'être. Le matérialisme est alors le meilleur moyen de revenir sur terre en pratiquant une purification mentale à l'égard des vains soucis qui peuvent assaillir l'esprit et l'asservir, en rappelant qu'il importe de revenir à la réalité, de vivre, d'être dans le monde et dans l'action. Nous n'avons pas la réponse à toutes les questions que nous nous posons sur l'existence et son pourquoi. Qu'importe. Ne prenons pas au tragique le tragique de notre existence et vivons. Soyons pratiques et n'hésitons pas à nous poser des questions très concrètes et matérielles. Cela repose.

Épicure dans sa « Lettre à Ménécée » donne un bel exemple de ce que peut être un faux problème quand il aborde la question souvent posée de savoir quand il faut commencer à philosopher. Quand on est jeune ? Quand on est vieux ? Le problème n'est pas là. Certes, il est bon de commencer tôt à s'exercer à la sagesse, comme il est bon de prendre tôt de bonnes habitudes. Mais la philosophie n'étant pas une affaire d'habitudes mais de pensée, ne croyons pas que quand on a commencé tôt à philosopher, cela suffit pour le restant de nos jours, penser consistant à penser toujours et non à penser une fois. De même, il est juste de dire que la philosophie vient avec l'âge ainsi qu'avec l'expérience. Reste qu'il ne faut pas attendre d'être vieux pour penser en s'imaginant que le simple fait d'être vieux fera de nous des sages et des penseurs. Pour avoir de l'expérience dans la vie, il faut bien commencer par une expérience et c'est lorsqu'on est jeune que l'on commence encore le mieux. D'où l'erreur de croire que la philosophie est affaire de vieillesse. Regardons la vie. Les enfants n'attendent pas la vieillesse pour s'intéresser à la vie et les personnes âgées s'y intéressent toujours. Entre jeunes et vieux, la vie ne fait pas la différence parce qu'elle intéresse tout le monde, parce qu'elle est toujours heureuse et qu'il est toujours heureux de vivre, que l'on soit jeune ou vieux.

Aussi n'y a-t-il pas de temps pour philosopher, philosopher comme vivre étant de tout temps. Ce qu'Épicure dit superbement : « Quand on est jeune, il ne faut pas remettre à plus tard le temps de philosopher et quand on est vieux, il ne faut pas se lasser de philosopher. Car il n'est jamais trop tôt ni trop tard pour travailler à la santé de l'âme. Celui qui dit que l'heure de philosopher n'est pas encore venue ou qu'elle est passée ressemble à un homme qui dirait que l'heure d'être heureux n'est pas encore venue ou qu'elle est passée. Le jeune homme et le vieillard doivent donc philosopher l'un et l'autre, celui-ci pour rajeunir au contact du bien en se remémorant les jours agréables du passé, celui-là afin d'être, quoique jeune, tranquille comme un ancien face à l'avenir. Il convient donc de méditer sur ce qui peut nous procurer du bonheur puisque quand nous le possédons, nous avons tout et quand nous ne le possédons pas, nous faisons tout pour l'avoir[24]. » Sagesse d'Épicure. Les grandes choses comme la vie, la pensée et le bonheur ignorent le temps. Elles sont éternelles. C'est ce qu'enseigne la vie concrète tous les jours. D'où l'intérêt de ne pas négliger la matérialité. Elle rend sage.

L'athéisme

Une telle sagesse se mesure à propos des dieux et du divin. Épicure a à leur égard une attitude originale. S'il ne nie pas leur existence comme le fait l'athéisme moderne pour qui le plan divin est une illusion, il n'en est pas moins *a-theos*, sans dieux. Autrement dit, ni athée au sens moderne du terme, ni religieux au sens traditionnel, Épicure occupe un moyen terme entre les deux. Cette position s'explique. Épicure a cru aux dieux parce qu'il a cru dans l'existence d'un plan parfait de l'existence dont les dieux sont l'expression. Ce qu'il nous arrive de confesser à notre manière lorsque nous disons qu'il existe des moments divins dans l'existence. Implicitement, nous reconnaissons par là l'existence d'un plan de perfection, ce plan se manifestant à travers des lieux, des moments, des événements se suffisant à eux-mêmes.

Toutefois, Épicure ne s'est pas contenté de croire en ce plan divin, il en a tiré les conséquences. Si les dieux et la perfection existent, cela veut dire qu'ils vont bien. Ils n'ont pas besoin de nous. Il ne faut pas nous en faire pour eux. Remarque curieuse, mais qui se comprend. Durant l'Antiquité, lorsqu'un événement funeste se produisait, il était courant de voir là un signe de la colère des dieux. La tragédie d'*Iphigénie* en est l'illustration. Quand Agamemnon constate qu'il n'y a plus de vent pour gonfler les voiles de ses navires et les faire avancer vers Troie, il conclut à la colère des dieux et a l'idée de leur offrir sa fille en sacrifice afin de les apaiser. En soulignant que les dieux vont bien, Épicure met fin à la colère prêtée aux dieux comme aux tentations de faire des sacrifices pour les apaiser. D'où un changement de nature. Aux dieux qui manifestent leur caractère divin par un déchaînement de puissance, il substitue des dieux dont la divinité réside dans le fait d'aller bien et de ne se mettre nullement en colère. Résultat, c'est en ne s'occupant pas d'eux et en ne leur faisant pas de sacrifices que l'on est en accord avec leur divinité. Ce qui éclaire l'athéisme d'Épicure, cet athéisme consistant non pas à être sans les dieux mais sans la colère des dieux ni les sacrifices qu'elle induit. La nuance est importante et subtile. À quoi sert-il de nier les dieux si, croyant à la colère du destin, on vit dans la culpabilité en commettant toutes sortes d'expiations pour apaiser le sort ? Mieux vaut encore croire en des dieux pacifiés que de vivre sans paix. Ce qui est une critique de l'athéisme au sens moderne du terme, critique allant de pair avec celle de la religion. Posons que les dieux vont bien et sont heureux, c'est en sacrifiant l'habitude de leur faire des sacrifices qu'on les honore encore le mieux. Et donc c'est en allant bien comme eux que l'on se met en accord avec eux.

Épicure se révèle être, autrement dit, singulièrement original en matière de religion, en s'efforçant de faire comprendre que ce n'est pas la religion qu'il faut faire exister ou supprimer mais le rapport à celle-ci qu'il importe de changer. S'il revenait dans le monde qui est le nôtre, il dirait sans doute à ceux que la religion préoccupe à l'extrême – qu'ils la soutiennent ou la combattent – qu'ils se trompent. Si pour supprimer la colère des dieux on tombe soi-même dans la colère, il vaut mieux des dieux qui mettent de bonne humeur qu'une absence de dieux qui met en colère. De même, si on est religieux mais que l'on est en colère, mieux vaut arrêter de s'occuper des dieux que d'avoir des dieux pleins de colère. Vision sage et heureuse répondant à la question de la laïcité qui se demande comment éviter la guerre des dieux et des hommes. Il suffit d'aller bien. Comme les dieux et les sages. Ce qui passe par l'exercice de la pensée. D'où ce conseil d'Épicure à la fin de sa « Lettre à Ménécée » : « Médite cet enseignement seul et avec tes semblables. Si tu le fais, jamais tu n'éprouveras aucun trouble en sommeil ou éveillé, tu seras comme un dieu parmi les hommes. Car un homme qui vit au milieu des biens impérissables ne ressemble en rien à un être mortel[25]. »

L'atomisme

Lié au sens des faux problèmes, l'athéisme d'Épicure est aussi lié à une vision du monde qui en est la traduction sous la forme de l'atomisme. Comme son nom l'indique et comme l'a montré Démocrite, cette vision consiste à penser que l'univers se forme à partir d'atomes et de vide. On a l'habitude de voir là une préfiguration géniale de la physique moderne. Ce qui est exact, à condition de comprendre que cette approche vaut par sa méthode plus que par la notion d'atome. Comme le souligne Bachelard, chosifions l'atome en faisant de celui-ci un grain de poussière irréductible[26] et on débouche sur une contradiction insoluble. L'univers réductible étant composé de particules irréductibles, le projet d'expliquer l'univers tourne à l'inexplicable. En revanche, intéressons-nous à l'atomisme comme méthode, tout change. Le couple atomes-vide en est l'illustration. Traduisons-le dans un langage pratique. Ce couple signifie que l'univers est partout et nulle part. Ce qui permet de démystifier l'idée selon laquelle il serait quelque part en un lieu précis. Idée contradictoire, puisque cela revient à dire qu'il pourrait exister un lieu où l'univers n'est pas. Ce qui n'a pas de sens. Si l'univers est l'univers, il l'est partout ou il n'est pas. D'où l'idée d'atome, qui permet de penser le « partout », et celle de vide, qui permet de penser le « nulle part », le « partout » et le « nulle part » étant les deux faces de la pensée pertinente de l'univers qui ne se fige pas dans l'espace. Idée non seulement dynamique mais révolutionnaire, celle-ci invitant à prendre conscience que l'univers n'est pas fait, il est en train de se faire. Il se construit. Témoin la description qu'en donne la « Lettre à Hérodote » où il est montré comment les planètes et la vie surgissent de l'agrégation des atomes entre eux. Idée là encore révolutionnaire invitant à percevoir dans les choses un mécanisme continuel de fabrication. Preuve que ce ne sont pas les atomes et le vide qui importent, mais ce qu'il y a derrière. Rien n'est inerte. Tout se fabrique. Tout fait quelque chose de lui-même. Tout est construction.

En ce sens, l'atomisme est un constructivisme, la Nature étant une grande machine se construisant sans cesse et les philosophes atomistes des mécaniciens étudiant cette machine afin de découvrir les secrets de la vie et de la dynamique des choses. La vie en l'occurrence est vivante. Intensément vivante. Tellement vivante qu'a priori nous n'avons pas les moyens de la penser. Sauf si l'on entreprend de l'appréhender comme une machine à fabriquer de l'univers constamment. Ce que permet l'atomisme, celui-ci étant un moyen d'aborder l'infini. Quand tout est vu comme se construisant en permanence, on respecte l'idée selon laquelle la réalité est partout et nulle part tout en ayant prise sur cet univers grâce au modèle mécanique.

Un scientifique peut se reconnaître aujourd'hui dans cette démarche qui respecte l'ouverture de la pensée ainsi que l'absence de préjugés dans la façon d'aborder la réalité. Toutefois, n'oublions pas que l'atomisme a d'abord été conçu pour des raisons éthiques et non scientifiques. Comprenons que tout se construit en permanence, il devient clair qu'il n'est possible de s'insérer dans la réalité et donc dans la vérité en vivant selon la Nature que si nous nous construisons nous-mêmes. Autrement dit, ce n'est pas pour construire la Nature et la dominer que l'atomisme a développé ses théories mais pour que nous nous construisions nous-mêmes, l'essentiel étant de bien conduire sa vie et d'accéder à la sérénité ainsi que le dit en conclusion la « Lettre à Hérodote[27] ».

Vivre ici et maintenant

Physique et éthique étant liées, si l'éthique peut nous aider à connaître, la physique peut nous aider à vivre. La question de la mort en est un bel exemple. Que de maux on s'éviterait si on avait la sagesse de revenir aux données matérielles de celle-ci en ayant la force de regarder en face sa réalité ainsi que la nôtre. Ainsi, s'agissant de sa réalité, nous nous trompons quand nous pensons que la mort est quelque chose. Si tel était le cas, elle serait un objet que l'on peut circonscrire et avec lequel il serait possible d'entrer en contact. Or, comme le dit Épicure : « Tant que nous existons nous-mêmes, elle n'est pas et dès qu'elle existe, nous ne sommes plus[28]. » Aussi convient-il de se rendre à cette conclusion : la mort n'a pas de réalité, elle n'est rien, rien que le vide. Ce vide qui se trouve partout dans l'univers, quand il n'y a pas ce plein que constituent les atomes. Indication importante. Quand on l'assimile, cela permet de ne plus souffrir, puisque la mort n'étant rien, elle ne peut faire souffrir. Cela permet également de se délivrer des faux problèmes dans lesquels on se débat et qui ne cessent de faire souffrir. De fait nous ne cessons de penser à la mort. Quand nous ne la craignons pas, nous fantasmons à son sujet en nous imaginant qu'elle est la grande panacée délivrant l'Homme de tous ses maux, tel un grand sommeil. D'où des rêveries sur le suicide confondant celui-ci avec l'ultime liberté de la condition humaine. Rêveries pétries de contradiction. Quand on est mort, tout s'arrête, que la mort soit souffrance ou plaisir. Il ne peut donc pas y avoir un plaisir à mourir et s'il y en a un, mourons, suicidons-nous, mais de grâce, arrêtons de vivre en expliquant que le plaisir se trouve dans la mort et non dans la vie.

Le raisonnement d'Épicure est implacable, mettant en évidence le paradoxe des discours sur la mort. Alors que ces discours croient parler de la mort, c'est de nous qu'ils parlent, nos discours à son sujet ne faisant que refléter notre humeur du moment. Ainsi, quand la vie est heureuse et s'accorde à nos désirs, nous redoutons la mort en craignant qu'elle nous prive de ce que nous aimons. À l'inverse, quand la vie nous est pénible, nous l'appelons de nos vœux. D'où l'incohérence de nos discours, les raisons qui nous font désirer l'immortalité étant taillées dans la même étoffe que celles qui nous font désirer mourir, cette étoffe étant le confort du moment. Aussi Épicure nous invite-t-il à être conséquents avec nous-mêmes. Aucun être humain n'ayant pensé la mort, et aucun être humain n'étant susceptible de pouvoir jamais la penser, une telle pensée étant impossible du fait qu'elle n'est rien, abandonnons-la et occupons-nous plutôt du présent et de la vie. Soyons comme la Nature qui, faite d'atomes et de vide, est partout et nulle part, c'est-à-dire en elle et pas ailleurs. Soyons en nous-mêmes. Ce qui est le point de rencontre entre l'atome et le vide, le propre de l'atome comme du vide étant d'être en eux-mêmes. La Nature qui est toujours elle-même est autant Nature dans le plein que dans le vide en étant partout et en étant nulle part. Faisons de même. Efforçons-nous de vivre en apprenant à rester nous-mêmes autant dans le vide que dans le plein, on ne sera pas près de mourir et il est fort probable que l'on devienne, comme le dit Épicure, un

« dieu parmi les hommes ». Aussi comprend-on le matérialisme. S'il est une sagesse tragique en ce qu'il nous invite à prendre conscience qu'étant indéfectiblement des êtres matériels nous sommes soumis au destin de la matière, cela n'interdit pas un accès au divin. Au contraire.

Le cynisme

Coluche

Au Moyen Âge, pour éviter que le roi ne se prenne trop au sérieux, une pratique est instituée : régulièrement, lors de grands banquets, un fou a le droit et même le devoir de lui dire ses quatre vérités. Depuis, cette pratique perdure. Toute société qui se veut évoluée se doit d'avoir son fou du roi afin d'entendre la vérité sur elle-même et, ainsi, de ne pas se prendre au sérieux. Dans les années quatre-vingt, c'est le rôle que tient Coluche. Provocateur, celui-ci est le miroir de la société d'alors en dénonçant ses préjugés persistants malgré ses bonnes intentions affichées. À Athènes, Diogène de Sinope (419-327) vivait dans un tonneau comme un chien, en grec *kuon*. De là vient le terme « cynique ». Cherchant un homme sans parvenir à en trouver un, Diogène faisait le chien pour que les Athéniens ouvrent les yeux sur eux-mêmes et deviennent des hommes. On raconte qu'Alexandre le Grand, qui avait rencontré Diogène, aurait dit : « Si je n'avais pas été Alexandre, j'aurais aimé être Diogène. »

Il y a quelque chose de Diogène dans Coluche. Vif comme le sage athénien, parfois outrancier voire scandaleux, il témoigne d'une grandeur d'âme qui lui vaut la reconnaissance de l'abbé Pierre lorsqu'il fait don d'une partie de sa fortune en 1985 afin de fonder les Restos du cœur pour venir en aide aux déshérités. En faisant rire la société, il lui apprend comme Diogène à regarder et à se regarder. Lors de ses émissions quotidiennes à la radio où il commente l'actualité en faisant une revue de presse, son coup d'œil implacable fait mouche. Il a le don de dénicher des perles que personne ne remarque, comme par exemple ce journal qui annonce la mort du pape Jean-Paul Ier en une à côté d'une publicité titrant « Grande braderie au marché Saint-Pierre »…

Le scepticisme

Le tragique a de multiples visages. Si l'on trouve un tragique triste lié à la violence, tout tragique n'est pas triste et violent. Le relativisme et le matérialisme en sont un exemple en développant de hautes sagesses. Le cynisme en est un autre en apparaissant comme un non-conformisme tonique. Incarné par Diogène, figure légendaire du cynisme, il s'enracine dans le scepticisme, terme qu'il importe de bien interpréter. Comme le dit Diogène Laërce, les sceptiques sont des pyrrhoniens (du nom de Pyrrhon, leur maître) et les pyrrhoniens sont des ignorants, des sceptiques, des douteurs et des chercheurs : « Des chercheurs parce qu'ils cherchent partout la vérité ; des sceptiques parce qu'ils observent tout sans jamais rien trouver de sûr ; des douteurs parce que le résultat de leurs recherches est le doute ; des ignorants parce que les dogmatiques sont, selon eux, eux-mêmes des ignorants[29]. » Le sceptique est pour nous quelqu'un qui se méfie. Chez les Anciens, c'est un chercheur infatigable. Comme toujours chez les Anciens, cette attitude s'enracine dans la pratique. En l'occurrence, celle de l'homme de bien. Celui-ci est rare. Comme le souligne Diogène Laërce au début de son exposé consacré à Pyrrhon, cela vient de ce que rares sont les sages qui ne se laissent pas tenter à un moment ou à un autre par le pouvoir, tant il est difficile de vivre complètement caché à l'écart du monde et de ses séductions. D'où la recherche du sceptique. Une recherche bien symbolisée par Diogène le Cynique parcourant les rues d'Athènes en plein jour en tenant à la main une lanterne allumée et en criant : « Je cherche un Homme. » Ce qu'il faut comprendre comme « Je cherche un homme de bien méprisant le pouvoir »[30]. Ce qu'Épictète commente ainsi : « Souviens-toi que tu dois te comporter comme dans un festin. Le plat qui circule arrive-t-il à toi ? Tends la main et prends modérément. Passe-t-il loin de toi ? Ne le recherche pas. Tarde-t-il à venir ? Ne jette pas de loin sur lui ton désir, mais patiente jusqu'à ce qu'il arrive à toi. Sois ainsi pour tes enfants, pour ta femme, pour les charges publiques, pour la richesse et tu seras un jour jugé digne d'être le convive des dieux. Si tu ne prends rien de ce que l'on te sert, si tu regardes cela avec indifférence, tu ne seras pas simplement le convive des dieux, mais leur égal. C'est en vivant ainsi que Diogène, Héraclite et bien d'autres comme eux ont mérité de porter le nom définissant ce qu'ils étaient vraiment : des êtres divins[31]. »

Le combat contre les prétentions humaines et surtout contre sa propre prétention n'a pas de fin. C'est la raison pour laquelle il importe de douter toujours. Quand on en prend conscience, apprenant à se méfier des hommes et de soi, on apprend à se tenir à distance des discours. Tant il y a de discours qui masquent une absence de pratique. Le bien ne fait pas de bruit, dit-on, et le bruit ne fait pas de bien. « Celui qui parle ne sait pas, dit Lao-tseu, et celui qui sait ne parle pas[32]. » On a là l'essence du scepticisme. Quand on est un vrai sage, on n'a pas besoin de parler, la sagesse parle d'elle-même. Et parlant d'elle-mêmc, elle enseigne ce qu'est la vérité, laquelle, comme la sagesse, parle d'elle-même. D'où la vanité des discours prétendant rendre compte de la Nature. Tous se trompent parce que tous parlent au lieu d'être comme la Nature qui ne parle pas mais qui est. Diogène Laërce souligne à propos du scepticisme qu'il est un « phénoménisme », les phénomènes étant son unique critère de vérité[33]. Quand on est un sage, on laisse la Nature s'exprimer, rien n'exprimant mieux la vérité de la Nature que la Nature elle-même dans son apparition. Ainsi, les sceptiques de l'Antiquité auraient adoré la peinture chinoise ou japonaise s'ils l'avaient connue, tant celle-ci a l'art d'être la vérité de la chose en s'effaçant devant elle. Ils auraient aimé la puissance d'un peintre comme Soulages, la pureté de ses traits noirs sur fond blanc disant elle aussi la vérité de la chose.

La comédie

On peut dédoubler la réalité de façon positive par l'idéal et le divin en voyant dans ceux-ci les doubles sublimes de l'humanité qui lui permettent de se structurer. On peut aussi dédoubler la réalité de façon négative, si l'on peut dire, en voyant tout ce qui la déstructure. C'est ce que fait le tragique. Montrant les passions humaines, la violence des hommes et la face sombre de l'humanité, celui-ci n'est pas tant ce qui emmène vers le sublime que ce qui pratique au contraire une « désublimation » en faisant revenir sur terre au lieu d'aller vers le Ciel. Ce qui est salutaire, ce retour aboutissant à un dégrisement.

Philosophiquement, c'est le scepticisme qui permet un tel retour en rappelant que l'homme de bien est rare. En art, c'est le théâtre par le biais de la tragédie et la comédie. Aristote voit en eux des moyens de purification de l'âme à travers le fait de faire rire ou pleurer les hommes sur eux-mêmes. On trouve la même chose dans le scepticisme, qui est très théâtral et très purificateur à sa façon. Les Grecs s'en sont rendu compte comme nous nous en rendons compte. Nous manquons de sagesse parce que nous manquons de retenue. Nous ne sommes pas sobres, pudiques, « pauvres », comme l'homme de bien qui ne se met pas en avant afin de laisser la Nature s'exprimer en lui. Nous en faisons trop. Cela se voit dans le regard que nous projetons sur l'Homme. Ou nous rions de tout, ce qui est tragique, comme le dit Aristote. Ou nous pleurons à propos de tout, ce qui est comique, selon Aristote toujours. Jamais ou presque nous ne sommes là où il faudrait que nous soyons : dans un juste milieu faisant que nous rions et que nous pleurons non pas de tout mais à propos comme sait le faire l'homme de bien. D'où l'importance du scepticisme et de son regard salutaire porté sur le monde. Regard à la fois comique et tragique permettant de revenir à l'homme de bien en allant à l'essentiel.

Les hommes ont tendance à se mentir à eux-mêmes et à mentir aux autres en jouant une comédie. Ce qui est tragique. Ils jouent à faire croire qu'ils savent, qu'ils sont sages, qu'ils sont dégagés et libres de tout, alors que tel n'est pas le cas. Ils se font passer pour des hommes de bien. Ce qu'ils ne sont pas. En ce sens, on peut dire que la sagesse est sans doute la plus grande comédie qui soit. Comédie tragique, se servir de l'homme de bien pour masquer, étouffer, refouler celui-ci étant le drame de l'humanité. Alors que le véritable sage est sage et ne le paraît pas, le faux sage, lui, cherche à paraître sage sans jamais l'être. Ce qui est le scandale absolu. À maintes reprises, l'humanité en a eu conscience. En Inde, au VIe siècle av. J.-C., le Bouddha, reprenant la sagesse des Vedas, enseigne que l'humanité vit sous l'emprise de l'illusion, Maya, dont le voile pèse sur elle. Au XVIIe siècle, avant que Balzac ne le fasse, Molière met en scène la comédie humaine montrant comment, dans la société, l'homme de bien qui est l'homme de cœur, simple et honnête, est remplacé par des arrivistes qui jouent à être des hommes de bien en paradant sur la scène sociale. En Grèce, ce sont des auteurs comiques comme Aristophane qui dénoncent la comédie humaine. Ce sont aussi des penseurs sceptiques comme Pyrrhon ou cyniques comme Diogène, qui s'abaisse afin de remettre à sa place un monde où l'on croit être Homme en s'élevant, en vivant dans des palais et en se faisant passer pour des dieux. Depuis plusieurs décennies déjà, nous faisons de la critique sociale. Chaque année, des centaines d'ouvrages sont consacrés à la dénonciation de la société et de ses travers. Ce qui est salutaire, un certain nombre d'ouvrages touchant juste. Toutefois, cette critique laisse perplexe en étant parfois aussi arrogante que la société qu'elle vise faute de pratiquer l'homme de bien comme le sage sceptique ou cynique qui vivaient l'Homme au lieu de se réclamer de lui pour en faire un levier de pouvoir.

L'ironie

Le scepticisme a donné un style philosophique particulier sous la forme de l'ironie. Venant du grec *eiron* qui veut dire « interroger » et derrière le fait d'interroger « feindre l'ignorance », donc par extension « questionner afin de faire parler », l'ironie est en définitive l'art de faire parler afin de faire penser. Dans la vie quotidienne, nous utilisons l'ironie quand nous désignons une réalité par son contraire. Ce procédé vise à sortir de la banalité en provoquant un retournement de situation. Ainsi, quand nous disons de quelqu'un de désagréable qu'il est absolument charmant, nous signifions non seulement qu'il est déplaisant mais que le lui dire ne va pas suffire. Il va falloir prendre ses distances à son égard, ce que nous faisons déjà en ne prenant même pas la peine de nous opposer à lui. En ce sens, l'ironie est un conflit au-delà du conflit. C'est un détachement dans le conflit et pas simplement un conflit. D'où son caractère philosophique, un caractère abondamment utilisé par Socrate.

Quand celui-ci parcourt Athènes, il se rend bien compte que ses congénères vivent sous l'emprise d'une illusion collective. Qu'il s'agisse des artisans et commerçants, des hommes politiques ou des poètes dramaturges, tous pensent savoir ce qu'est la sagesse, les uns y voyant une technique, les autres un pouvoir, les troisièmes un délire. Personne n'imagine un instant qu'il ne sait rien. Personne n'a l'idée de se remettre en question[34]. Dans ces conditions, les prendre de face pour leur dire qu'ils mentent n'est pas pensable. Ils ne comprendraient pas. D'où l'intérêt de l'ironie, celle-ci consistant pour Socrate à inverser les rôles en expliquant qu'il ne sait rien, que c'est lui l'ignorant et non pas l'autre. Procédé hautement théâtral, Socrate devenant pour l'occasion un acteur. Procédé directement hérité de Diogène qui procédait de même pour éveiller la cité afin de secouer sa prétention à se faire passer pour bonne. Diogène Laërce raconte qu'un jour Alexandre le Grand alla visiter Diogène. « Demande-moi ce que tu veux, lui dit Alexandre, et je te le donnerai. » Diogène répondit : « Écarte-toi, s'il te plaît, un peu de mon soleil. – Tu n'as pas peur de moi ? » reprit Alexandre. « Es-tu un bien ou un mal ? rétorqua Diogène. – Un bien, répondit Alexandre. – Qui peut craindre un bien ? » conclut Diogène[35]. La question d'Alexandre est un piège. Imaginons que Diogène ait répondu : « Je veux ceci ou cela », il aurait été avide. Il n'aurait plus été Diogène. Mais comment faire remarquer à Alexandre que celui-ci est un tentateur sans s'attirer ses foudres ? Une seule solution : passer par l'ironie. Ce que fait Diogène en expliquant qu'il manque de lumière et qu'il a besoin de soleil. Façon incroyablement provocatrice de se payer la tête d'Alexandre en lui faisant sentir que le soleil ce n'est pas lui, lui ne donnant que de l'ombre et non de la lumière. Façon profonde également de changer de terrain et d'inverser les rôles en rappelant que l'on a besoin d'être et non d'avoir et donc en revenant à l'essentiel.

Les hommes croient que les choses viennent d'eux, ils pensent notamment que la sagesse est une affaire humaine et qu'ils en sont les détenteurs. La sagesse ne vient pas des hommes mais des dieux, un sage cessant d'être sage dès lors qu'il se proclame comme tel. Pour être soi sans risquer de se tromper à propos de soi, il importe de maintenir un décalage ironique entre soi et soi-même. Quand on ne sait pas le faire, la vie s'en charge. Si nous ne savons pas nous mettre à la place qui nous revient, les circonstances nous y aident. Cela s'appelle l'ironie du sort.

La démystification

L'ironie, la comédie comme le scepticisme montrent une chose essentielle concernant la philosophie : il n'y a pas de philosophie possible sans une philosophie allant contre la philosophie. Au XVIIe siècle, c'est Pascal qui en a conscience et qui le rappelle en fustigeant l'orgueilleuse raison humaine qui croit pouvoir tout comprendre et se prononcer sur tout. À la fin du XVIIIe siècle, c'est Kant qui poursuit l'exercice de lucidité entamé par Pascal en expliquant que la philosophie peut devenir la pire des illusions humaines lorsque, sous la forme de la métaphysique dogmatique, elle pense pouvoir être la science de l'absolu. Au cours de l'Antiquité, les sceptiques sont ceux qui écrivent une *Critique de la Raison pure* avant la lettre. Pour que la philosophie ne meure pas, ils font le procès de ses prétentions. D'où ce paradoxe : on reconnaît un philosophe à ce qu'il est le dernier à se dire philosophe, quand il se dit tel et qu'il n'a pas renoncé à ce terme. Ce qu'il serait inspiré de faire. Comme le dit Épictète : « Montre-moi un stoïcien, je n'en demande qu'un. Un stoïcien, c'est-à-dire un homme qui, dans la maladie, se trouve heureux, dans le danger, se trouve heureux, qui, mourant, se trouve heureux, qui, méprisé et calomnié, se trouve heureux. Montre-moi un homme qui veuille se conformer à la volonté des dieux en ne se plaignant jamais ni des dieux ni des hommes ; qui ne soit jamais frustré dans ses désirs, blessé par quoi que ce soit, envieux, coléreux et jaloux ; qui dans ce corps mortel entretient un secret commerce avec les dieux en s'efforçant de dépouiller l'homme afin de devenir un dieu[36]. »

Les sages sont souvent des hommes au lieu d'être des sages. Ils craignent pour leur moi alors qu'ils ne devraient rien craindre, être sage consistant à savoir et savoir consistant à se souvenir qu'étant dans la volonté des dieux qui sont éternels, rien ne peut nous arriver. En outre, les hommes parlent trop de philosophie en oubliant que celle-ci se pratique et se vit, la sagesse parlant d'elle-même quand on la vit. D'où ce sage conseil d'Épictète : « Ne te dis jamais philosophe et garde-toi de parler de maximes à des gens vulgaires. Fais plutôt ce que prescrivent les maximes. Par exemple, lors d'un festin, ne dis pas comment il faut manger. Mange toi-même comme il faut[37]. » Propos permettant, avec bien d'autres, de comprendre Socrate et la portée de la pensée socratique. Elle repose tout entière sur une formule simple en apparence : « Je sais que je ne sais rien[38]. » Comme le souligne Socrate lui-même, il y a une histoire derrière cette parole. Elle commence avec un de ses amis qui, demandant à la Pythie qui est le plus sage des hommes, s'entend répondre : « Socrate. » Elle continue avec Socrate qui se met à enquêter auprès de ses concitoyens sur ce qu'est la sagesse afin de comprendre la parole de la Pythie. Elle s'achève avec Socrate découvrant qu'il ne prétend pas savoir alors que tout le monde pense savoir. Il y a aussi de l'ironie derrière la formule de Socrate qui feint de ne rien savoir alors qu'il est évident qu'il sait bien des choses, dont l'art d'ignorer. Ce qui n'est pas rien. Mais il y a surtout la conscience d'un fait fondamental : la philosophie n'est pas une affaire simplement humaine, celle-ci venant de la vie et de son mystère et pas simplement des hommes et de leurs cogitations. C'est ce qui fait tout son intérêt. C'est aussi ce qui permet à l'homme de bien de demeurer tel sans se prendre au sérieux, la sagesse n'étant pas quelque chose que l'on prend mais que l'on reçoit.

La sophistique

Le Web

En 1989, Tim Berners-Lee, un ingénieur informaticien travaillant au CERN (Centre européen de recherche nucléaire) non loin de Genève en Suisse, invente un système informatique dit d'« hypertexte » afin de mieux partager ses connaissances avec ses collègues. Il est rejoint en 1990 par un ingénieur belge, Robert Cailliau, et tous deux donnent de l'extension à ce projet initial en créant un vaste système de communication qu'ils baptisent du nom de Web, terme qui veut dire « toile d'araignée », avec comme sigle le désormais célèbre *www* pour World Wide Web (Toile mondiale). Très vite le Web ne sert pas simplement à rechercher des informations mais à échanger par l'entremise de réseaux sociaux permettant à des forums de discussion de se mettre en place et de faire revivre les antiques agoras. Si l'on y débat de tous les sujets de société, ce débat ne passe pas par le canal de la discussion en assemblée comme à l'Assemblée nationale ou au Sénat ou bien par des articles de journaux ou des émissions de radio et de télévision, mais par l'écriture d'un grand texte collectif ou chacun vient apporter sa contribution. D'où le nom de « réseau », qui reflète bien la communication parallèle établie par le Web, cette communication libérant la parole démocratique en permettant à tout le monde de s'exprimer, pour le meilleur et pour le pire.

Au Ve siècle av. J.-C. en Grèce, lorsque apparaît la démocratie, certains philosophes dits « sophistes », qui la défendent ardemment, rêvent d'une société où le beau, le bien et le vrai ne seraient pas l'expression d'un ordre que l'on impose mais d'un consensus produit par la discussion commune. Avec l'apparition du Web leur rêve est en train de se réaliser, la Toile permettant à des consensus de s'établir au coup par coup. Ce qui, quand cela se produit, fait grand bruit et donne lieu à un *buzz* (bourdonnement) saluant l'événement.

La rhétorique

La condition humaine est limitée, en cela elle est tragique. Ce qui n'interdit pas de parler de l'infini. Au contraire. Cela peut être une autre façon d'en parler : à partir de la limite et non sans elle. D'où le sens du tragique. Un sens positif et non pas destructeur. Témoin Héraclite. Quand celui-ci explique que tout passe, ce n'est pas pour tout dissoudre, mais pour se détacher de l'agitation du monde et ainsi libérer son esprit. De là chez Héraclite un lien entre le relativisme et le sens absolu de la pensée. Ce sens du tragique vaut pour le matérialisme. Loin de congédier la pensée ainsi que l'esprit, le matérialisme est une autre façon de les aborder : à partir du corps et de la matière et non sans eux. Même chose pour le cynisme, qui n'est pas un refus du bien mais une autre façon de l'aborder : à partir d'une forme de contestation, d'ironie, de démystification.

La sophistique

Au Ve siècle av. J.-C. en Grèce, parmi ces penseurs singuliers que sont les matérialistes et les cyniques, on voit apparaître les sophistes. Tirant leur nom de *sophia*, « sagesse », ils se caractérisent par leur façon de parler de celle-ci. Alors que généralement on oppose le fond à la forme en voyant dans cette dernière du superflu, les sophistes le réhabilitent en soutenant qu'il n'y a pas de fond sans forme. Ainsi, faisant particulièrement attention à la forme, sont-ils des discoureurs brillants. Tellement brillants qu'ils en deviennent parfois « sophistiqués ». Reste qu'habiles à parler, ils sont recherchés par ceux qui veulent apprendre à tenir un discours en public, ce qu'ils enseignent volontiers en dispensant des leçons de rhétorique moyennant finances. Aujourd'hui, les sophistes sont les conseillers en communication des hommes politiques et des entreprises, mais pas seulement. Tout professeur qui enseigne à bien s'exprimer fait nécessairement de la rhétorique et est un sophiste au bon sens du terme. Parce qu'ils croyaient dans la parole en constatant son importance dans la vie de l'humanité, les sophistes étaient des démocrates. Parce qu'ils étaient proches des êtres humains, ils étaient matérialistes et relativistes, être matérialiste voulant dire avoir le sens du concret et être relativiste ne rien vouloir imposer de façon dogmatique. Reste que l'important pour eux consistait avant tout à avoir le sens de la forme en pensant à partir d'elle tant le vrai, le bien que le beau.

Alain aimait rappeler qu'une vérité que l'on répète cesse d'être une vérité, une vérité étant une vérité que l'on pense et non que l'on ressasse. Cela vaut pour les vérités que l'on tente d'imposer. Celles-ci cessent d'être vraies, une vérité étant là encore une vérité que l'on pense et non une vérité à laquelle on obéit. D'où la nécessité de recentrer le discours sur le vrai en rappelant qu'en matière de vérité, il importe d'*être* vrai et pas simplement de parler de *la* vérité. Ce que l'on parvient à faire quand on pense la vérité non pas simplement dans le fond mais dans la forme, non pas simplement dans l'être mais dans la manière d'être. En morale, on le sait, tout est dans la manière, celle-ci étant révélatrice des intentions, lesquelles sont le fond de la morale. S'agissant de la vérité, il en va de même. Tout est dans la manière, que ce soit avec soi comme avec autrui, cette manière étant vraie quand elle est pensante. Ainsi, quand il est question de vérité, au lieu de vouloir imposer celle-ci, contentons-nous de la penser avec l'autre. L'autre se mettant à penser du fait que l'on pense, la pensée devient vraie, la vérité étant une pensée qui fait penser et non une pensée qui empêche de le faire. On le comprend quand on doit enseigner. C'est en donnant à penser par sa manière de penser que l'on enseigne. D'où la sagesse des sophistes de rappeler qu'il ne faut jamais négliger la forme ni la manière d'être. Socrate, pourtant opposé aux sophistes, s'en souviendra en se donnant comme règle de toujours philosopher avec l'assentiment de ses interlocuteurs et non malgré eux, la vérité étant vraie quand elle devient une manière de vivre en commun au lieu d'être une abstraction sèche ou un discours de terreur.

Même chose pour la morale. Comme la vérité, celle-ci ne s'impose pas de l'extérieur, et ce parce qu'il ne suffit pas de parler de morale. Encore faut-il être moral en montrant l'exemple comme le sceptique ou le cynique. C'est ce que ne comprend pas le moralisateur pour qui la morale consiste non pas à *être* moral mais à *faire* la morale. Ce qui débouche toujours sur du mensonge et de la violence. Les sophistes là encore l'ont compris. Plus encore que la vérité, la morale passe non seulement par *une* manière d'être mais par *la* manière d'être, celle-ci consistant à être le premier à être moral quand on parle de morale.

Enfin, ce qui vaut pour la vérité et pour la morale vaut aussi pour le beau. Là encore, là surtout, impossible de dissocier le fond de la forme. Quand on parle de beauté, il faut le faire avec beauté, sinon à quoi bon en parler ? C'est bien pour devenir beau qu'il y a du sens à parler de la beauté, en parler sans l'être n'en ayant aucun. Tel est le sens qu'il faut donner à l'art des sophistes, celui de la rhétorique. Un art injustement attaqué par Socrate alors qu'il est essentiel. Certes, il existe des discours qui brillent mais qui n'éclairent pas. Toutefois, ils se dénoncent eux-mêmes en montrant très vite le vide de leur pensée. Aussi n'est-ce pas une raison pour mépriser la forme. Quand une pensée est profonde, elle est toujours belle dans sa forme, le sens de la pensée et celui des mots allant de pair. Inversement, quand des mots parviennent à être beaux, c'est qu'il y a une pensée derrière. « Ce qui se conçoit bien s'énonce aisément », rappelle Malherbe. La clarté de la pensée et la clarté des mots sont inséparables.

D'où le relativisme des sophistes, celui-ci consistant à relativiser les discours dogmatiques afin de recentrer l'être du vrai, du bien et du beau sur la manière d'être. Socrate leur a reproché d'être des séducteurs enseignant à plaire et se faisant payer pour cela. Dans l'absolu, Socrate a raison. La parole d'un maître spirituel n'est pas là pour plaire et elle est sans prix. Le pape et le dalaï-lama ne parlent pas pour plaire et ne tarifent pas les entretiens qu'ils accordent. Reste que dans la société, il en va autrement. Le manque de séduction dans la communication peut être un véritable handicap faisant dire que parfois être plaisant et séduisant n'est pas un luxe. Quant à la rétribution, quand on va voir un médecin capable de soulager la souffrance, il est normal qu'on le paie. Le sophiste étant un médecin de la communication, les Grecs anciens trouvaient normal de le payer.

Le conventionnalisme

Une telle approche a sa traduction politique dans ce que l'on peut appeler le conventionnalisme, art subtil consistant à savoir articuler trois éléments structurant toute construction d'une convention : le sens du plaisir, le sens de la relation avec autrui et le sens de la loi.

Une convention étant le résultat de ce qui convient, il est normal de commencer par ce qui convient à soi. Or, s'il est important pour chacun d'entre nous de savoir et de dire ce qui nous convient et ce qui ne nous convient pas, ce n'est pas si facile que cela à réaliser. Il faut savoir s'écouter. Tout le monde ne le fait pas. Il faut aussi savoir le dire à autrui. Tout le monde n'ose pas. Combien de personnes se forcent à faire des choses qui ne leur conviennent pas par peur de déplaire. Quelle force se dégage en revanche quand, sachant ce que l'on aime, on a la force de le dire. La clarté et la franchise étant contagieuses, l'agressivité s'estompe. On peut passer à la deuxième phase de l'élaboration d'une convention qui est de s'accorder avec autrui. Pour y parvenir, il n'y a qu'une seule solution : se mettre d'accord sur une base commune minimale. Cela passe par un certain effort de persuasion avant de pouvoir faire admettre à l'autre ce qui semble juste et dont témoignera la petite phrase libératrice : « J'en conviens. » Quand tel est le cas, on peut alors passer à la troisième phase consistant à savoir passer des conventions les uns avec les autres. On y parvient en établissant un contrat et en respectant des engagements.

On peut vivre, autrement dit, dans le relatif, l'instable, l'aléatoire. On peut apprivoiser le tragique de la condition humaine. On peut trouver un repère dans un monde sans repères et du sens dans un monde dépourvu de sens. Il suffit de partir de ce qui nous convient, et de ce dont on peut convenir avec autrui. Il suffit pour cela de se donner la convenance et la convention comme règle. C'est ce que faisait Pyrrhon, le fondateur du scepticisme, dont Diogène Laërce dit qu'il « soutenait qu'il n'y avait ni beau, ni laid, ni juste, ni injuste, que rien n'existait réellement et de façon vraie, mais qu'en toute chose les hommes se gouvernent selon la coutume et la loi[39] ».

L'utilitarisme

On a donc vu la force de la sophistique pour aborder le tragique. Force également pour aborder la pratique, celle-ci requérant de savoir être opportuniste. Terme controversé, tant il est vrai qu'il existe un opportunisme gênant consistant à profiter des situations sans aucun scrupule. Quand quelqu'un est en situation de faiblesse, il peut être tentant d'en tirer un avantage en faisant fi de toute solidarité humaine comme de toute loyauté. Qui ne recule devant rien pour réussir s'avère être également un opportuniste. En politique comme dans le domaine judiciaire, cette pratique fait froid dans le dos. Quand on en est témoin, on reste d'autant plus interdit que l'on n'a souvent pas de moyen légal de riposter, les circonstances permettant à certains de profiter lâchement d'une situation ou de faire feu de tout bois. Reste que tout opportunisme n'est pas lâche ni dénué de scrupule.

Comme son nom l'indique, l'opportunisme est lié à l'opportunité, synonyme d'ouverture. Pour qui sait voir, la vie est pleine de possibles. Il faut être capable de les saisir. L'opportuniste sait y faire. Il sait, comme on dit, saisir l'occasion en « attrapant la balle au bond ». À ce titre, profiter de la situation ne veut pas dire en profiter lâchement, mais avoir une forme d'humilité envers l'existence. S'il est parfois tentant de dire que celle-ci est vide, l'opportunisme ne cède pas à cette tentation. Ce qui est une forme de loyauté à l'égard de la vie. Une telle attitude s'avère efficace dans les moments de grande difficulté. Il faut parfois savoir accepter la perte. On y parvient en faisant, dit-on, contre mauvaise fortune bon cœur. De ce point de vue, rien n'est plus opportuniste que l'art de souffrir, savoir souffrir consistant à savoir exploiter n'importe quelle parcelle de vie, n'importe quel espace de répit. Dans le domaine économique et commercial, cela se traduit par ce que l'on appelle la réactivité, qualité très prisée. Elle évite de demeurer enlisé et paralysé face à l'adversité.

D'une façon générale, on peut résumer l'attitude opportuniste des sophistes en soulignant qu'elle est *utilitariste* et *pragmatique*, ce qui correspond à l'un des courants majeurs de la pensée contemporaine ainsi qu'à un idéal recherché. Les *pragmata* désignant en grec les « choses », être pragmatique consiste à avoir le sens des choses et par extension des réalités concrètes. Ce qui est une vertu. Qui a le sens des réalités concrètes ne se raconte pas d'histoire. Il y a là une forme d'humilité qui consiste à se soumettre à la réalité. Il y a là, qui plus est, une façon originale d'aborder le monde. On est souvent bien trop abstrait en oubliant que ce sont les choses et les pratiques qui nous constituent. Or c'est l'expérience qui nous enseigne, rien ne remplaçant le contact direct avec les objets afin de savoir ce qu'ils sont et comment les aborder. De même, dans « utilitarisme » il y a le mot « utile » où l'on retrouve « outil », l'outil étant une chose que l'on utilise pour manier les choses. On est donc utilitariste quand on se sert des choses afin de les dépasser : partant d'obstacles, on en fait des leviers. Ce qui est le geste fondateur de la culture humaine. Aristote pense que l'on a des mains parce que l'on est intelligent, commander par l'intelligence étant nécessaire pour avoir des mains[40]. Les sophistes ainsi que les matérialistes répondent que l'on est intelligent parce que l'on a des mains. Plutôt que de vouloir commander, il faut se laisser guider. On n'est jamais assez « chose », matière, expérience. On veut toujours trop s'abstraire, dominer, imposer. Le corps sait très bien y faire quand on le laisse s'exprimer au contact des autres corps. L'utilitarisme est ainsi un sens du langage et de l'intelligence des corps.

L'humanisme

Quand on est utilitariste comme les sophistes, on a le sens des hommes. Aussi peut-on parler d'humanisme à leur égard comme en témoigne la fameuse formule de Protagoras : « L'Homme est la mesure de toutes choses. » Cette phrase peut donner l'impression que l'on a affaire à une idolâtrie, l'Homme, tel Dieu, devenant la mesure de toutes choses. Ce qui est une folie. Il importe de revenir à la phrase complète : « L'Homme est la mesure de toutes choses, de celles qui sont en tant qu'elles sont et de celles qui ne sont pas en tant qu'elles ne sont pas[41]. » Cela montre d'abord que Protagoras s'inscrit dans la lignée de Parménide et de sa méditation sur l'être en reprenant sa distinction entre l'être et le non-être, l'être étant exprimé par « Il est et il est impossible qu'il ne soit pas » et le non-être par « Il n'est pas et il est nécessaire qu'il ne soit pas[42] ». Autrement dit, loin de récuser l'être, Protagoras s'inscrit dans la continuité d'une méditation à son sujet, l'Homme étant un moyen de réfléchir sur lui et non de s'en affranchir. Par ailleurs, méditant sur l'être, Protagoras maintient certes la distinction entre l'être et le non-être de Parménide – il faut que cette distinction existe –, mais il indique que l'Homme doit en être la mesure. Ajout qui doit être relié à la façon dont les sophistes soulignent qu'il importe de faire non seulement attention au fond et à l'être mais aussi à la forme et à la manière d'être. Comme la forme, l'Homme est important. Pas question de parler de l'être sans lui ni de parler de lui sans l'être. L'Homme doit devenir une occasion de parler de l'être. C'est même à cela que l'on reconnaît une vraie parole sur l'être. Aussi l'Homme appelle-t-il un surcroît de méditation en méditant sur l'être jusque dans l'Homme. D'où le sens de l'expression « mesure de toutes choses » où ce qui importe est le « toutes choses ». Il s'agit là d'une critique des choses et derrière celles-ci de l'être comme du non-être, les choses étant soit celles qui sont, soit celles qui ne sont pas. Matérialistes, les sophistes montrent ici une distance à l'égard du matérialisme en indiquant que l'on ne doit pas se laisser envahir par lui et notamment par les notions d'être et de non-être, l'Homme devant demeurer plus important. Il s'agit donc là d'une critique de l'idolâtrie tant de l'être que du néant. Plus précisément encore, il s'agit là de critiquer la sophistique elle-même en mettant à distance tant le pragmatisme et son sens des choses que l'utilitarisme et celui de leur usage. Ainsi, dit Protagoras, s'il s'agit d'être pragmatique et d'avoir le sens des choses, cela ne doit jamais l'emporter sur l'Homme qui doit demeurer sans cesse leur mesure. Ce qui, on en conviendra, est sage et montre que la sophistique bien comprise peut servir la *sophia*.

La démesure

La Kingdom Tower à Djeddah

Durant l'année 2010, le prince saoudien al-Waleed bin Talal a donné son feu vert pour la mise en chantier de la plus haute tour du monde. Portant le nom de Kingdom Tower, la tour du Royaume, celle-ci sera construite en Arabie saoudite à Djeddah et mesurera mille un mètres. Prévue pour 2018, elle dépassera largement l'actuelle tour la plus haute, la Burj Khalifa Dubaï, située dans les émirats du Golfe et qui mesure huit cent vingt-huit mètres. La Chine, qui n'entend pas se laisser distancer dans la course aux records de gigantisme architectural, entend d'ores et déjà dépasser la tour de Dubaï par une tour de huit cent trente-huit mètres qui verra le jour à Changsha, capitale du Hunan. Une tour de mille mètres est également prévue pour les années 2017. Face à cela, la tour Eiffel à Paris avec ses trois cent dix-sept mètres fait figure de naine. De même le très beau Shanghai World Financial Center, construit en 2008, avec ses quatre cent quatre-vingt-douze mètres et son allure de grand décapsuleur.

Incontestablement, ces tours reflètent les prouesses technologiques dont le monde contemporain est capable. Tout comme elles illustrent la réussite économique des nations qui les font construire. En outre, ce qui ne gâche rien, elles sont belles. Il n'en demeure pas moins qu'à part le fait de flatter l'orgueil de ceux qui les bâtissent, celles-ci ne sont pas humainement vivables. Sans compter qu'il y a quelque chose d'infantile dans le fait de vouloir posséder à tout prix la tour la plus haute du monde. Les Grecs anciens voyaient dans l'*ubris*, la démesure, la plus grande faute de l'Homme. N'est-ce pas à cette *ubris* que nous avons ici affaire, un certain nombre de grandes puissances contemporaines étant saisies par le fièvre du « toujours plus » dénoncée par François de Closets en 1982 ?

La passion

On l'a vu, il y a une sagesse tragique. Le relativisme, le matérialisme, le cynisme et la sophistique en sont la preuve. Il y a cependant aussi un tragique qui n'est pas sage. On le trouve dans la passion. Certes, toute passion n'est pas mauvaise. Quand on aime, si l'on n'aime pas passionnément, on n'aime pas. La passion s'appelle alors enthousiasme. Elle est ivresse au sens de débordement de soi lié à un don de soi. On est loin de l'autre face de la passion, l'excès destructeur produit par un moi ivre de lui-même avide de tout prendre sans rien donner. La Grèce est célèbre pour son sens de la tragédie. Par-delà le genre littéraire qu'elle représente, celle-ci renvoie à des sentiments et des situations qui, poussés au paroxysme, provoquent une tension dramatique extrême. Aujourd'hui on qualifie de « tragédies grecques » de telles situations limites. Les Grecs ont su repérer cette tendance chez eux, dans le monde méditerranéen et dans la nature humaine en général. Elle repose sur un élément simple mais dévastateur :

l'exagération exprimée par le terme grec *ubris* qui signifie « excès, démesure ». Car s'il existe des extrapolations positives et nécessaires qui aiment à penser le plan transcendant de l'existence, il existe également des extrapolations négatives. Ce sont celles qui, grossissant les événements, finissent pas voir du mal là où il n'y en a pas. Ce qui a comme conséquence de transformer les innocents en coupables.

La passion qui déforme tout a des racines psychologiques et notamment narcissiques. Quand on veut se donner l'impression d'être quelqu'un, on se fait remarquer en faisant des scandales. L'indignation, la colère et les cris permettent au moi de se mettre en scène. La psychanalyse s'est beaucoup penchée et se penche encore beaucoup sur le narcissisme. La mythologie grecque l'a fait avant elle. Fils de la nymphe Litriopé qui s'est fait violer par le fleuve Céphise, Narcisse est d'une beauté rare. Si tout son entourage est amoureux de lui, lui n'aime personne. Un jour, il frappe la nymphe Écho qui s'éprend de lui. Alors qu'il se trouve seul, s'écriant : « Y a-t-il quelqu'un ici à part moi ? », il entend une voix qui lui répond : « Moi. » Fasciné, il dit à la voix : « Unissons-nous. » Quand Écho, qui est derrière la voix, apparaît et veut l'enlacer, il la fuit vers une clairière lointaine où se trouve une source. Là, voyant son image dans l'eau, il ne se lasse pas de la regarder. Une légende raconte qu'il meurt épuisé, une autre qu'il se noie en voulant embrasser son reflet.

Narcisse est une bonne image de ce qu'est la passion. Tout passionné n'aime que lui. Résultat, ou il n'aime personne, ou, rencontrant son miroir, il devient fou de son image. La légende de Narcisse est la mise en forme de ce fait. Quand quelqu'un a un fantasme, rien n'est pire pour lui que de rencontrer son double. Comme un pacte s'établit où chacun devient le fantasme de l'autre, chacun se met à délirer en voyant son fantasme devenir réalité. D'où le caractère mortel de la passion et le jeu morbide de la séduction utilisant les ressorts de la passion afin de fasciner, de posséder et de dominer. Dans *La République*, quand Platon fait du bien l'essence de toutes choses, il le compare au soleil qui permet à l'œil de voir et à la chose d'être vue[43]. Ce qui revient à faire du bien un miroir total. Or, quand quelqu'un rencontre son double, voyant son fantasme et se voyant par la même occasion, la passion devient une sorte de soleil, un soleil noir donnant l'impression que l'on peut tout voir. D'où sa force d'attraction, celle-ci ouvrant à l'idée ô combien tentante qu'il est possible de se passer de soleil pour comprendre le monde, la passion tenant lieu de soleil. Toutes les traditions spirituelles enseignent que la passion est le drame de la condition humaine. Quand ce n'est pas le bien qui inspire les pratiques humaines en les emmenant vers le haut, c'est l'amour du même, Narcisse, qui les ensorcelle en menant une danse effrénée qui rend fou. Non seulement les Grecs ont confirmé cet enseignement, mais ils l'ont approfondi en grands psychanalystes et connaisseurs de l'âme qu'ils étaient.

La tyrannie

Nous pouvons devenir l'ombre de nous-mêmes et devenir aliénés. La psychanalyse a non seulement mis en évidence et nommé cette part d'ombre de nous-mêmes, mais repéré ses mécanismes. Platon, il y a vingt-cinq siècles, avait déjà fait un travail semblable en repérant qu'un couple hante nos consciences en les rendant méconnaissables : le couple tyran-esclave. En Grèce, le tyran n'a pas toujours été considéré de façon péjorative. Si celui-ci désigne un personnage qui prend le pouvoir de façon illégitime et l'exerce seul, il peut être celui qui, dans un contexte de désordre où il n'est pas possible d'agir parce que tout le monde veut décider, ramène de l'ordre en permettant d'agir du fait d'être le seul à prendre des décisions. Ou bien, parfois, du fait de sa personnalité, il peut agir pour le bien de la cité. C'est ainsi que la Grèce a connu de grands tyrans comme Pisistrate au VIe siècle av. J.-C. ou Thrasybule au Ve siècle qui ont favorisé l'installation de la démocratie. Au VIe siècle, Pisistrate, renversant l'oligarchie régnante, allait rendre possible le règne de Périclès. Au Ve siècle, Thrasybule allait rétablir la démocratie à Athènes en permettant le rayonnement de celle-ci sur toute la mer Égée.

Toutefois, le tyran a des aspects négatifs et c'est cela que Platon dénonce en pointant le danger qu'il représente. Se permettant tout, il fascine. Aussi incarne-t-il les fantasmes de beaucoup qui voient en lui celui qui fait des choses qu'ils aimeraient bien faire mais qui n'en ont pas le courage. *La Phénoménologie de l'esprit* analysant la lutte pour la reconnaissance, Hegel montre que, dans la lutte à mort pour se faire reconnaître, c'est celui qui ne cède pas qui l'emporte[44]. Le tyran est de ce type. Son moi est tel qu'il préfère mourir plutôt que de céder. Le film de Nicholas Ray *La Fureur de vivre*, dont James Dean tient le rôle principal, présente un même type de caractère à travers un jeune se livrant à des duels automobiles où le gagnant est celui qui, roulant face à une voiture venant en sens contraire, ne cède pas. Le terroriste qui est prêt à mourir pour servir sa cause est fait du même bois. C'est un maître au sens hégélien, une tête brûlée prête à tout, un fou capable de ne reculer devant rien. Les Grecs étaient fascinés par ce type de personnage souvent haut en couleur qui continue de fasciner les hommes en général. Que faire face à un individu qui n'a peur de rien ? Le monde des gens dits « normaux » est désarmé. D'autant que, prêt à braver le danger ainsi que la violence, le tyran n'a pas peur de braver aussi les interdits. Notamment ceux du parricide et de l'inceste, qui fondent la société. Comme le dit Platon, l'âme tyrannique « ne craint point, en imagination, de s'unir à sa mère ou à qui que ce soit, homme, dieu ou bête, de se souiller de n'importe quel meurtre et de ne s'abstenir d'aucune sorte de nourriture ; en un mot, il n'est point de folie, point d'impudence, dont elle ne se sente pas capable... Aiguillonnée par l'envie, bourdonnant de désirs comme un frelon, prise de transports furieux et poussant des cris, par aversion pour la parcimonie, elle pille de tous côtés, elle dépouille père et mère et prétend commander non seulement aux hommes mais aux dieux en s'imaginant qu'elle en est capable[45] ». Rien n'existant à part la folie du moi, le tyran parvient ainsi à la transgression suprême : éliminer les dieux en prenant leur place. Transgression suprême selon les Grecs. En ce sens, les Grecs et notamment Platon ont été les premiers à découvrir ce que la modernité ne cesse de redécouvrir depuis Sade : il existe un fantasme nihiliste au fond de l'homme civilisé, certains étant prêts à tout pour faire reconnaître leur moi. Ne reculant devant aucun méfait ni aucun crime, la passion du moi est ainsi à l'origine des plus graves remous de l'histoire humaine.

L'esclavage

Si le tyran fascine, l'esclave est présent dans l'ombre. Sa présence s'enracine dans un phénomène qui pour nous est choquant, mais qui, dans l'Antiquité, est considéré comme normal : l'esclavage comme institution dans le cadre d'un mode de production économique. À défaut d'avoir des machines, les Anciens ont des hommes. Ceux-ci font également partie du butin à la guerre à titre de récompenses. À part les hilotes qui sont maltraités, l'esclave, bien que ne s'appartenant pas, peut jouer un certain rôle, son maître se reposant sur lui comme un propriétaire se repose sur son régisseur. Aristote, à ce sujet, reflète bien la mentalité de l'époque. Alors qu'il est capable de libérer ses esclaves à la fin de sa vie, à l'instar de ses contemporains il n'en considère pas moins l'esclavage comme naturel[46]. Ce qui peut s'expliquer ainsi : rien n'existant par hasard, si l'Homme existe, c'est qu'il doit exister, et si l'esclavage existe, c'est qu'il doit également exister et convenir soit à des situations comme la guerre, soit à des tempéraments disposés à se soumettre. Dans *Le Contrat social*, Rousseau aperçoit fort bien l'excès de la position d'Aristote, qui se laisse aveugler par pragmatisme[47]. Reste qu'il n'est pas facile de rompre avec ce pragmatisme. Lorsque, afin de ne pas juger et condamner, on dit à propos de la prostitution que les prostituées qui la pratiquent n'ont souvent pas d'autre choix, n'est-ce pas une façon moderne de légitimer l'esclavage ?

Quand l'esclavage n'est pas considéré comme faisant partie de la vie économique, il est considéré comme faisant partie de la vie psychique et politique des hommes. Ainsi, comme le rappelle Platon dans le mythe du *Phèdre*[48], il y a dans l'être humain une pulsion catastrophique comparable au coursier noir d'un attelage qui, s'emballant à la vue du soleil, se précipite vers celui-ci avant de s'écraser lourdement sur le sol. Les hommes sont victimes de cette pulsion. Ils en sont les esclaves inconscients. Cela explique la condition humaine. L'Homme est en exil dans le monde, sa soumission à son âme tyrannique en est la cause. Ce qui est la traduction psychologique d'un fait métaphysique : l'Homme est faible et la faiblesse mène le monde à travers le tyran qui est le plus faible et le plus esclave de tous les hommes. Et plus précisément encore, non seulement l'Homme est faible, mais sa plus grande faiblesse consiste à banaliser sa faiblesse en la taxant non seulement de naturelle, mais de bonne et d'humaine. D'où un système infernal, l'indulgence à l'égard de la faiblesse devenant contagieuse. C'est ce qu'explique Socrate à Calliclès dans le *Gorgias*[49]. Le tyran est faussement fort. Esclave de ses passions, c'est un faible. « C'est une passoire », dit Socrate qui ne mâche pas ses mots[50]. Entretenant la faiblesse collective, il en est la première victime en croyant et en faisant croire que l'on est libre quand on est l'esclave de ses pulsions.

Socrate, qui aperçoit bien ce qui guette l'Homme dans son être, aperçoit bien également ce qui menace la cité. Quand on explique que l'esclavage exprime la nature psychique de l'Homme, cela revient à dire qu'il exprime également sa nature politique. Tout comme il y a dans l'individu une tendance à adorer donner libre cours à ses pulsions et à en devenir l'esclave, il y a dans les cités humaines une tendance à donner libre cours aux pulsions collectives en mettant un tyran au pouvoir afin de se laisser subjuguer par lui. On peut être nihiliste en étant comme le tyran qui affirme son moi jusqu'à se prendre pour Dieu. On peut aussi être nihiliste en étant comme l'esclave qui renonce à son moi jusqu'à perdre toute fierté. Généralement c'est le même qui est tyran et esclave, l'esclave de lui-même étant le tyran des autres.

La perversion

Au cours du XXe siècle, le grand penseur politique Léo Strauss indique que la question principale de la vie politique est celle du nihilisme, celui-ci s'exprimant par un fantasme : l'avènement du « tout est possible » à travers le projet de « tout se permettre » et de « tout permettre »[51]. Au Ve siècle, un autre penseur, saint Augustin, fait remarquer qu'une fièvre destructrice s'empare des cités quand l'amour de soi a tendance à se substituer au don de soi[52]. En fait tout ce que perçoivent tant Léo Strauss que saint Augustin se trouve déjà chez Platon qui voit clairement le problème majeur de la condition politique de l'humanité. Les cités humaines basculent dans la folie lorsque, cédant à leur ego, les êtres humains et notamment leurs dirigeants se donnent comme projet le règne sans limites du moi. En 1969, un film de Barbet Schröder, *More*, montre à quel calvaire peut conduire la drogue à travers la descente en enfer d'un jeune Allemand à Ibiza. Dans le monde occidental épris de liberté, on commence à prendre conscience des ravages causés par la formule *No limit*, qui sert de devise aux partisans d'une liberté totale. Vingt-cinq siècles avant Barbet Schröder et les hippies, Platon est non seulement déjà conscient du problème mais, allant plus loin, il est au fait de sa subtilité, le véritable visage de la démesure ou *ubris* se trouvant non pas dans l'excès comme on le pense souvent mais dans la duplicité et, derrière, dans la perversion.

Pour la démesure comme pour tout, c'est dans l'invisible qu'il faut aller chercher ses causes, l'excès venant non pas de l'excès lui-même, mais de ce qu'il y a derrière, en l'occurrence le fait proprement nihiliste de tout se permettre et de tout vouloir permettre. Ce qui se traduit par la duplicité, être double permettant de ne jamais se déterminer et donc de jouer sur tous les tableaux en prenant tout sans se laisser prendre par rien. À l'époque, Platon voit apparaître cette duplicité perverse dans la démocratie qui se met en place. Avec celle-ci, il est fort possible de masquer un appétit de pouvoir féroce en se faisant passer pour l'ami du peuple. Mieux, plus on fait de promesses électorales alléchantes, mieux on se fait élire. Aussi ne faut-il pas imaginer le tyran sous les traits d'un fou assoiffé de sang comme Caligula, les choses sont plus insidieuses. Se faisant le champion des classes inférieures, il peut se permettre d'être autoritaire et dépravé. Tout le monde n'y voit que du feu, personne n'osant l'attaquer, s'opposer à lui revenant à s'opposer à la défense de la veuve et de l'orphelin, à la protection des faibles et des défavorisés, à l'amélioration de la condition humaine. D'où sa force. Une force redoutable d'habileté. Jouant sur le double sens du mot « permettre », s'il se permet tout en étant autoritaire, il permet tout en étant démagogue. Si bien qu'il a réponse à tout. Impossible de le prendre en défaut. Quand on lui reproche d'être autoritaire, il s'en défend en mettant en avant son amour du peuple, sa défense des défavorisés et son sens de la démocratie. Quand on lui reproche d'être démagogue, permissif et laxiste, il met en avant son caractère autoritaire et sa capacité à avoir de la poigne. Platon est un penseur moral, ce qui passe chez lui comme chez tout penseur moral par un sens de la rigueur voire parfois par du rigorisme. Critiqué par Aristote, il sera accusé au XIXe siècle par Nietzsche d'être le responsable avec son moralisme de la décadence du monde occidental et au XXe siècle par Karl Popper d'être à l'origine de la pensée totalitaire[53]. Critiques injustes. Quand on est comme Platon un critique du nihilisme et de la perversion, on ne peut pas être totalitaire.

La démagogie

La téléréalité

Avril 2001 : la chaîne de télévision M6 présente pour la première fois en France une émission de téléréalité, « Loft Story ». Le principe est simple. Durant trois mois, des jeunes sont enfermés dans un loft où leur vie quotidienne est filmée. Chaque semaine, les spectateurs votent pour éliminer l'un d'entre eux. Le dernier à rester reçoit argent, gloire médiatique et engagement dans un film afin de démarrer une carrière d'acteur. Le succès de l'émission s'explique. L'individu lambda peut s'identifier aux locataires du loft en se disant qu'il pourrait faire ou dire les mêmes choses qu'eux s'il venait à être choisi pour participer à l'émission, qui apparaît du coup comme très « démocratique ».

Reste qu'il y a un revers de la médaille. Si « Loft Story » est plébiscité par les douze-quatorze ans, quand on est intellectuellement un peu plus exigeant on s'ennuie après deux séances, l'émission montrant ses limites en faisant percevoir que n'importe quoi ne peut pas devenir un film, ni n'importe qui un acteur. On éprouve par ailleurs une certaine gêne devant ce montage qui transforme le spectateur en voyeur et les acteurs en exhibitionnistes. Tout comme on éprouve un certain malaise devant cette parodie des jeux du cirque, les téléspectateurs étant invités à voter pour l'élimination d'un participant comme jadis la foule des arènes était invitée à voter pour la mort d'un gladiateur en baissant le pouce. On reste de ce fait quelque peu perplexe quand on entend qualifier un tel spectacle de démocratique. Andy Warhol a dit un jour que « le monde moderne sera ce monde dans lequel chaque individu aura droit à une minute de célébrité dans sa vie ». Inventée pour lutter contre toute dictature, la démocratie n'installe-t-elle pas la dictature de la démagogie lorsqu'elle caresse la foule dans le sens du poil en lui faisant croire qu'elle est géniale ?

La société du spectacle

Les Grecs en ont eu conscience : il y a quelque chose de tragique dans l'Homme qui est lié à son moi. Lâchons la bride à celui-ci, on bascule dans la folie. La conscience des Grecs à propos du tragique humain ne s'est pourtant pas arrêtée là. Ils ont perçu que le tragique ne vient pas simplement de fous lâchant la bride à leur ego, qu'il vient aussi, de façon insidieuse, de la démagogie et notamment de l'idée qu'il est humain d'avoir un moi. En ce sens, les Grecs sont des précurseurs. Ils ont vu la difficulté qui est la nôtre aujourd'hui. La société occidentale se fonde sur l'humanisme ainsi que sur la démocratie. Si ceux-ci ont comme projet de défendre l'Homme, ils ont aussi celui de défendre la liberté de son moi. Et c'est bien là le problème. En défendant le moi sous prétexte de défendre l'Homme, la démocratie ne risque-t-elle pas de devenir une tyrannie ?

En 1967, Guy Debord publie *La Société du spectacle*[54].

Inspiré par la pensée situationniste montrant que la critique du capitalisme doit passer par une critique de la culture et pas simplement de l'économie, ce livre développe une thèse originale parce que prémonitoire à l'époque : le capital ne se trouve plus dans le capital mais dans le spectacle. Comme l'écrit Guy Debord : « Toute la vie des sociétés dans lesquelles règnent les conditions modernes de production s'annonce comme une immense accumulation de spectacles[55]. » Un spectacle, pour Guy Debord, est une mystification. Chez Marx, l'échange marchand, qui masque la violence sociale qu'il y a derrière, est une mystification. Pour Guy Debord, ce n'est pas simplement l'économie qui est une mystification, c'est la culture entière.

IVe siècle av. J.-C. : au début du livre VII de *La République*, Platon développe l'allégorie de la caverne[56]. La scène se passe donc dans une caverne. Au-dehors, la lumière est éclatante. Au-dedans, l'obscurité règne. Pas tout à fait cependant. Des hommes enchaînés regardent vers le fond de la caverne des images que projettent d'autres hommes situés derrière eux, qui passent devant de grands feux en portant des plateaux chargés de figurines. Ce qui provoque un phénomène d'ombres chinoises. Ignorant le subterfuge, prenant l'ombre pour la lumière et l'apparaître pour l'être, les hommes enchaînés au fond de la caverne font des concours entre eux afin de savoir qui verra la plus belle apparence. Ils cherchent à élire le roi des ombres. Quand un étranger, extérieur à la caverne, qui a vu la lumière, descend dans la pénombre afin de les prévenir de leur erreur, ils le mettent à mort.

Vingt-cinq siècles séparent Platon et Guy Debord. Pourtant, en lisant *La Société du spectacle*, on a l'impression de lire le mythe de la caverne et réciproquement. Cela vient de ce que tous deux développent la même thèse : du fait d'une mystification organisée, le monde vit à l'envers en prenant le vrai pour le faux et le faux pour le vrai. Chez Platon, c'est la démagogie qui mystifie le monde en faisant prendre le paraître pour de l'être et l'être pour du paraître. Chez Guy Debord, c'est le triomphe de l'échange marchand qui aboutit à faire du spectacle la réalité et de la réalité un spectacle. En fait, tous deux ont la même perception de la réalité. Dans la société humaine telle qu'elle a tendance à se développer, tout est fait pour que les êtres humains s'identifient au paraître et donc à l'image et au spectacle. Tout est fait pour que tout soit un spectacle, du cinéma, un show, un festival d'acteurs, de clowns, d'amuseurs publics, de bonimenteurs. Des concours sont même organisés pour cela. La téléréalité en est un bel exemple, celle-ci faisant triompher un monde où tout est un film et tout le monde acteur. Platon se méfiait à ce titre de la démocratie, une société qui pense à être elle-même au lieu de penser, n'étant plus que le grand théâtre du moi. Quand on ne pense plus à être mais à être soi, cela commence comme une comédie où tout le monde rit avant de se transformer en tragédie, le théâtre du moi se révélant n'être qu'une tyrannie. Au XIXᵉ siècle, pressentant le règne de la société du spectacle, Tocqueville ne dit pas autre chose quand il écrit dans *La Démocratie en Amérique* : « Je vois une foule innombrable d'hommes semblables et égaux qui tournent sans repos sur eux-mêmes pour se procurer de petits et vulgaires plaisirs dont ils emplissent leur âme. Chacun d'eux, retiré à l'écart, est comme étranger à la destinée de tous les autres… Au-dessus d'eux s'élève un pouvoir immense et tutélaire qui se charge seul d'assurer leur jouissance et de veiller sur leur sort… Il pourvoit à leur sécurité, assure leurs besoins, facilite leurs plaisirs, conduit leurs affaires, dirige leur industrie, règle leur succession et divise leurs héritages. Que ne peut-il entièrement leur ôter le trouble de penser et la peine de vivre[57] ! »

« Ce qui se fait »

Voyant le problème de la démocratie, les Grecs ne se sont pas arrêtés là. Ils ont vu ce qui va de pair et qui favorise la tyrannie rampante tapie en son sein. Il s'agit d'une révolution mentale fondée sur l'inversion de toutes les valeurs. Celle-ci commence par faire de « ce qui se fait » le critère de la pensée et de l'action.

Platon a eu conscience qu'il y a deux façons de diriger le monde. La première, relevant de ce que l'on appelle le monde à l'endroit, consiste à guider celui-ci à partir de principes établis au départ de façon ferme et stable. « Principe » venant du latin *princeps* qui signifie « prince » veut dire « premier » et renvoie à l'idée qu'il y a des choses princières et donc premières et prioritaires. Comme l'a vu Platon, celles-ci ne sont pas visibles mais invisibles, la priorité de toutes les priorités étant la valeur et derrière elle le bien. La vie est un bien. Il est bien qu'elle existe comme il est bien que le monde et les hommes existent. Aussi faut-il la préserver en ayant soin du monde et des hommes. D'où l'importance de la métaphysique et de la morale. En faisant reposer l'existence sur le bien, qui est une donnée purement spirituelle, invisible et morale, celles-ci sont le sanctuaire de la civilisation, son trésor. Tout l'équilibre de la société et de la politique repose sur un tel trésor. Plus de sens métaphysique et moral de l'existence ? Plus de sentiment de la valeur et du bien ? Le monde s'écroule. Quand on ne respecte plus le bien et la valeur de la vie, on ne respecte plus la vie.

La seconde façon de diriger le monde consiste à ne plus se guider d'après des principes et donc des éléments premiers, mais d'après ce que les gens veulent. Elle s'appuie pour cela sur le fait d'expliquer qu'il est mystificateur et totalitaire de penser qu'il existe des principes premiers, l'invisible au-dessus de nos têtes, la valeur, le bien en soi, ces notions étant des inventions de métaphysiciens et de moralistes pour prendre le pouvoir et dominer la société. D'où l'urgence d'en finir avec toute métaphysique comme avec toute morale afin de les remplacer par la seule chose qui vaille, à savoir la société et, dans la société, l'individu et son moi, la vérité de la vie se trouvant non pas dans sa valeur propre mais dans la vie du moi, vie à la fois individuelle et sociale. La société et l'individu prenant la place du bien, il importe de remplacer « ce qui est » par « ce qui se fait », la valeur venant désormais non pas de ce que les hommes correspondent à la valeur mais de ce que la valeur correspond aux hommes.

Il est plaisant de se donner « ce qui se fait » comme critère de la pensée et de l'action. En agissant ainsi, on est sûr d'avoir les pieds sur terre, d'être en phase avec la société de son temps, et d'être dans le concret. Mais on est sûr également de déboucher à plus ou moins long terme sur le tragique, faire de « ce qui se fait » le critère de la pensée et de l'action présentant un inconvénient majeur, à savoir l'écroulement du jugement. Aujourd'hui, « ce qui se fait » consiste à respecter l'Homme. Tant mieux. Mais si demain la valeur devient l'esclavage ou l'anthropophagie, que va-t-on faire ? Faire « ce qui se fait » parce que cela se fait et que les gens sont d'accord ? Chacun de nous s'est entendu dire par ses parents quand il était petit que ce n'est pas parce qu'une chose se fait ni que certains la font qu'il faut la faire et qu'on a le droit de la faire. Quand on agit, il importe de réfléchir et l'on réfléchit en distinguant le fait et le droit afin de soumettre le fait au droit. Or, quand « ce qui se fait » devient l'unique critère de la pensée et de l'action, le fait devenant le droit, on est dans la mort de la pensée. « La justice sans la force étant contredite et la force sans la justice étant accusée, loin de faire que le juste soit fort, on a fait que le fort soit juste[58] », écrit Pascal, lucide quant à la tragédie qui pèse sur les sociétés humaines. Bien avant lui, les Grecs ont vu le problème. Comme ils ont vu le lien entre « ce qui se fait » et « ce qui plaît », le second accompagnant toujours le premier.

« Ce qui plaît »

Pourquoi fait-on « ce qui se fait » ? Parce qu'on ne veut pas avoir de problème avec le conformisme régnant. Comme l'ont très bien vu les sophistes, les conventions venant de ce qui convient, celles-ci sont liées au désir et au plaisir. Il est difficile d'aller contre le désir et le plaisir des foules. C'est même souvent impossible. On n'arrête pas quelqu'un qui veut n'en faire qu'à sa tête. D'où deux stratégies quand tel est le cas. La première est de capituler en faisant « ce qui se fait » de façon à avoir la paix, la seconde de manipuler les désirs et les plaisirs, en décelant « ce qui plaît » et en le mettant en œuvre. Ce qui est d'une rare perversité.

Socrate s'en est rendu compte. C'est la raison pour laquelle il s'est opposé aux sophistes et à l'adoration de la démocratie, faire de « ce qui se fait » et de « ce qui plaît » des critères de pensée et d'action n'étant pas humain mais pervers. D'abord parce qu'il devient impossible de juger. Ce qui est blanc un jour devenant noir le lendemain, la société fondée sur ce principe n'est plus, comme le dit Platon, qu'« un vêtement bigarré, offrant toute la variété des couleurs et des caractères et transformant la cité qui veut se fonder sur un tel principe en une véritable foire[59] ». Ensuite parce qu'il y a derrière « ce qui plaît » le manipulateur à qui tout profite, le sophiste que Platon compare à « un mercenaire qui n'enseigne pas d'autres maximes que celles que le peuple professe lui-même dans les assemblées et qui ressemble à un homme qui, ayant observé les mouvements instinctifs ainsi que les appétits d'un gros animal, saurait par où il faut l'approcher, s'il faut le toucher ou pas, quand et pourquoi il s'irrite ou s'apaise, quels cris il a coutume de pousser et à quelles occasions, en appelant tout cela sagesse, en l'enseignant, sans vraiment savoir ce qui est beau ou laid, vrai ou faux, la sujétion aux instincts du gros animal appelant beau ce qui réjouit et juste ce qui le sert[60] ». Dernière raison de ne pas avoir de plaisir avec « ce qui plaît » : le règne de la confusion. Dans la téléréalité n'importe quoi devient un film et n'importe qui un acteur. Quand « ce qui plaît » guide le monde il en va de même. D'où la société décrite par Platon. « Quand la démagogie règne, écrit-il dans *La République*, le père s'égalant à ses enfants il se met à les craindre, tandis que le fils s'égalant au père n'a plus aucun respect pour lui tant il veut être libre. L'étranger devenant l'égal du citoyen, le citoyen devient l'égal d'un étranger… Le maître craignant ses disciples, il se met à les flatter, tandis qu'en retour les disciples se mettent à ne plus avoir aucun respect pour les maîtres et les pédagogues.

Alors qu'en général les jeunes se modèlent sur les adultes, les adultes se mettent à imiter les jeunes de peur de passer pour ennuyeux et despotiques… Le terme extrême est atteint quand, sous prétexte d'égalité, il n'y a plus ni maître ni serviteur, ni homme ni femme… Il faut l'avoir vu pour le croire, les animaux devenant plus libres qu'ailleurs, les chiennes se mettent à égaler leurs maîtresses et les maîtresses leurs chiennes. Tout débordant de liberté, les ânes et les chevaux, gagnés par la fierté, en arrivent à bousculer tous ceux qu'ils rencontrent sur leur chemin, si ces derniers ne leur cèdent pas le passage[61]. »

« Ce qui marche »

Dernier élément conduisant au tragique : « ce qui marche ». A priori, rien à redire. Qui a envie que les choses ne « marchent » pas ? Personne. D'où les vertus de l'utilitarisme consistant à faire des choses utiles et efficaces et la sagesse de Spinoza écrivant avant que John Stuart Mill n'en fasse un système que « la vertu c'est l'utile[62] ». En outre, si quelque chose a de bons effets, même si cela bouscule quelques principes, pourquoi ne pas essayer ? N'est-ce pas en définitive la réalité qui est le critère de tous les critères ? En ce sens, pourquoi toujours juger d'après les principes ? Pourquoi ne pas juger d'après les conséquences ? Certes, a-t-on envie de dire, et pourtant… Tout comme ce n'est pas parce que quelque chose se fait qu'il faut le faire ou qu'on a le droit de le faire, ce n'est pas parce que quelque chose fonctionne qu'il faut le faire et qu'on a le droit de le faire. Au XVIe siècle, Machiavel a bien tenté de nous expliquer qu'il faut en finir avec la morale en politique, cette dernière étant une affaire qu'il importe de gérer techniquement en faisant ce qu'il faut pour que cela soit efficace. Il a bien tenté de nous convaincre que trop de morale nuit et conduit même à la catastrophe, la violence permettant parfois d'éviter une hémorragie de violence. Bref, appelons les choses par leur nom, il a bien essayé de nous faire comprendre que si le salut de la cité passe par le fait d'éliminer un homme, il ne faut pas hésiter. Comme le dit Lénine : « On ne fait pas d'omelette sans casser des œufs. »

Il n'en demeure pas moins qu'il y a un hic. On peut entrer dans cette logique, le problème est de savoir comment en sortir. Mettons-nous à séparer la politique de la morale en n'ayant plus affaire qu'à des techniciens et à des gestionnaires, quid de l'honnêteté en politique ? Si un régime fonctionne bien mais que celui qui le dirige est un voyou, faut-il laisser le voyou gouverner ? Comment surtout va-t-on s'y prendre pour expliquer au peuple qu'il doit être honnête en permettant par ailleurs au dirigeant de ne pas l'être ? Et dans le cas du meurtre salutaire, comment va-t-on faire pour expliquer à ce même peuple qu'il ne faut pas tuer alors que par ailleurs on va permettre aux politiques de le faire ? Séparons la morale de la politique, faisons de la politique une pure affaire technique en permettant aux hommes politiques de recourir au crime, au mensonge ou à la malhonnêteté, la politique devient au-dessus des lois et la société ingouvernable puisque dire à celle-ci qu'il ne faut pas qu'elle tue, qu'elle mente ni qu'elle soit malhonnête devient impossible. D'où le mauvais conseil de bâtir celle-ci avec « ce qui marche », rien ne fonctionnant moins que « ce qui marche ». On ne fait pas l'économie des principes ni de la vertu qui consiste à les respecter. Pas plus qu'on ne conduit un bateau sans gouvernail. La démagogie consiste à faire croire le contraire. Puisque celle-ci veut que la réalité et les conséquences jugent, appliquons-lui ce qu'elle veut appliquer aux autres. Comme le dit Platon, faisons donc l'expérience d'un monde sans principe, cela donne à peu près ceci : « Imagine un patron surpassant son équipage en taille et en force, mais doté d'une vue courte, tant de par ses yeux que de par ses connaissances en navigation. Chacun des matelots s'estimant en mesure de tenir le gouvernail, tous se mettent à se disputer… Qui plus est, prétendant que la navigation n'est pas un art qui s'apprend, ils n'hésitent pas à réduire en miettes quiconque prétend le contraire. Tournant autour du patron, harcelant celui-ci, ils n'hésitent pas à utiliser toutes sortes de moyens pour qu'il leur confie le gouvernail. Quand certains y parviennent, ils les tuent et les jettent par-dessus bord. Quand ils sont arrivés à neutraliser le patron en l'enivrant ou en le droguant avec de la mandragore, ils s'emparent de la cargaison, font ripaille. Qui les a aidés à prendre le contrôle du bateau en usant de persuasion ou de violence à l'encontre du patron est ovationné et reçoit les titres honorifiques de bon marin, de pilote émérite et de maître dans l'art de naviguer[63]. »

Le machiavélisme

Le Parrain

En 1972 sort sur les écrans le premier volet d'une trilogie intitulée *Le Parrain*, de Francis Ford Coppola. Le film met en scène l'ascension de la famille Corleone, qui prend le pouvoir sur la mafia américaine en ayant recours à une extrême violence. Le film montre également comment le banditisme sert individuellement d'ascenseur social pour les protagonistes de cette histoire en leur permettant d'accéder rapidement au pouvoir que donne l'argent. Enfin, il montre la chute de ces nouveaux seigneurs, l'un des personnages, poursuivi par ses rivaux, n'hésitant pas à « balancer » ses acolytes à la police pour avoir la vie sauve à condition de s'installer à l'autre bout des États-Unis. Dans la dernière image on le voit dans une maison quelconque d'une banlieue minable d'une ville américaine ordinaire. Lui qui rêvait d'être quelqu'un n'est plus désormais qu'un lâche et un salaud caché derrière un individu banal, un *schmoke*, obligé de se terrer dans un trou perdu avec femme et enfants pour échapper à la vengeance de ses amis d'hier qu'il a trahis.

La force du film de Coppola vient de ce qu'il pointe avec efficacité un certain nombre de réalités. Dans la préface qu'il consacre au *Prince* de Machiavel, Paul Veyne résume la vision du monde de ce dernier en écrivant qu'elle se ramène à celle d'un western[64]. *Le Parrain* le confirme. La vie c'est la guerre. Mais la vie est aussi paradoxalement le rêve fou d'immigrés italiens perdus dans le Nouveau Monde de réussir rapidement et de se faire reconnaître. En ce sens, la vie est cette vérité qu'il faut regarder en face. Elle est cette duperie qui consiste à croire que la violence est glorieuse avant de découvrir qu'elle ne l'est jamais.

Les sophismes de la violence

Quand la démesure s'empare de la conduite de la vie, cela débouche sur le narcissisme et avec lui une démagogie sans limites pour le légitimer. Quand elle s'empare de la politique, cela produit ces raisonnements fallacieux que sont les sophismes, le principal d'entre eux résidant dans la légitimation de la violence à partir du détournement de trois faits.

Le premier est un fait incontestable : la guerre fait partie de la réalité du monde. L'histoire de la Grèce en est l'illustration. Ainsi, au Ve siècle av. J.-C., la guerre est d'abord celle qui a lieu contre les Perses à travers des batailles de légende : Marathon (490 av. J.-C.), les Thermopyles, Salamine et Platées (479 av. J.-C.), qui voit la victoire des Grecs sur les Perses et l'hégémonie d'Athènes. Puis la guerre prend l'allure de la guerre du Péloponnèse qui met aux prises Athènes et la confédération de Délos avec Sparte, sans résultats probants. Après une expédition désastreuse d'Athènes en Sicile (415-413 av. J.-C.), c'est Sparte qui impose son hégémonie sur la Grèce (404-371 av. J.-C.) avant que

Corinthe ne se rebelle contre Sparte (390 av. J.-C.), que Thèbes n'impose son hégémonie (371-362 av. J.-C.), puis qu'un nouveau venu, la Macédoine, ne se mette à dominer le monde, à travers Alexandre le Grand.

La deuxième fait est tout aussi incontestable : la guerre n'est pas simplement un fait politique, elle est aussi un fait social. Dans notre monde aujourd'hui, elle se manifeste par des luttes de familles, de clans, de bandes, de mafias, ces luttes donnant raison à Marx qui écrit au début de son *Manifeste du parti communiste* : « L'histoire de toute société jusqu'à nos jours est l'histoire de la lutte des classes[65]. » Quand on parcourt l'histoire grecque, la guerre est omniprésente. Dans les mythes, ce sont les dieux qui se font la guerre. Chez les hommes, les batailles mettent aux prises les maisons de Troie et d'Athènes, puis de Thèbes et d'Atrée. Entre les hommes et les dieux, ce sont les dieux qui prennent le parti des hommes, qui se livrent bataille par hommes interposés et les hommes qui s'affrontent par dieux interposés.

Troisième fait : il est évident que, dans un tel contexte, on ne peut pas complètement se désarmer, ne rien faire face à la violence conduisant à faire son jeu. D'où la justesse de l'adage disant que si l'on veut la paix il importe de préparer la guerre. Adage auquel Machiavel souscrit : « Il faut savoir qu'il existe deux manières de combattre : la première passe par les lois, la seconde par la force. La première est propre aux hommes, la seconde aux bêtes. Comme la première souvent ne suffit pas, il faut recourir à la seconde. C'est la raison pour laquelle il est indispensable pour le prince de savoir pratiquer la bête et l'homme. Cette règle a été enseignée aux princes en paroles voilées par les auteurs anciens, qui rappellent qu'Achille ainsi que d'autres princes ont été confiés au centaure Chiron afin qu'ils soient élevés sous sa discipline. Le fait d'avoir ainsi pour maître une demi-bête et un demi-homme signifie qu'il faut qu'un prince sache user des deux, l'une sans l'autre n'étant pas durable[66]. »

Réalité politique de la guerre, réalité sociale de la violence, nécessité de se défendre et donc d'avoir une armée et une police, tous ces faits sont incontestables. Reste qu'il y aura toujours et heureusement un autre fait, philosophique celui-là : il ne peut pas y avoir de philosophie de la violence contrairement à ce que pensent Machiavel, le marquis de Sade, Engels et les nihilistes. Et ce en raison d'un paradoxe que les penseurs grecs et notamment Socrate ont mis en évidence et qui perdure : le fait ne fait pas plus droit que l'être concret ne fait le devoir être. Que la violence existe est un fait, qu'elle doive exister n'est pas un droit. Pour une raison simple : par quelque bout qu'on la prenne, la violence est toujours contradictoire. Quand elle est utilisée sans raison pour elle-même comme un but, se retournant contre celui qui l'utilise ainsi, elle apparaît comme suicidaire. Quand on l'utilise comme un moyen et non comme une fin, ayant pour sens de disparaître, son sens est de ne pas en avoir. Autrement dit, qu'on en fasse un but ou que l'on en fasse un moyen, la violence n'a jamais de sens ni de réalité ontologique et philosophique. D'où le sophisme consistant à faire croire qu'elle en a. Socrate l'a bien fait comprendre. Comme il a bien mis en évidence les sophismes qui vont de pair.

Le sophisme de l'efficacité

Quand le fait de la violence n'est pas utilisé pour la légitimer, c'est à son efficacité que l'on recourt en avançant un argument simple : il n'y a qu'elle qui paie. Comme le dit

Thrasymaque au livre I de *La République* : « Quand ils s'associent dans le commerce, lors de la dissolution de cette association, tu verras toujours le juste ne rien gagner et se retrouver perdant. Dans les affaires publiques, lorsqu'il faut payer ses impôts, le juste paie toujours trop et l'injuste moins ; et quand il s'agit de recevoir quelque chose, le juste ne touche rien et l'injuste beaucoup. Si le juste et l'injuste occupent une charge publique, tu verras toujours le juste perdre de l'argent à force de ne tirer aucun profit de la chose publique. En outre, tu le verras toujours s'attirer la haine de ses parents et de ses amis en refusant de les faire passer avant la justice… On comprend que l'injustice est plus avantageuse que la justice lorsqu'on a affaire à l'injustice qui porte l'homme au comble du bonheur. Cette injustice est la tyrannie qui, par fraude et par violence, s'empare du bien d'autrui… Tous ceux qui opèrent des sacrilèges, trafiquent des esclaves, spolient, volent sont punis et couverts de flétrissures quand ils se font prendre. Lorsqu'un homme, non content de s'emparer de la fortune des citoyens les asservit, il est appelé heureux et fortuné[67]. »

Ces propos ont toutes les apparences d'un discours réaliste, sensé, cohérent, efficace. Et pourtant, comme le fait remarquer Socrate, c'est un tissu de contradictions.

Première contradiction, premier sophisme : Thrasymaque utilise la notion de défense qui est juste et nécessaire non pas pour se défendre mais pour attaquer. Ainsi, quand un arriviste a recours à l'injustice pour s'emparer du pouvoir, il n'est pas en état de légitime défense, que l'on sache. Ce n'est pas une victime qui a besoin de sauver sa peau. Or tout se passe comme si tel était le cas. Ce qui place le discours de Thrasymaque dans le registre de la fiction, de l'opération fallacieuse et du mensonge.

Deuxième contradiction : énoncer que « l'injustice seule est juste » est absurde et proprement imprononçable. Pour une raison logique. On ne peut pas être juste et injuste à la fois, il faut choisir. Si l'injuste est juste, c'est qu'il n'est pas injuste. Et s'il est injuste, c'est qu'il n'est pas juste. Comme le dit Parménide, l'être ne peut pas à la fois être et ne pas être. Le recours aux faits a tendance à le faire oublier en jetant de la poudre aux yeux. Aussi importe-t-il de s'en affranchir en revenant à la réalité de la pensée et du *Logos* et non plus des faits. L'injuste pour apparaître comme juste a besoin que le juste soit juste et non injuste, sans quoi il n'a pas de sens. L'injuste a donc besoin du juste, l'inverse n'étant pas vrai. Imaginons un monde où le rêve de Thrasymaque se réalise, l'injuste devenant juste, il ne pourrait même pas y avoir d'injuste. Aussi l'injuste est-il une notion aussi suicidaire que la violence peut l'être.

Dernière contradiction : quand, comme Thrasymaque, l'injuste parle et défend l'injuste, il demande à être cru, il requiert donc autour de lui un monde de gens honnêtes, sincères, lui faisant confiance ; imaginons un instant que ce ne soit pas le cas et qu'il n'y ait autour de lui que des brigands, malhonnêtes, menteurs, en qui on ne peut avoir aucune confiance, son discours devient impossible. D'où le paradoxe des discoureurs comme Thrasymaque. Leur éloge de l'injustice n'est possible que si le monde autour d'eux n'est pas injuste. Que ce monde vienne à appliquer l'injustice qu'ils prônent, ils sont mis en demeure de se taire.

Le sophisme de l'audace

Quand la violence n'avance pas l'argument de l'efficacité afin de se justifier, elle avance celui de l'inefficacité de ses adversaires et plus précisément celui de la lâcheté des gens moraux. Argument développé par Nietzsche, celui-ci voyant dans la morale une dégénérescence. Argument développé par Glaucon au livre II de *La République* à travers un mythe, celui de l'anneau de Gygès. Gygès, qui est berger, perd un jour l'un de ses moutons qui s'égare dans une grotte. Pénétrant dans celle-ci afin d'aller le rechercher, il découvre avec stupeur un tombeau au centre duquel repose sur une stèle de pierre un guerrier couvert de bijoux. En manipulant lc chaton d'un anneau que celui-ci porte à l'un de ses doigts, Gygès découvre qu'il permet de se rendre invisible. Comprenant l'avantage qu'il est possible de tirer d'un tel pouvoir, il se rend à la capitale du royaume, se rend invisible, tue le roi, prend sa place, épouse sa veuve et devient riche et puissant. Conclusion de Glaucon qui raconte ce mythe : la morale n'est qu'un leurre qui masque la peur du gendarme ; donnons aux hommes la possibilité d'échapper au châtiment, nous verrons immédiatement que personne ne sera moral. Comme l'écrit Platon dans *La République :* « Que ceux qui pratiquent la morale le font par impuissance de commettre l'injustice, c'est ce que nous sentirons particulièrement bien en suivant cette hypothèse. Donnons licence au juste et à l'injuste de faire ce qu'ils veulent, suivons-les et regardons chez l'un et chez l'autre où le désir les mène. Nous prendrons le juste en flagrant délit de poursuivre le même but que l'injuste, poussé par le besoin de l'emporter sur les autres. C'est ce que recherche toute nature comme un bien, mais que par loi et par force, on ramène au respect de l'égalité[68]. »

La thèse développée par Glaucon évoque celle de la pensée de Mai 68 disant que la morale a été inventée par la société pour réprimer les individus et ainsi protéger ses intérêts. Thèse iconoclaste qui semble forte mais qui est plus fragile qu'il n'y paraît.

Il y a d'abord une confusion entre la morale et ceux qui la pratiquent ou qui la reçoivent. D'une façon générale, il importe de rappeler qu'il y a une différence entre la réalité d'une chose et la façon dont elle est reçue et pratiquée. Ainsi, une chose est Mozart, une autre sa réception. Ce n'est tout de même pas la réception de Mozart qui fait la musique de Mozart. La sociologie de sa création n'est pas sa création. Pour la morale, il serait bon qu'il en soit de même. Ce n'est pas parce que des conservateurs sont moraux que la morale est une invention conservatrice. Qu'il y ait dans la société une fraction de la population particulièrement conservatrice qui prône la morale ne doit pas faire oublier qu'il existe aussi une fraction de la société progressiste pour qui la morale est importante. Sans compter qu'il existe parmi les conservateurs des éléments qui ne respectent nullement la morale. Si la morale était donc une invention conservatrice, il ne devrait pas y avoir de progressistes moraux et de conservateurs immoraux. Or tel n'est pas le cas. En outre, l'idée que la peur du gendarme crée la morale n'est pas claire. Quantité de truands ont peur du gendarme, cela ne les empêche pas d'être des truands. Inversement, quantité de gens n'ont pas peur du gendarme, ils ne deviennent pas des truands pour autant. Socrate, qui n'a pas peur du châtiment, n'est pas un truand pour autant.

On ne peut pas, autrement dit, ramener la morale aux

hommes et à leurs comportements, être moral consistant à se déterminer en fonction d'une pensée et non de ce que fait le voisin. Témoin Glaucon qui, quand il critique la morale, suppose ce que la morale devrait être et qu'elle n'est pas tout en aspirant sans le dire à une morale qui n'ait pas peur du gendarme. Qu'il dise donc qu'il aspire à une vraie morale et surtout qu'il donne vie à une vraie morale au lieu de se borner à dénoncer ses faiblesses et ses mensonges.

Le sophisme de la grandeur

Dernier sophisme : quand ce n'est pas la faiblesse de la morale qui est incriminée, c'est la grandeur de la violence qui est avancée. Témoin le discours de Calliclès dans le *Gorgias* : « Pour vivre comme il faut, il importe de laisser aller ses passions, si grandes soient-elles. Seulement, tout le monde n'en est pas capable. C'est pourquoi, la masse des gens blâme ceux qui vivent ainsi. La masse déclare donc bien haut que le dérèglement est une vilaine chose. C'est ainsi qu'elle réduit à l'état d'esclave les hommes dotés d'une plus forte nature... Tu me demandes ce qu'est la vérité ? Eh bien la voilà : elle se trouve dans la facilité, le dérèglement et la possibilité de faire ce que l'on veut[69]. » Le discours de Calliclès fait penser à Machiavel quand il écrit qu'« il vaut mieux être hardi que prudent. La nature étant femme, il est nécessaire, pour la tenir soumise, de la battre et de la maltraiter. Elle se laisse d'ailleurs toujours vaincre par ceux qui la traitent ainsi, alors qu'elle résiste à ceux qui la traitent sans vigueur. C'est pourquoi elle est toujours l'amie des jeunes gens, ceux-ci étant moins respectueux, plus violents et plus audacieux afin de la commander[70] ». Propos machistes évoquant Nietzsche quand, dans *Par-delà le bien et le mal*, il n'hésite pas à dire que « vivre, c'est essentiellement dévorer, meurtrir, asservir ce qui est étranger et faible, l'opprimer, le modeler à sa guise, le digérer et l'exploiter. On rêve de nos jours d'une société sans exploitation. L'exploitation n'est pas le propre d'une société mal faite, cruelle et archaïque. Elle découle de la volonté de puissance, qui est volonté de vie[71] ». Ce que l'on peut relier à ce passage de *La Généalogie de la morale* : « Au fond de toutes les races, il y a le fauve, la superbe brute blonde, avide de proie et de victoire. De temps en temps, le fauve a besoin de se libérer. Il faut qu'il sorte afin de retourner à sa terre sauvage. Lorsqu'un tel besoin surgit, rien ne distingue plus les seigneurs des Romains, des Arabes, des Germains, des Japonais, des héros d'Homère, des Vikings et des Scandinaves. Leur folle audace, leur mépris de la vie et leur goût pour les voluptés de la domination et de la cruauté sont résumés par les termes de "barbare" et de "vandale", qui servent à les qualifier[72]. »

Pour se défaire d'un tel discours, Socrate n'a qu'une parole : « Il vaut mieux subir l'injustice que la commettre[73]. » Le tyran se croit libre, il n'est qu'un esclave, le tyran étant « une passoire », dit Socrate, vis-à-vis de ses passions. Cette faiblesse est vérifiable. Quel est le criminel qui a le courage d'assumer le regard d'autrui ? Aucun. Ils tremblent tous en espérant pouvoir prendre sans être pris, tuer sans avoir à subir le châtiment. En quoi ils font penser à Raskolnikov dans *Crime et châtiment* de Dostoïevski. Raskolnikov rêve de devenir un grand homme et pour cela d'abolir la peur qui asservit l'humanité en commettant un crime gratuitement. Il est en cela dans la lignée de Calliclès, de Machiavel et de Nietzsche. La violence est vivante, elle est même la vie suprême. Le jour du crime, par manque de chance, son plan subit un imprévu. Il pensait être seul et vu de personne, or il y a là une simple d'esprit qui le voit. Pris de panique, il tue la jeune femme. Ce qui le rend fou. Son propre crime le confond : lui qui voulait délivrer l'humanité de la peur du gendarme, voilà qu'il a peur d'une simple d'esprit ; lui qui voulait libérer le genre humain du mal, voilà qu'il tue une innocente qui n'a fait aucun mal.

Une chose est de rêver de libérer le genre humain, une autre de commettre un crime. Quand on passe à l'acte, il en va autrement. Cela ne se passe jamais bien. Parce qu'il y a la réalité. Celle de l'homme ou de la femme que l'on tue. Celle de l'humanité autour de l'homme ou de la femme que l'on tue. Pour qu'un crime soit parfait, il faudrait non seulement que celui ou celle que l'on tue n'existe pas mais qu'aucun être humain n'existe, et même n'ait jamais existé. Il faudrait que l'humanité entière ait disparu, en un mot, qu'elle ait été assassinée. On serait alors sûr de pouvoir tuer en toute tranquillité, l'autre n'existant pas. Or l'autre existe toujours. Parce que l'être existe toujours et que l'on ne peut pas, comme le dit Parménide, être et ne pas être. À défaut d'apprendre l'existence de l'être et de sa loi par la philosophie et la lumière, on l'apprend ainsi par la tragédie dans l'obscurité.

Le scandale

Z

En 1969 sort sur les écrans un film de Costa-Gavras intitulé *Z*, abréviation du mot grec *zi* qui signifie « il est vivant ». L'histoire se passe dans un pays méditerranéen autour des années soixante. Un député progressiste (Yves Montand), qui dénonce les impostures du régime politique en place, se fait assassiner par des éléments de la police et de l'armée. Un juge d'instruction (Jean-Louis Trintignant) parvient à remonter toute la chaîne des commanditaires du crime et à faire exploser l'affaire au grand jour. Tiré d'un roman de Vassilis Vassilikos, *Z* est la transcription au cinéma d'une histoire qui s'est réellement passée, celle d'un député grec, Grigoris Lambrakis, assassiné en 1963 à Thessalonique.

Par-delà cette sombre affaire, ce film est la traduction en image de la face noire du politique dans le monde. Régulièrement, un peu partout sur la planète, les opposants à un certain nombre de régimes sont emprisonnés, torturés ou assassinés. En 1948 en Inde, Gandhi, qui a lutté pacifiquement pour la décolonisation de son pays, est assassiné par un nationaliste qui lui reproche la partition avec le Pakistan. En 1968 aux États-Unis, Martin Luther King, qui lutte pour la reconnaissance des droits des Noirs, est également assassiné. Quand les régimes politiques iniques ne tuent pas leurs adversaires, ils n'hésitent pas à manipuler les foules par des mascarades. En 1970, dans un nouveau film, *L'Aveu*, Costa-Gavras montre, à travers l'histoire d'Artur London accusé d'espionnage, comment le régime communiste tchèque de l'époque fabrique de faux procès afin de masquer ses échecs économiques. La pratique de tels scandales n'est pas nouvelle. En 399 av. J.-C. à Athènes, parce qu'il veut faire penser la cité, Socrate est condamné à boire la ciguë après avoir été accusé de corrompre la jeunesse et de ne pas respecter les dieux.

La question de la pensée

Il y a un lien entre démesure, démagogie et machiavélisme. Ce lien est celui d'un certain monde, un monde que les Grecs anciens ont connu et qui les a fascinés quand ils l'ont découvert. Un monde qui nous fascine parce qu'il est le nôtre aujourd'hui. Jetons un regard autour de nous, écoutons les discours qui se tiennent, trois choses apparaissent.

La démesure est partout : dans la croissance de la population mondiale à un rythme accéléré (bientôt nous serons neuf milliards) ; dans l'apparition de villes gigantesques de vingt à trente millions d'habitants du fait de cette croissance démographique ; dans la construction de tours gigantesques pour abriter ces populations ; dans la mise en place d'un système de production économique gigantesque lui aussi pour nourrir ces populations ; dans l'obsession du progrès, de la croissance, de la performance, de la réussite, du profit, des droits, de la liberté, de l'égalité, du bien-être, du corps parfait, de l'épanouissement total et de la longévité.

La démagogie est également partout. Il suffit de consulter les médias. Tout est fait selon « ce qui plaît », pour séduire le public, pour lui dire ce qu'il a envie d'entendre, pour lui faire voir ce qu'il a envie de voir, pour répondre à ses désirs en faisant ce qu'il fait, en lui renvoyant une image positive de lui-même, en le laissant faire ce qu'il a envie de faire tant que cela ne trouble personne ou au contraire si on juge qu'il est bon de troubler. Tout est fait également pour que l'on vive selon « ce qui se fait », l'important étant d'être à la mode, comme les autres, dans le coup, pas en retard, pas à la traîne, de son temps, de son époque, en résonance, en synergie, en phase, en accord et en symbiose. Tout est fait enfin pour faire « ce qui marche », ce qui produit, ce qui crée, ce qui permet de consommer, ce qui procure du plaisir, ce qui fait jouir, ce qui excite, ce qui éclate, ce qui pulse, ce qui va de l'avant, ce qui va vite et ce qui rapporte.

Enfin, le machiavélisme est partout, l'intelligence consistant à être concret, sans idéalisme, sans angoisse existentielle, sans problème métaphysique, mais au contraire matérialiste, réaliste, pragmatique, efficace, utilitariste, sans état d'âme, sans sentimentalisme, sans mièvrerie, lucide, prêt à se défendre, à ne pas se laisser marcher sur les pieds, à rendre coup pour coup, à ne pas croire à la morale, à détester la pitié, à mépriser le pardon, à savoir être dur, inflexible, froid, à ignorer le mot « bonté ».

Autrement dit, le tragique sous sa forme pathologique a pris les rênes du monde en étant une idéologie que l'on retrouve partout, de façon plus ou moins déclarée. Ce qui n'est pas un hasard. Ce tragique pathologique incarne tout ce qui est tentant : le fait de pouvoir laisser aller sa nature sans avoir de frein ni d'obstacle devant soi, le plaisir de dépasser les limites voire de transgresser sans avoir à subir aucune sanction, le désir de dominer le monde et d'avoir l'impression que celui-ci est à ses pieds, le fait de pouvoir faire « ce qui se fait », « ce qui plaît », « ce qui marche », le fait de pouvoir avoir bonne conscience de ne pas avoir mauvaise conscience, de ne pas être tourmenté par des scrupules ni angoissé par des états d'âme. Reste que tous ces avantages ont un revers : la mort de la pensée, penser consistant à vouloir non pas dominer le monde mais se relier à une dimension autre de l'existence, purement morale et spirituelle, en mettant son moi entre parenthèses afin de penser ce que veut la pensée et non ce que l'on veut. En ce sens, penser n'est pas neutre, ne l'a jamais été et ne le sera jamais, toute vraie pensée étant un engagement à travers un non adressé à un certain type d'existence fondé sur l'ivresse de l'ego et de son pouvoir sur le monde et un oui adressé à un autre type d'existence fondé sur une retenue et une écoute afin de se laisser habiter par la force de l'esprit. Il y a des héros de la pensée dans notre monde. Heureusement. Sinon le monde ne tiendrait pas. Ces héros sont dans la droite ligne des héros antiques de la pensée qui ont su en leur temps résister par l'esprit à un monde déjà fasciné par la démesure, la démagogie et le machiavélisme. Il s'agit d'Antigone et de Socrate.

Antigone

Alors que Thèbes, sur laquelle règne Créon, est attaquée par une armée ennemie, Étéocle et Polynice, les deux frères d'Antigone, prennent des décisions opposées quant à leur soutien au roi. Si Étéocle s'engage à ses côtés, Polynice passe à l'ennemi. Au cours d'un combat qui les met face à face, les deux frères se portent des coups mortels. Si Créon offre une sépulture à Étéocle le fidèle, il la refuse à Polynice le traître. Cette décision transgressant la loi divine voulant que tout homme ait droit à une sépulture, Antigone décide d'obéir aux dieux plutôt qu'à Créon. Ce qui lui vaut d'être condamnée à mort par celui-ci.

Antigone est une figure immense parce qu'elle pose la question de la pensée face au machiavélisme de Créon. On a dit de celui-ci qu'il incarne la raison d'État. En fait, il incarne bien davantage la modernité politique et, à travers elle, sa démesure. Considérons sa logique. D'un certain point de vue, elle se tient, revenant à dire qu'il est quelque peu révoltant de devoir offrir des funérailles à un traître sous prétexte que c'est la loi des dieux. Les funérailles et la loi des dieux ne peuvent tout excuser, faute de quoi, tout devenant excusable, il n'y a plus de morale ni de vie politique possible. Cette logique, encore une fois, se tient. Reste qu'elle n'en est pas moins scandaleuse.

Tirésias, le devin, qui vient parler à Créon afin de le ramener à la raison, lui fait tout de même remarquer que Polynice est mort. Que l'on punisse un vivant pour trahison, cela se comprend, mais il est absurde de s'acharner sur un mort. Comme le dit Tirésias : « La haine doit s'arrêter devant les tombeaux[74]. » La haine, autrement dit, ne doit pas être plus forte que la mort. Il importe de le rappeler pour la santé des vivants. Quand tel n'est pas le cas, on n'est plus dans la raison et dans la justice, mais dans la folie, la vengeance devenant un moyen de se croire tout permis et d'éliminer toute limite. On n'est plus non plus dans la réalité, poursuivre les morts revenant à faire comme s'ils étaient vivants, autrement dit à halluciner. D'où la nécessité d'honorer les funérailles, enterrer les morts signifiant ne pas les laisser pourrir au soleil comme des déchets. Ce qui est fondateur d'humanité, un homme ne perdant pas son humanité en mourant. Enterrer les morts veut également dire que l'on enterre la hache de guerre en même temps. Ce qui est là aussi fondateur d'humanité, enterrer un mort signifiant que si l'humanité doit être plus forte que la mort, la mort doit être plus forte que la haine.

Antigone, autrement dit, pose la question de la pensée parce qu'elle a le don de percevoir qu'il en va des funérailles comme de la pensée. Penser étant avoir conscience d'un « plus haut que soi », quand on pense on respecte les morts. On ne s'acharne pas sur eux. On n'en fait pas des boucs émissaires sur lesquels on déverse toute sa haine, des *skandalon* dit-on en grec, comme le rappelle René Girard[75]. On respecte la loi, dont Antigone parle si bien, quand elle dit à Créon qui lui demande pourquoi elle n'a pas respecté ses décrets : « Je ne savais pas que tes édits avaient un pouvoir tel qu'ils permettent de violer les lois divines, lois non écrites mais intangibles. Ce n'est pas d'aujourd'hui ni d'hier, mais depuis l'origine qu'elles sont en vigueur et personne ne les a vues naître. Je vais beau mourir précocement, la mort est un bienfait. Quand on vit au milieu du mal, comment ne pas désirer mourir ? … Je suis née pour partager l'amour, non la haine[76]. »

Crise dans la démocratie

À côté d'Antigone, Socrate est une autre figure immense. C'est qu'il pose la question de la pensée sous une autre forme qu'elle, son problème n'étant pas l'ordre des morts mais celui des vivants dans la cité. Si respecter la tradition ainsi que la loi des dieux ne va pas de soi, il en est de même pour ce qui est de respecter la pensée. Mettons-nous un instant dans la peau des juges, des sophistes, des poètes et des Athéniens qui ont affaire à lui, on peut comprendre qu'il ne se fasse pas que des amis, son attitude bousculant trop de choses.

Elle fait tout d'abord penser à quelqu'un qui, venant chez vous, vous explique que vous n'avez aucun goût et que votre appartement est une injure à l'esthétique. Et pour vous prouver que l'on peut faire autrement, voilà qu'il commence à déplacer les meubles. Vous le mettrez à la porte, bien sûr, en trouvant sa façon de faire insupportable. Et vous aurez raison, vivre chez vous avec ce qui vous plaît étant votre affaire, non la sienne. Toutes proportions gardées, c'est ce que fait Socrate. C'est tout du moins ainsi qu'il est ressenti, sa façon de dire aux Athéniens qu'ils ne pensent pas et qu'ils sont prétentieux étant du même ordre que l'intrus qui décide de changer votre appartement. Ce qui n'est pas sans conséquences politiques.

Ainsi, remettons-nous dans le contexte de l'époque. Comme la démocratie s'installe à Athènes, on discute, on fait des débats, on organise des forums. Les sophistes, qui dirigent la communication en créant des « événements », se frottent les mains. Leurs cabinets de formation ne désemplissent pas. Les recettes sont juteuses. Outre les sophistes, il y a les poètes. Sachant faire du théâtre, déclamer, improviser, ils apprennent à lâcher prise, à se sentir bien dans leur corps, à épouser les mots. Eux aussi font de substantiels bénéfices. On s'arrache leurs leçons. L'ambiance est euphorique. Dès qu'on lâche prise en étant dans son « ressenti », on se découvre des talents que l'on ignorait. On se met de ce fait à rêver de succès. Certes, ce que l'on dit ne va pas très loin, mais est-ce si important que cela ? Si on passe un bon moment, si on se fait plaisir et si, en se faisant plaisir, on plaît, n'est-ce pas l'essentiel ? Quand donc Socrate vient expliquer que tout cela est vide, sans contenu, sans réflexion, sans pensée et que les sophistes et les poètes se moquent du monde, il faut imaginer la stupeur, l'angoisse, la culpabilité, la colère et finalement la haine !

Socrate est un gêneur. Il « casse l'ambiance », sans compter les pertes financières qu'il risque de provoquer. Si on le suit, c'est toute la chaîne économique autour de la communication qui se brise. Ce qui veut dire un manque à gagner et des problèmes de chômage chez les sophistes et les poètes. Socrate est décidément nuisible. Il faut le faire taire. Il faut le traîner en justice. Il faut qu'on le tue. À mort Socrate !

On peut penser que ses contemporains ont agi et pensé ainsi et qu'ils ont été confortés dans leur jugement en entendant celui-ci dire à ses juges : « Un homme comme moi, juges, vous n'en trouverez pas facilement… Ce que je mérite pour m'être conduit comme je l'ai fait ? Une récompense, rien n'étant plus convenable en ce qui me concerne que d'être nourri au prytanée. Un homme comme moi le mérite bien plus que n'importe quel vainqueur de la course de chars à deux ou à quatre chevaux à Olympie[77]. »

Tout est dit. Socrate s'est dévoilé. C'est un provocateur. Doublé d'un pervers qui est prêt, par haine de la vie ainsi que l'a vu Nietzsche[78], à jouer au martyr pour provoquer. Aussi a-t-on raison de l'accuser de ne pas respecter les dieux et de vouloir corrompre la jeunesse. C'est bien ce qu'il fait. Prétendant vouloir faire penser, en fait il veut réformer le monde pour séduire les jeunes et parce qu'il se pense meilleur que les dieux.

Socrate

Socrate bouscule et il a raison de bousculer. Comme l'écrit Maurice Clavel : « Qui donc a souci d'éveiller dans la Cité la transcendance de chaque homme qui le fait homme[79] ? » En agissant comme il le fait, il fait un cadeau à la cité. Loin de nuire à la démocratie, il sauve celle-ci et ce d'une triple façon.

La première vient de ce qu'il a le courage d'aller contre elle. Les vrais amis ne sont pas toujours ceux que l'on pense. Quand on aime quelqu'un et que l'on s'intéresse à lui, on n'aime pas le voir se détruire. Quand tel est le cas, on se refuse à lui dire des choses qui lui plaisent mais qui lui font du mal et on a la force de lui dire des choses qui lui font du bien mais qui ne lui plaisent pas forcément. S'agissant de la pensée, quand on aime quelqu'un et que celui-ci tient des propos vides, on ne fait pas mine de trouver cela intéressant ou de dire que c'est sa liberté et qu'il convient d'être tolérant. On dit ce que l'on sent être juste. La démocratie est hantée par le démon de la démagogie qui utilise le masque de la tolérance pour s'infiltrer. Mettre la pensée au-dessus de la tolérance, et non l'inverse, en rétablissant les droits de la vérité, c'est défendre la démocratie. C'est ce que fait Socrate qui n'a pas le culte du peuple en étant populiste mais le respect du peuple en étant philosophe, son souci étant non pas de lui plaire mais que le peuple s'éveille.

Le deuxième cadeau que Socrate fait à la cité consiste à aller contre ce que l'on appelle communément la modernité. Comme son nom l'indique, celle-ci est liée à la mode et derrière elle à la manière d'être et à l'esthétique. Autre façon d'être passant par le style, elle est le sens de la nouveauté, ce sens consistant à voir les mêmes choses sous un autre angle. Un angle créatif, esthétique, artistique, inspiré par le beau. Il y a deux façons d'envisager la nouveauté. On peut le faire sans la pensée, on peut le faire aussi avec elle. On est dans une modernité sans pensée quand on est dans le culte du nouveau pour le nouveau. L'important étant d'être nouveau, qu'importe au fond le contenu. L'essentiel étant de faire ce qui n'a pas été fait, le nouveau finit par se confondre avec la destruction. Créer, c'est détruire, dit-on dans certains milieux d'avant-garde. Pour la modernité qui ne pense pas, c'est le cas, la destruction tenant lieu de pensée. On peut cependant aussi envisager la nouveauté avec la pensée. Cela consiste à faire de la pensée la nouveauté même. On est alors vraiment nouveau, tant il est nouveau de penser, penser consistant à ne pas s'abandonner au nouveau, en se laissant guider par sa voix intérieure plus que par « ce qui se fait », « ce qui plaît » et « ce qui marche ». C'est ce que fait Socrate. Confronté à la nouveauté qu'est la démocratie, il veut une démocratie qui pense et non qui détruise. Ce qu'il paiera cher, puisque s'opposant aux forces de destruction tapies derrière la démocratie et le nouveau brandi en étendard, il déchaîne contre lui ces forces mêmes. Les accusations dont il est l'objet en sont la manifestation. Il est plutôt « moderne » de ne pas respecter les dieux. Normalement, les « modernistes » de la cité auraient donc dû apprécier Socrate. Or tel n'est pas le cas. Paradoxalement, ils lui reprochent de ne pas être traditionaliste. Socrate est trop moderne pour les modernes de son temps. S'il y a des traditionalistes partisans d'une religion « opium du peuple », il y a des modernistes partisans d'une modernité « opium du peuple ». Socrate fait à la cité le cadeau de les démasquer.

Enfin, non content de bousculer la démagogie et de lutter pour une démocratie qui pense, il montre à la face des Athéniens et du monde ce qu'il en est de la pensée. Celle-ci est une affaire de vie ou de mort. La vraie vie étant une vie avec la pensée, on démontre ce qu'est la vraie vie en étant prêt à vivre pour la pensée et donc à mourir pour elle. Ce que fait Socrate.

Nietzsche dira que Socrate déteste la vie et qu'il nourrit des pulsions suicidaires. Il oublie qu'il est Nietzsche parce qu'il vit pour la philosophie. Socrate n'agit pas autrement. Quand on lui offre le choix entre l'exil et la mort, s'il choisit la mort, c'est que ce choix est un piège. S'il part en exil, il va sauver le corps de Socrate mais pas son âme, le sens de Socrate étant d'être philosophe à Athènes et non de sauver sa vie. Aussi préfère-t-il sauver son sens et son âme en mourant à Athènes plutôt que de les perdre en allant vivre hors d'Athènes. On comprend de ce fait son ultime parole, quand, avant d'aller boire la ciguë, il dit à Criton son disciple : « Nous devons un coq à Asclepios. Paie-le, n'oublie pas[80]. » Socrate sent le besoin de remercier Asclepios, le dieu de la médecine, d'être guéri non pas de la vie, mais de la peur de la mort, ce qu'il vit lui révélant que mourir peut devenir l'acte de « tuer la mort ». Comme le souligne Jacques Derrida, il faut lire la mort de Socrate non pas comme un empoisonnement, mais comme un remède, une pharmacopée, un *pharmakon*[81]. Quand Socrate boit la ciguë, ce n'est pas Socrate qu'il empoisonne, mais le piège qui lui a été tendu. Cela vaut bien que l'on remercie les dieux d'avoir eu l'inspiration de le comprendre et que l'on crie victoire, comme le coq salue l'aube qui se lève.

TROISIÈME PARTIE

La sagesse ou la vie retrouvée

Le destin

Charlie Chaplin

Charlie Chaplin est considéré comme ayant été l'un des acteurs les plus créatifs du cinéma muet. C'est ce qui explique qu'il ait été l'une des figures les plus populaires d'Hollywood dans les années vingt-trente. Avec son pantalon trop grand tombant sur ses chaussures, sa veste trop étriquée qu'il ne pouvait fermer, son melon sur la tête et sa canne en bambou à la main, sa silhouette de vagabond, en anglais de *tramp*, est demeurée légendaire. Le coup de génie de Charlie Chaplin dit Charlot est d'avoir su faire rire son époque à propos d'elle-même en campant un personnage, apparemment désarmé devant l'existence, capable de faire face à l'apparition d'un monde de masse et d'industrialisation en retournant toutes les situations. En ce sens, son art, comme celui de Buster Keaton ou des Marx Brothers, ses contemporains, a consisté à faire triompher l'humour dans un monde secoué par la crise économique de 1929 puis par la montée des totalitarismes, l'humour, cette « politesse du désespoir », comme le dit Sartre, étant capable de dépasser la violence en détournant l'humeur par le rire.

Il est possible de rebondir face à l'adversité, lance-t-il

constamment comme message. Il suffit pour cela de savoir jouer avec les événements. Ainsi, quand il est poursuivi par un gros policier qui cherche à l'assommer, Charlot se met à mimer une partie de course-poursuite. Un truand s'avance-t-il vers lui pour le boxer ? Il le prend par la taille et esquisse un pas de valse. Dans *Logique du sens*, analysant la pensée des stoïciens, Gilles Deleuze souligne qu'il n'y a pas d'autre sagesse que l'humour et voit de ce fait dans le stoïcisme, qui invite à accepter le destin, l'exemple même d'une sagesse humoristique[1]. L'humour peut être sage, Charlot en est la preuve.

La fatalité

Les Grecs avaient conscience de la beauté du monde et, à travers elle, d'un lien entre l'existence et le divin. Ils avaient toutefois également conscience que les hommes ne sont pas des dieux. Ce qui est une limitation tragique de l'existence. Sauf quand, mû par la sagesse et non par la passion, acceptant cette limite on devient en mesure de la surmonter en transformant celle-ci en destin, terme que nous avons souvent du mal à accepter.

Dans *L'existentialisme est un humanisme*, Sartre rejette la notion de destin dans laquelle il voit une excuse facile mise en avant pour se justifier, s'excuser du mal existant dans le monde et ne pas agir[2]. Quand un violeur cherche à manipuler le tribunal qui le juge, il invoque toujours le destin qui l'a fait ainsi en plaçant en lui les pulsions qui l'ont conduit à violer. Quand la paresse intellectuelle explique le mal régnant sur terre, elle le fait toujours en invoquant la nature humaine. Enfin, quand il s'agit de ne pas agir, cette même paresse invoque toujours la fatalité devant laquelle on ne peut rien faire. D'où la justesse de Sartre expliquant que la fatalité a bon dos. Et pourtant, les choses ne sont pas si simples.

Quelques pages après avoir condamné le destin, quand Sartre explique que l'Homme est « condamné à être libre », on est perplexe. Si le destin de l'Homme est d'être libre, comment soutenir que le destin n'existe pas ? De même, si « l'essence de l'Homme est de ne pas avoir d'essence », comment avancer que l'Homme n'a pas d'essence ? Toutes ces contradictions invitent à s'interroger. Sartre ne va-t-il pas un peu trop vite quand il prétend qu'il n'y a ni destin ni essence de l'Homme ?

L'Homme n'est pas seul au monde, il fait partie de la vie. Si celle-ci s'écrit en lui grâce à son concours, il s'écrit en elle que ce soit physiquement dans son corps, psychiquement dans son désir et socialement dans son rôle social grâce au concours de celle-ci. Aussi personne ne fait-il ce qu'il veut. La liberté ayant besoin de l'existence et derrière elle de la réalité pour être une liberté réelle, elle passe nécessairement par une obéissance au corps, à la vie psychique comme à la vie sociale. Quand tel n'est pas le cas, ne respectant ni son corps, ni sa vie, ni la vie collective, l'individu se croyant tout permis devient le principal ennemi de lui-même. Freud disait que qui n'accepte pas son passé est condamné à le subir. Qui ne se soumet pas aux exigences du corps, de la vie psychique comme de la vie collective est amené à les subir. Le destin, en ce sens, existe de deux façons : sous la forme de la réalité, le destin de l'être humain étant qu'il devienne un individu réel dans une humanité réelle, avec un corps réel et une âme réelle et non pas un individu abstrait sans corps, sans âme et sans participation à l'humanité ; sous la forme également de la fatalité, la vie, l'existence et la réalité devenant des ennemies quand on ne s'en fait pas des alliées.

Dans cette perspective, il importe de percevoir que les êtres humains ne sont pas responsables de tout et qu'il n'y a aucune mauvaise foi à le rappeler, le dire revenant non pas à évoluer dans l'excuse facile comme le pense Sartre, mais à avouer ses limites en tant qu'être humain, ce qui n'est pas la même chose. Il s'agit même, n'hésitons pas à l'affirmer, d'une mesure de salubrité, faire de l'Homme le responsable de tout sous prétexte de le rendre responsable conduisant à alimenter la logique du bouc émissaire en chargeant tel ou tel individu de tous les maux du monde, ainsi qu'à faire croire que l'Homme peut tout faire, tout inventer et notamment s'inventer lui-même ainsi que le dit Sartre[3], ce qui revient à s'imaginer que l'Homme est Dieu. Le recours à la fatalité se révèle, autrement dit, très moral, un tel recours s'avérant être le seul moyen d'échapper à la folie consistant à se prendre pour Dieu et à prendre l'autre pour le diable en s'imaginant et en faisant croire que l'Homme a la responsabilité de tout, du bien comme du mal.

Un dernier élément plaide pour l'existence de la fatalité. Prenons l'exemple d'un homme d'affaires bloqué dans les encombrements et qui arrive en retard à l'aéroport. L'hôtesse le programme pour le vol suivant, qui s'écrase quelques minutes après le décollage sans faire un seul survivant. L'homme d'affaires serait arrivé à l'heure, il aurait eu la vie sauve. Par deux fois il a manqué de chance. En ratant son avion et en prenant un avion qui s'écrase. Face à un tel accident, on sent bien qu'il ne s'agit pas d'un hasard, mais les raisons manquent afin d'expliquer pourquoi. Aussi ne peut-on que reconnaître l'existence de la fatalité sous la forme d'une logique plus forte que tout devant laquelle on ne peut rien sinon s'incliner.

La providence

Quand on lit les Anciens et notamment les stoïciens, on s'aperçoit qu'ils croyaient non seulement au destin mais à la providence, qu'ils ont toujours associée au destin. Ce qui pour nous est difficile à concevoir, la providence nous paraissant être une idée d'un autre temps. Dans *Candide*, Voltaire fustige la vision optimiste de Leibniz selon laquelle nous vivons dans le meilleur des mondes possibles. Quand on voit les tremblements de terre ou les tsunamis qui font des centaines de milliers de victimes, on a du mal à y croire. Quand on est confronté à des génocides qui font des millions de victimes, de tels propos donnent l'impression de rêver. Enfin, quand on s'aperçoit que tremblements de terre, tsunamis et massacres se reproduisent au cours du temps, on reste interloqué. Comment croire un instant comme Leibniz qu'il existe une providence divine qui veille à tout et qui, quand elle tolère le mal, fait toujours de celui-ci un moindre mal ? En quoi le fait de perdre toute sa famille dans un tremblement de terre ou dans un massacre est-il un moindre mal ? Et pourtant, la providence existe.

S'il y a des coups du sort, il y a aussi des coups de théâtre. Parfois, des situations que l'on pensait perdues se retournent in extremis et sont sauvées. Signe que les clés de l'échec comme de la réussite ne sont pas simplement humaines. On peut avoir tout fait pour réussir et finalement échouer. On peut aussi ne pas avoir tout fait pour réussir et réussir quand même. À quoi cela tient-il ? À une logique qui ne dépend pas de nous, ainsi que le souligne Épictète au début de son *Manuel*, la réalité se divisant entre ce qui dépend de nous et ce qui n'en dépend pas[4]. D'où la différence entre la providence chez Leibniz et celle des Anciens, une chose étant de dire que l'on est dans le meilleur des mondes possibles, une autre qu'il y a des coups de théâtre. Alors qu'il y a chez Leibniz un optimisme mélancolique, il y a chez les stoïciens un tragique joyeux. Tant il est vrai qu'il est mélancolique de parler d'un moindre mal, alors qu'il est joyeux de penser qu'un coup de théâtre dans la vie est toujours possible, celui-ci ne dépendant nullement de l'Homme.

Autre signe de l'existence d'une providence, il y a parfois une étrange harmonie entre l'univers et nous. Sans que l'on sache comment cela peut se faire, il arrive que certaines choses tombent à point nommé pour nous, comme si la vie avait deviné nos besoins. De même, il arrive parfois que l'on ait des intuitions de ce qu'il importe de faire ou de ne pas faire, comme si un gardien invisible veillait sur nous en nous murmurant des conseils de sagesse. Les Anciens croyaient dans l'existence d'une présence protectrice invisible représentée par des divinités protectrices. Nous y croyons nous-mêmes quand nous reconnaissons qu'il existe une finitude humaine face à la vie s'exprimant par ce que l'on appelle des « jours avec » et des « jours sans ». L'Homme n'est pas Dieu, il le mesure quand il est confronté à des jours sans, mais aussi quand il rencontre la chance, rencontre exceptionnelle et qui n'est pas appelée à durer. Reprenons l'exemple de l'homme d'affaires : pris dans les encombrements, il arrive en retard à l'aéroport et manque son avion qui s'écrase quelques minutes après le décollage en ne faisant aucun survivant. Il peut remercier les encombrements mais aussi le ciel. Si la réalité est parfois tragique, elle ne l'est pas toujours. Certes, le meilleur n'étant jamais sûr, ce qui est positif, souriant, providentiel aujourd'hui pouvant être remis en question demain par la fatalité, il y a quelque chose de tragique dans l'existence. Mais le pire n'étant jamais sûr non plus, ce qui est négatif, triste, fatal aujourd'hui pouvant être lui aussi remis en question, il faut savoir que la providence peut exister. Aussi, tout étant aléatoire, la fatalité comme la providence, faut-il vivre en faisant avec ce qui est comme avec ce qui vient en découvrant la providence secrète qui vit au fond des choses. On peut dépasser le tragique de la vie, il suffit pour cela de l'accepter, une telle acceptation ouvrant la voie à la providence qui va de pair avec la vie.

L'occasion

Tout sépare le destin et la providence, ceux-ci s'opposant comme la détresse et le salut. Pourtant, il peut leur arriver de se rencontrer. Cela se produit lors d'un moment favorable ou d'une occasion. Ce qu'Aristote appelle le *kaïros*, moment singulier de l'existence. Comme il n'est qu'un moment, il participe de la fatalité[5]. Mais comme il est favorable, il participe également de la providence. Aussi mêle-t-il les deux à travers un jeu entre la fatalité qui échappe au salut et la providence qui échappe à la fatalité. Jeu impliquant une attitude vigilante comme celle du guetteur ou du chasseur afin d'apercevoir l'occasion providentielle dans le tourbillon de la fatalité.

Platon explique dans le *Timée* que « le temps est l'image mobile de l'éternité immobile[6] », ce qui est vrai. Le temps qui change tout le temps est une manière d'être éternel. Mais de façon pauvre, convient-il d'ajouter, cela relevant davantage de la perpétuité que de l'éternité. De façon dure également, cruelle et inhumaine parce que figée, imperturbable, implacable. Comme l'être pur. Avec le *kaïros* il en va autrement, le fait d'être providentiel n'étant pas la même chose que celui d'être éternel. Quand quelque chose est providentiel, on n'est pas dans l'être et sa perpétuité mais dans un surcroît d'être surgissant comme une trouée vers le mystère. L'existence pourrait être toujours la même, elle pourrait n'être que l'être en étant irrémédiablement soumise à l'être comme destin. Soudain, voilà qu'elle devient autre, elle cesse d'être enchaînée à son propre destin. Un tel changement est une providence. Il y a là quelque chose de mieux encore que l'être, ce dernier cessant d'être perpétuel et froid pour revêtir une dimension savoureuse parce que exceptionnelle. Aussi importe-t-il de lier l'éternité et la rareté, l'éternité devenant vraiment éternelle quand elle est rare. De même, l'éternité pourrait ne sauver personne et être totalement inhumaine en ne s'intéressant qu'à elle. Soudain, elle est autre, non pas simplement pour elle-même mais pour les êtres humains. On n'est plus dans la rareté, mais dans la rareté au sein de la rareté. Ce qui est encore mieux, une telle rareté relevant de l'unique et, derrière, de l'inoubliable. Comme l'a montré Platon, quelque chose modèle l'existence en lui donnant son information. Ce principe relève d'une providence et non pas d'un idéal, précise Aristote. On le perçoit quand on rentre dans l'intérieur des choses et des êtres. Chaque chose, chaque être a une spécificité. Ce que les penseurs médiévaux appelleront une « haeccéité » et Jankélévitch une « ipséité[7] », ces termes désignant la capacité pour une réalité ou un être humain d'être singulier et de le demeurer. Quelque chose qui fait que cet être et cette chose sont ce qu'ils sont. Quelque chose de favorable. Comme l'occasion. Ce qui est inouï, puisque cela ouvre sur une analogie entre les choses et les êtres, analogie sur laquelle ne cesseront de méditer des penseurs médiévaux comme saint Thomas. Ce qui est tragique cependant, la rareté dans ce monde impliquant qu'on en paie le prix en acceptant qu'elle soit rare, presque inexistante, donc difficile à apprivoiser.

On voit souvent les Grecs comme étant les penseurs de l'être. En quoi on a raison. Sauf que leur pensée de l'être n'est pas demeurée statique. Explorant l'être ils sont tombés sur le non-être et méditant sur celui-ci, ils ont découvert qu'il participe de l'être. L'être pensé comme être rare et unique en est la preuve. Posons l'être comme étant rare voire unique : découvrant qu'il peut être du fait de ne pas être constamment, on découvre qu'il peut y avoir du non-être qui est. Ce qui est providentiel et pas simplement tragique.

La responsabilité

Les Grecs ont beaucoup médité sur le destin, ils ont aussi beaucoup réfléchi sur la responsabilité, les deux choses n'étant pas séparables. Quand on guette le moment favorable comme le chasseur, s'installant dans l'aléatoire on assume de fait le tragique de la vie, ce qui est une position éminemment responsable. Explicitons ce terme.

Dans *L'existentialisme est un humanisme*, Sartre développe trois sens de la responsabilité[8]. Le premier consiste à assumer une radicale solitude en refusant tout Dieu et tout ordre divin. Le second à être son propre Dieu en devenant le créateur de ses propres valeurs. Le troisième à lier ensemble radicale solitude et fait d'être son propre Dieu, la solitude radicale étant la condition de l'invention de soi. Une telle approche de la responsabilité est à l'opposé de ce que les Grecs entendaient par là. Contrairement à Sartre, ils ne croyaient pas que l'Homme soit seul au monde et se doive de l'être. Ils pensaient au contraire que l'on devenait Homme quand on entrait dans la vie en acceptant son ordre. De même, ils n'imaginaient pas un seul instant que les valeurs se créent et doivent se créer. Celles-ci dépendant de l'ordre du monde et de la vie voulu par les dieux, c'est en obéissant à cet ordre et aux dieux qui l'ont institué que l'on accédait à leur vertu. Enfin, les Grecs ne pensaient pas que la révolte contre les dieux et le divin soit la condition de l'accord et de l'harmonie avec soi, accord et harmonie ne se bâtissant pas à coups de désaccords. En fait, la conception de la responsabilité développée par Sartre correspond assez bien à ce qu'ils pensaient être la démence ainsi que l'irresponsabilité, la responsabilité authentique revêtant à leurs yeux une autre allure.

Ainsi, loin d'être fondée sur la rébellion et le non adressé aux dieux et à l'ordre divin, la véritable responsabilité était d'abord un acte d'obéissance aux dieux et un oui adressé à l'ordre voulu par eux. En outre, au lieu d'être un acte purement *individuel* n'ayant comme sens que l'affirmation de soi, c'était un acte *cosmique* consistant à accepter le monde comme tel dans sa totalité. Enfin, alors que chez Sartre la visée est avant tout *politique* en poursuivant le projet de se faire reconnaître dans la cité comme individu, chez les Grecs le projet était pratique et *thérapeutique*, le but étant de soigner l'âme des hommes et non d'affirmer orgueilleusement la liberté absolue de celle-ci en s'installant dans le tragique de l'existence afin de le transmuter à travers une sorte d'homéopathie spirituelle. En fait, rebelle, individualiste et politique, la conception de la responsabilité chez Sartre témoigne d'une confiance en la toute-puissance de l'individu. S'il y a chez lui un certain tragique de l'existence lié à la solitude revendiquée de l'Homme, ce tragique n'est jamais qu'un artifice rhétorique destiné à valider l'Homme-Dieu se créant lui-même à travers la création de ses propres valeurs. D'où l'irréalité d'une telle attitude et surtout son manque de sagesse. Les Grecs avaient une autre conception de la responsabilité en enseignant que ce n'est pas l'individualisme qui guérit les êtres humains de la douleur de vivre mais l'acte grandiose consistant à vouloir ce que l'on n'a pas voulu. Témoin la tragédie grecque qui reflète bien notre condition réelle. Comme le héros de ces tragédies, comme l'homme sartrien, nous aspirons pour la grande majorité d'entre nous à être nous-mêmes en adoptant volontiers pour devise la formule anarchiste « Ni Dieu ni maître » en pensant qu'elle va faire de nous des individus libres. Puis, souffrant parfois jusqu'à la folie faute de tenir compte de l'ordre du monde, nous passons tous comme le héros grec par un temps de désenchantement avant d'accepter l'ordre des dieux que l'on refusait. Moment tragique. Moment providentiel en même temps, l'acceptation du premier ouvrant sur la légèreté du second.

Le corps

La thalassothérapie

Au musée archéologique d'Athènes, dans l'une des salles consacrées à la statuaire grecque, trône la statue en bronze de Poséidon, le dieu de la mer. Debout, avançant de profil, les bras esquissant le geste d'un lanceur de javelot, la statue est une superbe illustration de l'expression « beau comme un dieu grec » et par là même du lien unissant le corps et le divin, le corps pouvant être un moyen d'accès à celui-ci. Au XVIIe siècle, dans l'*Éthique*, Spinoza a bousculé les idées de son temps en écrivant que « nul ne sait ce que peut le corps[9] ». La vie humaine s'exprimant par l'âme et le corps, il importe de parler du corps comme expression de la puissance de la vie et pas simplement de l'âme, faisait-il remarquer. Avec la psychanalyse au XXe siècle, cette attention au corps s'est renforcée, la pratique analytique faisant percevoir que bien des problèmes que l'on pense être de l'ordre de l'âme sont en fait des problèmes liés au corps et notamment au manque de relation que l'on peut avoir avec celui-ci. Depuis ce constat, les pratiques ont changé. On s'est mis à tenir compte du corps, à le soigner, à le sentir, à l'écouter.

Le corps

C'est en 1865 que, découvrant les vertus des bains de mer pour la santé, un médecin français, Joseph La Bonnardière, a eu l'idée d'en prescrire l'usage à ses patients. Il a à cette occasion inventé le mot « thalassothérapie », bâti à partir des termes grecs *thalassa* « mer », et *therapeia*, « soin, cure, médecine ». En 1899, le docteur Louis-Eugène Bagot a ouvert à Roscoff le premier centre de thalassothérapie. Depuis, ces centres se sont multipliés à travers le monde et l'idée qu'il faut s'occuper de son corps s'est propagée. Ce qui est sans aucun doute l'une des grandes révolutions de la fin du XXe siècle en Europe en ce qui concerne les mentalités.

Le soin

On l'a vu, on peut dépasser le tragique pathologique de l'existence, il suffit pour cela d'accepter le monde et notamment le destin en faisant comme on dit avec. Geste très concret commençant par l'acceptation du corps.

Contrairement à ce que l'on pourrait penser, les Grecs anciens, qui avaient le sens du corps, ne vouaient pas un culte à celui-ci. Témoin Socrate dans le *Phédon* qui n'hésite pas à dire à son propos : « Guerres, dissensions, batailles, c'est le corps seul et ses appétits qui en sont la cause ; car on ne fait la guerre que pour amasser des richesses et nous sommes forcés d'en amasser à cause du corps, dont le service nous tient en esclavage[10]. » C'est Démocrite, penseur « matérialiste », qui nous donne la raison profonde d'une telle *ubris*, démesure, quand il enseigne que « la beauté du corps est un avantage digne des animaux si une intelligence ne vient pas la rehausser[11] ». Socrate comme Démocrite ont compris ce qui fait l'essence du corps. Celui-ci n'est pas une chose, mais une activité et donc une relation. Les stoïciens, qui voyaient tout sous l'angle du mouvement, ne disaient pas d'un arbre qu'il est vert, mais qu'il verdoie. On peut en dire autant du corps : il n'est pas tant un corps que ce qui se corporalise sans cesse. Aussi a-t-on un corps quand on en prend soin, le soin du corps étant la façon vivante de vivre le corps vivant. « Soigner », qui vient de « prendre soin » ou « avoir soin » et qui veut dire « s'occuper de », est d'abord lié à des situations d'urgence. Quand quelqu'un souffre du fait d'un accident ou d'une crise quelconque, il court se faire soigner auprès de gens qui vont s'occuper de lui. Toutefois, le soin n'a pas qu'une signification liée à l'urgence, « soigner » pouvant signifier « améliorer » et pas simplement « réparer ». Ainsi, tout ce qui est porteur de qualité, de recherche, de finesse, de délicatesse résulte d'un acte de soin. En ce sens, soigner est un processus consistant non seulement à réparer mais à « rééquilibrer et redynamiser », dirait-on aujourd'hui.

C'est à Hippocrate (Ve siècle av. J.-C.) que nous devons cette vision des choses. Considéré comme l'inventeur de la médecine, il est le premier à avoir perçu que pour comprendre une maladie ou crise, il importe de resituer l'individu dans son contexte afin de saisir les interactions entre son corps et l'univers. Toute maladie étant la conséquence d'un déséquilibre dans cette relation, la guérison s'obtient en établissant un lien entre l'univers ou macrocosme avec ses quatre éléments, le feu, l'eau, la terre et l'air, et le corps ou microcosme avec ses quatre humeurs, le sang, la lymphe, la bile jaune et la bile noire, cet équilibre étant obtenu par une nourriture appropriée ainsi que par la bonne circulation des humeurs. Hippocrate a compris ce qu'est un corps.

Comme le souligne Georges Canguilhem, quand nous parlons aujourd'hui de vie, nous parlons de *milieu*, la vie étant un milieu entre ce qui agit en elle de l'intérieur sur l'extérieur et l'extérieur qui agit sur elle[12]. À travers sa lecture du corps par l'entremise du couple microcosme-macrocosme, on trouve les prémices d'une telle approche chez Hippocrate. Tout comme on trouve chez lui les prémices d'une approche du soin médical fondée sur le diagnostic, l'analyse psychosomatique et la diététique.

Il y a tout un aspect de la vie du corps que la médecine connaît mieux que personne du fait de sa compétence en ce domaine. Reste qu'il y a un savoir du corps qui ne relève pas de la médecine mais de l'expérience de chacun. Ce savoir apparaît quand on s'ouvre à la notion d'équilibre. Quand on perçoit le corps comme lieu d'échanges entre le microcosme qu'il incarne et le macrocosme qu'est l'univers, c'est ainsi, on sent son corps. On a l'intuition de son équilibre ou de son déséquilibre. Le taoïsme en Chine a un grand sens de cet équilibre. De la Grèce à la Chine en passant par notre modernité qui s'ouvre à cette notion, un même enseignement se profile : on a un corps quand on en prend soin et on en prend soin quand on apprend à se situer dans l'équilibre entre nos forces et celles de l'univers.

L'exercice

Si parler du corps passe par le soin, cela passe aussi par l'exercice. Par ce terme, on entend bien sûr l'exercice physique qui ne relève pas du sport mais de l'entretien et qui se pratique par la marche ou la gymnastique. Toutefois, l'exercice a un deuxième sens, celui de « préparation ». À Sparte, l'exercice corporel, purement physique, était une préparation militaire à la guerre. Le corps était entraîné pour avoir de la vigueur au combat. Dans *La République*, Platon voit l'exercice dans une optique philosophique et non militaire. Pour devenir sage, il importe d'avoir un corps qui le devienne. L'exercice corporel qui purifie et affermit celui-ci est une préparation à la purification et à l'affermissement de l'âme. Aussi Platon distingue-t-il les arts qui s'occupent du corps, comme la gymnastique, la cuisine et la médecine, de ceux qui s'occupent de l'âme, comme la musique, les mathématiques, la géométrie, l'astronomie et bien sûr la philosophie. On pourrait penser qu'il s'agit là d'une dévalorisation du corps. Au contraire. Il s'agit bien plutôt de son intégration dans un processus d'ascension, où tout est utile, le corps comme l'âme. Ce qui n'épuise pas le sens de l'exercice, puisqu'il en existe un troisième, éthique celui-là, à travers la notion de pratique quotidienne. Toutes les choses importantes se font quotidiennement, alors que toutes celles qui ne le sont pas se font épisodiquement. La vie qui est importante est une affaire quotidienne. Comme la sagesse pour le sage, l'art pour l'artiste et l'amour pour l'amoureux. En ce sens, l'exercice se confond avec la vie même, vivre et pratiquer continuellement se confondant. Ce qu'exprime très bien Aristote quand il écrit que « l'homme est actualisé par l'homme comme le musicien par le musicien [...] toute fin poursuivie se confondant avec l'exercice même[13] ». Aussi comprend-on mieux la notion d'*ascèse* tant décriée par Nietzsche, qui en est pourtant si proche quand il introduit le concept d'éternel retour. « Ascèse », qui vient du grec *askesis* signifiant « exercice », est l'art de s'exercer au sens de vivre continuellement quelque chose. Les ascètes sont de ce point de vue des vivants et non des morts. C'est ainsi en tout cas que Montaigne pense la notion d'*essai* qui veut dire aussi « exercice ». S'essayer c'est vivre et vivre c'est s'essayer. Comme il le dit lui-même : « Pour moi, j'aime la vie et la cultive telle qu'il a plu à Dieu de me l'octroyer[14]. » En cela, Montaigne est dans la continuité des sages antiques qu'il vénérait et pratiquait, la philosophie n'étant pour eux qu'un exercice et une ascèse continuelle afin de devenir vivant. Comme le souligne Pierre Hadot : « Les stoïciens le déclarent explicitement : la philosophie est un "exercice", un art de vivre, une attitude concrète, un style de vie déterminé, engageant toute l'existence[15]. »

Dans toutes les traditions spirituelles, il est rappelé que ce n'est pas le but qui compte mais le chemin ou bien encore que le chemin *est* le but. Remplaçons le mot « chemin » par celui de « vie » et appelons « vie » le fait de pratiquer sans cesse et donc de vivre ce que l'on vit, cette identité devient une évidence. Même chose quand on a affaire à une phrase du type : « Tu ne me chercherais pas si tu ne m'avais déjà trouvé. » Quand on cherche, si l'on cherche vraiment, on cherche tout le temps et si l'on cherche tout le temps, on vit. Quand donc on cherche, on débouche sur la vie. Et quand on débouche sur la vie, vivre consistant à vivre sans cesse, on cherche sans cesse. Si bien que trouver et chercher se confondent comme le chemin et le but.

La nourriture et le vêtement

C'est dans ce contexte d'exercice et de pratique de l'existence qu'il importe de situer le sens de la nourriture ainsi que du vêtement. Bien sûr, leur accorder trop d'importance va à l'encontre de la sagesse, le sage étant frugal et modeste dans son apparence en ne se laissant pas aller aux débordements de la cosmétique consistant à plaire au monde par son extérieur au lieu de chercher à le faire de l'intérieur. Cela dit, s'il est sage de ne pas donner trop de valeur à la nourriture comme au vêtement, il ne l'est pas de n'en prêter aucune.

Par nécessité d'abord : il faut bien survivre. Si l'on ne fait pas ce qu'il faut pour cela, plus de philosophie. Être sage consiste donc non pas à tout ramener à la sagesse, mais à savoir que celle-ci a des limites et qu'elle en aura toujours face aux nécessités primordiales de l'existence. Ce que rappelle un proverbe latin avec concision quand il recommande : *Primum vivere, deinde philosophare*[16] (d'abord vivre et ensuite philosopher). En outre, il importe d'apercevoir qu'il existe une relation entre l'intérieur et l'extérieur. Penser consistant à mettre de l'ordre dans sa vie, cet ordre passe aussi par celui de la nourriture et du vêtement, manger n'importe quoi et s'habiller n'importe comment allant généralement de pair avec un désordre de la pensée. Enfin, il y a une portée métaphysique et initiatique dans la nourriture comme dans le vêtement. La nourriture permettant de durer dans l'existence en assimilant le monde dans son assiette de façon à s'harmoniser avec lui en incorporant ses forces, celle-ci est un art physique du temps dont la répercussion est métaphysique. De même, le vêtement qui permet de se protéger à l'égard du monde extérieur mais aussi de s'insérer dans la société afin d'y jouer un rôle est un art très physique de l'espace dont la répercussion est, elle aussi, très métaphysique. En fait, derrière la nourriture et le vêtement, on a affaire à rien de moins qu'à l'apprivoisement du temps et de l'espace, opération indispensable pour que nous puissions nous insérer dans l'espace-temps de l'univers afin d'y jouer notre rôle. D'où l'importance d'y faire attention. Ce que nous faisons au demeurant sans mesurer toujours la portée invisible du fait de se nourrir comme de se vêtir. Ce qui engendre souvent des troubles du comportement voire des dysfonctionnements, tant il arrive que l'on mange sans se nourrir faute d'un sens de la nourriture et que l'on soit vêtu sans être habillé faute d'un sens du vêtement.

Les Grecs avaient un grand sens de la nourriture comme du vêtement. La frugalité étant la règle pour bien se porter, leur alimentation était avant tout basée sur la trilogie *blé-huile-vin*. Ce qui ne les empêchait pas d'élever des oies, de manger du gibier, des sangliers de Phtiotide, des cerfs de Béotie, les poissons de Saronique, les rougets de Sicyane, les glaucus du Péloponnèse et les petits smaris qui, frits avec des herbes et de l'huile, étaient les « délices des dieux », tout comme ils aimaient les figues d'Afrique, les pommes d'Eubée, les coings de Corinthe, les dattes de Pénébie et les prunes de Syrie. Pour honorer ces trésors de la création, ils n'ont pas hésité à créer une école de cuisine avec un cursus de deux ans. Quant au vêtement, sobre, il n'en était pas moins élégant, comme le vêtement de base, le chiton, tunique de lin retenue à la taille par une corde, le péplos, formé de deux rectangles de tissu retenus aux épaules par deux broches, et l'exomide, sorte de peplos avec une seule broche laissant une épaule à découvert. En Grèce aujourd'hui, on est heureux avec peu de chose. Un short, une chemise, du pain, des olives, du soleil, la mer. Cela suffit. On retrouve les Anciens et leur science de la légèreté, naturellement.

Le sommeil

Les Anciens faisaient aussi attention à la nuit, cette autre moitié de notre vie, tellement importante et si mal connue. Le sommeil désigne d'abord la perte de conscience et de ce fait le voile. Héraclite compare la vie de la plupart des hommes à un long sommeil. « Le *Logos* est commun à tous[17] », dit-il, or les hommes l'oublient. Comme ils ne se concentrent pas sur ce qui est dit par lui, tout leur échappe[18]. La vie durant le jour comme la vie durant la nuit. Si bien que, alors que le *Logos* est commun à tous, ils le vivent comme s'il était particulier.

Le sommeil ne se limite pas toutefois à ce basculement dans l'oubli. Ce qui sommeille renvoie aussi à ce qui couve et, avec lui, au non encore manifesté sur le point de paraître au grand jour. Entre jour et nuit, être et néant, le sommeil désigne donc un monde caché mais pas obscur. Il nous arrive de sentir l'existence de ce monde en nous comme autour de nous. Il est précieux, car il permet d'avoir accès à l'avenir. Étant par définition ce qui n'est pas encore, il relève du non-être au sens fort. Ce qui n'est pas le cas du passé, qui n'est plus mais qui a été et qui, ayant été, nous donne une prise. Avec le sommeil au sens de ce qui dort, il devient possible d'avoir accès à l'avenir. Au lieu d'opposer l'être du présent au non-être de l'avenir, posons dans le présent ce qui veille et ce qui sommeille, l'avenir devient accessible, l'avenir étant, sous la forme de ce qui sommeille, une partie du présent et donc de l'être. D'où l'intérêt de porter attention aux rêves, ceux-ci étant, si l'on peut dire, ce qui sommeille dans notre sommeil et donc ce qui permet de sortir du sommeil et de l'oubli. S'il y a le destin contre lequel nous ne pouvons rien, il y a parfois au sein du destin même des retournements providentiels. Tout étant aléatoire, la fatalité peut se retourner et devenir un moment favorable, un *kaïros*. Le rêve profond est de ce type. Durant l'Antiquité, au IIe siècle av. J.-C., c'est Artémidore d'Éphèse, en écrivant une somme sur les rêves intitulée *La Clef des songes*, qui devient la référence en la matière et que Freud lira et relira pour s'en inspirer. Fondant une science nouvelle, l'onirocritique ou science des rêves d'inspiration rationaliste, Artémidore établit une typologie à partir de trois mille rêves qu'il a recensés. Celle-ci se fonde sur une distinction fondamentale entre rêves théorématiques, dans lesquels la vision du rêve se confond avec sa réalisation, et rêves allégoriques, où une chose sert à en exprimer une autre. À partir de cette distinction originaire, Artémidore poursuit son analyse en distinguant les rêves à partir de l'intérieur et de l'extérieur et du bon et du mauvais. Par exemple un rêve bon à l'intérieur et bon à l'extérieur se distingue d'un rêve mauvais à l'intérieur et mauvais à l'extérieur, qui se distingue lui-même d'un rêve bon à l'extérieur mais mauvais à l'extérieur, etc.

Les Anciens étaient passionnés par les rêves ainsi que la divination. Nous le sommes aussi. Cet intérêt vient de ce que parfois il y a coïncidence entre le présent et l'avenir, l'inconnu et le connu à l'occasion d'une parole. On peut penser que cette coïncidence est purement fortuite et n'en tirer aucune conclusion. On peut aussi penser que la réalité du monde est grosse de choses qui sommeillent auxquelles il est possible d'accéder pour peu que l'on se mette à cultiver la pensée allégorique. En ce sens, penser le corps, c'est aussi savoir avoir ce que les psychanalystes appellent une « attention flottante », ce que Bachelard appelle une

« rêverie », attention flottante et rêverie permettant de laisser remonter ce qui sommeille dans l'univers comme en nous. Quand tel est le cas, on voit se dévoiler l'étrange lien qui relie le corps cosmique au corps psychique. On est dans le corps grec, un corps que les poètes, les psychanalystes et les rêveurs connaissent bien.

L'âme

La psychothérapie

Certains lieux ont tellement de charme qu'ils ont une âme, celle-ci étant la présence qui émane d'eux et qui, nous touchant profondément, fait vibrer notre propre présence intime en nous faisant sentir ainsi notre propre âme. S'il y a la présence visible et palpable du corps, il y a aussi la présence invisible à cette présence visible. C'est ce que l'on appelle l'âme, *psuché* en grec, qui désigne l'aile fragile et délicate du papillon. L'âme est volatile. Les choses fines s'abordant avec finesse, elle s'envole dès que l'on est brutal. « Un seul être vous manque et tout est dépeuplé », dit Lamartine[19]. Que l'âme vienne à disparaître, que l'on vienne à ne plus sentir une présence invisible dans les choses éveillant notre propre présence intime à toutes choses, tout est dépeuplé. Quand tel est le cas, c'est en allant voir un médecin de l'âme, un psychothérapeute, que nous renouons avec le fil perdu de nous-mêmes.

Le terme *psychotherapeia*, du grec *psuché* et *therapeia* qui veut dire « cure », a été introduit en 1853 par un Anglais, Walter Cooper Dendy. Mais c'est avec la publication en 1891 d'un ouvrage écrit par un psychiatre de l'école de Nancy, Hippolyte Bernheim, *Hypnotisme, suggestion et psychothérapie*, que ce terme fait véritablement son entrée sur scène, marquant ainsi un mariage entre médecine et âme, chose peu évidente en un temps farouchement opposé à cette notion, synonyme pour certains d'animisme et d'irrationnel. Freud est considéré comme ayant bouleversé le XXe siècle avec la psychanalyse. Le soin de l'âme, qui est une nécessité, a été présent dans la culture bien avant la psychanalyse, comme le montre sa pratique chez les Anciens dans les sanctuaires d'Éleusis et d'Épidaure.

Le daïmon

La notion d'âme ne va pas de soi. Aujourd'hui, nous avons tendance à penser que celle-ci se ramène au cerveau. Témoin Jean-Pierre Changeux quand il écrit : « Les possibilités combinatoires liées au nombre et à la diversité des connexions du cerveau de l'homme étant suffisantes pour rendre compte des capacités humaines, le clivage entre activités mentales et activités neuronales ne se justifie plus. Désormais, à quoi bon parler d'Esprit[20] ? » Si le cerveau apparaît comme la clef de l'esprit et de l'âme, il apparaît aussi comme celle de l'intime. Comme l'écrit Edgar Morin : « Centre de l'individualité et de la subjectivité, l'appareil neuro-cérébral constitue en chacun de nous "l'intérieur de son intérieur". Enfermé dans une boîte crânienne hermétique et blindée, centre animateur de l'individualité, source computante, le cerveau est ce qu'il y a de plus intime en l'être[21]. » Pour justifier l'inexistence de l'âme, de nombreux penseurs matérialistes aiment citer cette phrase de Spinoza dans l'*Éthique* : « L'âme est l'idée du corps[22]. » Socrate, qui pense, à l'image des Anciens, que l'âme existe, avance un certain nombre de constats, montrant que tout ne se ramène pas au cerveau.

Il y a d'abord, comme il le dit, la rencontre avec une pensée ainsi qu'avec un penseur : « Un jour ayant entendu quelqu'un dire avoir lu dans un livre, dont l'auteur était Anaxagore, que c'est l'esprit qui est la cause et l'organisateur de toutes choses, l'idée de cette cause me ravit et il me sembla parfait que l'esprit fût la cause et l'organisateur de toutes choses. S'il en est ainsi, l'esprit qui dispose de tout place chaque chose de façon la meilleure[23]. » Certains penseurs comme Jacques Monod ne sont nullement gênés à l'idée que tout est le fruit d'un hasard originel. Socrate pense, lui, qu'un principe gouverne le monde, ce principe étant lisible dans l'ordre qu'on y trouve et dans la possibilité de penser un tel ordre. D'où la justesse de la pensée d'Anaxagore et l'erreur de lire Spinoza comme on le fait, celui-ci disant non pas que l'âme est le corps, mais qu'elle est l'*idée* du corps, ce qui n'est pas la même chose.

Un deuxième fait corrobore l'existence de l'âme. Les choses sont ce qu'elles sont dans un monde qui est ce qu'il est, signe de l'existence d'un être premier donnant une identité au monde comme aux choses. Si tel n'était pas le cas, on ne pourrait pas parler d'existence. Comme le dit Socrate : « Il y a quelque chose d'égal [...] je n'entends pas par là une pierre ou un quelconque autre objet, mais une autre chose qui est par-delà toutes choses : l'égalité elle-même. Pour que nous puissions voir les choses, il faut que nous ayons eu connaissance de l'égalité avant le temps [...] Il faut que notre âme existe antérieurement[24]. »

Un dernier argument avancé par Socrate prouve l'existence de l'être et de l'âme, son expression : Socrate lui-même. C'est bien lui et non un corps impersonnel que l'on traîne devant ses juges. C'est bien son âme et non son corps que l'on juge. S'il n'était qu'un corps sans âme, son procès serait non seulement impossible mais inutile[25]. Comme il le dit lui-même : « Il est vrai que si je n'avais pas des os, des tendons ainsi que quantité de choses du même ordre, je ne pourrais pas faire ce que j'ai décidé de faire ; mais il est honteux de soutenir que je fais ce que je fais en vertu d'une nécessité logique et non parce que j'ai choisi ce qui me semble le meilleur[26]. » La présence de Socrate à son procès est la preuve que l'âme existe, mais sa vie même en est une autre. Comme il l'explique toujours devant ses juges : « Il peut paraître étrange que j'aille par les rues en donnant des conseils aux uns et aux autres sans jamais cependant paraître dans les assemblées et donner des conseils à la république. Cela vient d'un *daïmon* [...] Cela a commencé dès l'enfance. C'est une sorte de voix intérieure[27]. »

C'est ainsi. Les êtres humains éprouvent le besoin de penser afin de donner un sens à leur vie. Et la cité a besoin d'avoir du sens pour exister comme cité. C'est l'âme qui parle et qui réclame de vivre. Aristote systématisera cet argument en montrant que Socrate a raison. L'existence même du monde montre l'existence d'un principe premier et pensant à sa source, sans quoi il n'y aurait pas d'existence. Aussi, penser les choses consistant à penser le sens des choses, penser consiste à penser la pensée (*noésis noéséos noésis*[28], dit Aristote), rien n'étant plus réel.

La maïeutique

Comme chez les Grecs tout était pratique et thérapeutique, il y avait une pratique de l'âme qui était aussi une thérapie de celle-ci, à savoir la maïeutique. Socrate la définissait comme l'art d'accoucher les âmes. Quand il avait affaire à des interlocuteurs qui, ne pensant pas, tenaient des discours contradictoires ou remplis de sophismes, pour les faire revenir à une pensée claire et cohérente, il les questionnait, parfois non sans ironie. Bousculés, obligés de réfléchir, de se poser des questions, ceux-ci découvraient alors qu'ils pouvaient penser. Cette façon d'accoucher les esprits est au cœur de notre processus d'éducation. Indispensable autant que salutaire, l'éveil de la réflexion ne permet pas toutefois d'aller au bout de ce que la maïeutique peut signifier, une chose étant de faire réfléchir, une autre d'accoucher une âme. Pour bien comprendre ce qu'un véritable accouchement de l'âme signifie, un parallèle entre le yoga et la sophrologie d'une part et la maïeutique d'autre part peut s'avérer utile.

Selon le yoga, l'homme possède des trésors au fond de lui. Seulement, agité du fait de la vie du monde, il ne s'en aperçoit plus. Quand il apprend à rentrer en lui-même et à vider son esprit de toute agitation inutile en se concentrant sur un point de façon à tenir son esprit avec fermeté, l'agitation des eaux retombant, celles-ci s'éclaircissent, laissant ainsi transparaître à nouveau les trésors présents au fond de lui. Le terme « yoga » qui vient du terme sanskrit *jug* signifie « joug », soit la pièce de bois qui permet d'attacher deux bœufs ensemble par le cou afin d'en faire une paire et de doubler ainsi leur force de travail[29]. Le yoga est ce qui permet de se relier à l'énergie créatrice que l'on possède en soi. Comme le souligne Alain Daniélou : « C'est par lui que les sages de l'Inde ancienne ont appris à dépasser les limites des sens, à sortir des dimensions de l'espace, à percevoir les structures de l'infiniment petit comme de l'infiniment grand, à décrire des objets et des continents lointains, à prendre contact avec les mondes invisibles, à développer les aptitudes de l'homme, à contrôler ses mécanismes vitaux, à utiliser ses énergies à des fins de réalisation aussi bien matérielles que spirituelles, à dépasser les barrières de la vie pour parvenir à l'identification avec le divin[30]. »

Bénéfique psychologiquement, le yoga l'est aussi sur un plan somatique. C'est ce qu'a compris la sophrologie. En 1960, sous l'impulsion d'un médecin colombien, Alfonso Caycedo, naît cette discipline nouvelle qui prend rapidement de l'ampleur. Venant du grec *sophrosunè* qui veut dire « sagesse », « tempérance » et « santé », la sophrologie est la science de la santé. Une science qui repose sur un principe de repos à l'image de l'eau d'un lac que l'on calme afin d'apercevoir le fond de celui-ci. Normalement, la structure de notre être est parfaite et nous ne devrions pas être malades. La vie quotidienne étant toutefois stressante et notre mental étant de ce fait perturbé, notre équilibre en subit les conséquences en voyant surgir toutes sortes de maladies. Seul alors le fait de laisser reposer le mental permet aux forces de santé et de vie de refaire surface.

La méditation, qui est au cœur du yoga comme de la sophrologie, est au cœur de la pratique de l'âme. Dans la Grèce antique, on en trouvait constamment la présence, le fait de conduire la conscience au-delà de la conscience pathologique et de la conscience individuelle vers la conscience élargie dite « conscience sophronique », comme le fait la sophrologie, étant une répétition moderne de ce que les Anciens pratiquaient sous la forme de la conscience cosmique. Ainsi, les mystères d'Éleusis sont à comprendre comme une initiation à la méditation et à l'accouchement de l'âme. Lorsque quelqu'un était particulièrement conditionné par l'agitation du monde, celui-ci était endormi après avoir pris des substances propres à le faire rêver. Quand il se réveillait, ayant vu autre chose de lui-même et déverrouillé ainsi la chape pesant sur son âme, il pouvait se mettre à vivre une vie heureuse, libérée de l'agitation[31]. De même, lorsque Zénon de Citium, Démocrite, Diogène, Épicure et Aristote s'exerçaient à vivre en se suffisant à eux-mêmes en pratiquant l'*autarkeïa*, l'autarcie, ils le faisaient pour se relier au *Logos*, ce lien qui relie toutes choses entre elles. Enfin, quand Platon explique dans le *Ménon* que « savoir c'est se ressouvenir[32] », celui-ci a bien conscience que nous possédons tous en nous une capacité de présence susceptible de faire émerger une harmonie profonde. Seulement, happés par le monde extérieur et l'agitation de la vie quotidienne, nous avons tendance à l'oublier et à nous alourdir. Aussi penser en écoutant certaines paroles comme certains silences permet-il de revenir à cette présence.

La connaissance de soi

La découverte de l'âme est assurément un phénomène individuel capital, mais c'est aussi un phénomène mondial. Comme le fait remarquer Karl Jaspers dans son *Introduction à la philosophie*, il correspond à ce que l'on peut appeler le point axial de l'humanité, l'histoire de celle-ci se définissant par quatre événements majeurs : l'apparition de l'Homme ; l'apparition de la culture ; l'apparition de la conscience et de la connaissance de soi ; l'apparition de la science moderne à la fin du XVIe siècle[33]. Au VIe siècle av. J.-C., sans que l'on puisse comprendre comment un tel événement a pu se produire simultanément dans différentes cultures, en Chine Lao-tseu enseigne à pratiquer le vide intérieur, en Inde le Bouddha apprend à ses disciples à méditer, en Perse Zoroastre bouleverse la religion de son temps avec sa vision de la lumière, en Israël de grands prophètes comme Isaïe révèlent que la véritable religion passe par une mutation dans les profondeurs de soi, et en Grèce les présocratiques comme Héraclite découvrent et font découvrir la pensée comme art de vivre. Héraclite dit : « Une seule sagesse : savoir que la pensée gouverne tout à travers tout[34] », d'où la nécessité d'une réforme intérieure exprimée par ce fragment : « Je me suis cherché moi-même[35]. »

À Delphes, cette révolution de la connaissance de soi est énoncée en toutes lettres au fronton du temple d'Apollon : « Connais-toi toi-même », en grec *Gnothi seauton*. Auguste Comte voit dans cette phrase le début de la pensée rationnelle et la rupture avec le monde du mythe[36]. Ernst Cassirer y voit, lui, l'acte de naissance de l'humanisme[37]. Ces interprétations, pour intéressantes qu'elles soient, oublient un fait essentiel. La formule « Connais-toi toi-même » est inscrite dans le sanctuaire de Delphes, elle en fait donc partie comme elle fait partie du mythe, avec lequel pourtant elle semble prendre ses distances. Il y a là un signe. Cette formule est non seulement en continuité avec les mythes, mais elle est leur vérité. Il ne faut pas prendre les mythes au pied de la lettre. Tout est intérieur. Si on prend soin de ne pas oublier cette règle fondamentale, le mythe ne pourra jamais faire errer.

Par ailleurs, commc lc rappelle Jacques Lacarrière dans son *Dictionnaire amoureux de la Grèce*, le « Connais-toi toi-même » n'est pas un précepte isolé comme le pensent Auguste Comte et Ernst Cassirer, puisque deux autres préceptes l'accompagnent : « Rien de trop » et « Qui caution donne court à sa ruine »[38]. Ces préceptes invitant à la modération dans les gestes comme dans les paroles, on peut penser que la formule « Connais-toi toi-même » est aussi une formule de modération, celle-ci invitant à toujours être soi quand on fait œuvre de connaissance afin de conserver le contrôle de ce que l'on connaît.

Enfin, autre fait négligé par Auguste Comte comme par Ernst Cassirer, si l'on en croit une tradition, la formule delphique exacte n'est pas « Connais-toi toi-même », mais : « Connais-toi toi-même et tu connaîtras le secret de l'univers et des dieux. » Si l'intériorité est la clef des mythes comme de la connaissance, elle est également celle de l'univers et des dieux. Il ne faut pas hésiter à le redire : tout est intérieur, et ce à un point que l'on ne soupçonne pas. Tout a non seulement une âme, mais *est* une âme. Quand on a intégré cette information, on devient en mesure de déchiffrer le monde et de le libérer. On est introduit comme Œdipe dans la science des choses cachées qui se dévoilent par l'interprétation, l'*herméneutique*, la science du dieu Hermès, messager des dieux.

L'herméneutique

Averti par la Pythie qu'il tuera son père et épousera sa mère, Œdipe, épouvanté, fuit sur la route de Thèbes où il rencontre un homme qu'il tue parce que ce dernier obstruait le passage. Parvenu aux portes de Thèbes, il est confronté au Sphinx, ce monstre mythologique dont le haut du corps représente une femme, le bas des pattes de lion et les bras des ailes d'aigle. Le Sphinx pose une question à tous les voyageurs qui arrivent à Thèbes et les dévore s'ils échouent à bien répondre. Il est dit qu'il disparaîtra si un voyageur y parvient. Ce qui ne s'est jamais produit. Lorsque Œdipe est confronté au Sphinx, celui-ci lui demande : « Quel est l'animal qui marche à quatre pattes le matin, à deux pattes à midi et à trois pattes le soir ? » Œdipe répond : « L'Homme. » Le Sphinx disparaît. La question du Sphinx était difficile. Pour la résoudre, Œdipe a fait la seule chose qu'il y avait à faire : il se l'est appliquée à lui-même en se posant trois questions : « Moi, Œdipe, puis-je être un animal qui marche à quatre pattes ? Oui, quand je suis un enfant. Puis-je être un animal qui marche à deux pattes ? Oui, c'est ce que je fais présentement, je suis un homme adulte et je marche sur mes deux jambes. Enfin, puis-je être un animal qui marche à trois pattes ? Oui, c'est ce qui va m'arriver quand je serai vieux, j'aurai besoin d'une canne pour me soutenir. » Œdipe a appliqué très exactement la formule « Connais-toi toi-même ». S'il était resté extérieur, il n'aurait pas pu vaincre le Sphinx. Comme il est devenu intérieur, il a pu le faire.

Hegel assimile le Sphinx à la mythologie et voit dans Œdipe la raison qui se débarrasse du mythe[39]. Cette vision ne rend pas compte de ce qui se passe vraiment. Le Sphinx n'est pas en face d'Œdipe, mais en lui. Il représente son moi dépravé par le désir de domination (le lion et l'aigle, expressions du masculin perverti) et l'oubli de soi (la femme emprisonnée dans le lion et l'aigle, expression de l'intuition soumise au désir de domination). Paul Ricœur voit dans la fuite d'Œdipe sur la route de Thèbes un refus de la vérité[40].

Cela ne rend pas non plus compte de ce qui se passe. Tout homme doit tuer l'extériorité primaire (le père) afin d'épouser sa profondeur évolutive (la mère). Tout homme sait intimement qu'il doit le faire. Il ne peut pas rester à la surface des choses. Œdipe l'a parfaitement compris. C'est la raison pour laquelle il fuit la surface des choses afin de se rendre à Thèbes, la ville initiatique. En chemin, il tue un homme qui lui barre la route. Il a raison de le faire. Cet homme n'est autre que son moi primaire qui l'empêche d'avancer. Autrement dit, Œdipe fait tout ce qu'il faut faire. En fuyant sur la route de Thèbes et en tuant ce qui lui barre la route, il s'intériorise. Aussi est-il prêt à répondre au Sphinx, quand celui-ci se présente.

À Thèbes, ville initiatique, il épouse sa mère. Là encore, il a raison. Il s'agit de sa profondeur. La peste se déclare à Thèbes. René Girard, Paul Ricœur voient là un châtiment. Quand on transgresse, on a droit au choc en retour. La violence appelle la violence (thèse de René Girard[41]). Qui ne veut pas voir la vérité s'aveugle et subit les conséquences de son aveuglement (thèse de Paul Ricœur[42]). Girard et Ricœur voient dans Œdipe un transgresseur violant les interdits de l'inceste et du parricide. Cela ne rend pas compte là encore de ce qui se passe. Œdipe ne transgresse pas, il effectue un parcours initiatique. La peste qui se déclare à Thèbes est normale. Quand on rentre dans son intériorité, on est confronté à sa part d'ombre la plus profonde. Dans les contes elle est symboliquement représentée par l'ogre (*Le Petit Poucet*) ou le loup (*Le Petit Chaperon rouge*). Les maîtres de la vie spirituelle le savent bien et l'enseignent. Plus on s'intériorise, plus le moi dépravé se déchaîne en nous pour nous empêcher d'avancer. Il n'y a alors qu'un remède : se crever les yeux, c'est-à-dire devenir un être totalement spirituel. C'est ce que fait Œdipe. Crevant ses yeux extérieurs, il ouvre son œil intérieur. Libéré par ce geste, il devient ainsi ce maître qui, guidé par sa fille Antigone, enseigne les cités grecques à libérer à leur tour leur âme.

La vertu

Les Jeux paralympiques

Le monde a besoin de morale, celle-ci consistant à ne pas transgresser les principes fondamentaux permettant à l'humanité de se conserver et de se construire. Il a besoin également d'exemples incarnant la morale à travers la force d'obéir à ces principes fondamentaux avec constance et sans jamais fléchir. Durant l'Antiquité, un athlète était une figure morale. « Tu veux vaincre aux Jeux olympiques ? Moi aussi par les dieux ! Car c'est un noble triomphe[43] », dit Épictète à son disciple. Créés en Grèce en 776 av. J.-C., les Jeux olympiques ont duré jusqu'en 395 ap. J.-C., date à laquelle ils sont supprimés par les chrétiens. Devenir champion olympique, c'était pour les Grecs « entrer dans la légende ». Milon de Crotone est devenu un mythe vivant en ayant été sacré cinq fois champion au cours de cinq olympiades successives.

Les Jeux olympiques ont réapparu sous l'impulsion de Pierre de Coubertin qui a organisé les premiers Jeux modernes à Athènes en 1896. En 1960 ils se sont ouverts pour la première fois aux athlètes handicapés. Indépendamment d'un certain nombre de dons nécessaires au départ, tout sport de haut niveau demande de pratiquer les vertus de rigueur, de discipline, de constance, d'abnégation, de courage et de loyauté. Outre le plaisir procuré par le spectacle que donne le geste sportif, c'est cet effort moral que le public aime voir et vient voir. Avec le handisport, ces qualités sont encore accrues. Que dire quand, aux Jeux de 2012 à Londres, on est en présence d'athlètes comme le tireur à l'arc américain Matt Stutzman qui, privé de bras, simplement à l'aide de ses jambes, obtient une médaille d'argent à l'épreuve individuelle, sinon que le mot « admirable » est faible.

La morale

S'agissant des morales antiques, on peut dire que la morale proprement dite est le fait de Platon alors que l'éthique renvoie à Aristote. Opposition qui se retrouve à l'intérieur de la distinction entre stoïcisme et épicurisme. Si le stoïcisme et l'épicurisme sont des éthiques, le premier apparaît comme étant une morale alors que le second est une éthique.

La morale à proprement parler peut se résumer en un mot. C'est un *idéal* prenant la forme d'une humanité respectant les trois niveaux de la vie morale, à savoir celui des *mœurs* et de la vie sociale, celui de la *force morale* et du caractère individuel, celui des *principes* et du plan fondamental de l'existence. Quand tel est le cas, la morale se manifeste dans le monde, s'exprimant à travers des figures mémorables capables de faire vivre à la fois un certain idéal social, d'incarner un certain idéal individuel et d'exprimer un certain idéal de pensée. En ce sens, la morale réalisée est un théâtre divin parfait, un *theatron* où l'on peut voir le divin sur terre, les pensées divines inspirant une société et des hommes divins et la société et les hommes divins inspirant des pensées divines.

D'essence divine, la morale s'exprime de deux façons. La première passe par l'obéissance parfaite, la seconde par la désobéissance parfaite. S'efforçant de faire ce qui est divin et idéal, l'homme moral y parvient en se conformant en toute parole et en tout geste à l'idéal moral de façon à laisser celui-ci parler à travers lui. Aussi parle-t-il peu, préférant laisser parler les actes. De même, il est d'une grande discrétion, l'important étant que l'idéal parle et non lui. Ainsi, quand la morale existe, à la limite on ne s'en rend pas compte. Avançant dans le silence et dans la discrétion, elle est comme invisible.

La morale est aussi désobéissance parfaite en raison de son même lien avec l'idéal, désobéir parfaitement étant dans le monde une façon d'obéir parfaitement. Tant il est vrai qu'obéir parfaitement à ce qui est idéal va de pair avec le fait de désobéir parfaitement à ce qui l'est pas. Platon en est la vivante illustration. Si d'un côté sa philosophie réside dans une obéissance parfaite à l'idéal de la *république*, du *philosophe* et de la *philosophie*, de l'autre sa philosophie est une désobéissance parfaite fondée sur un non en général et trois non en particulier.

Le premier est un non adressé à ce qui n'est pas idéal. Un non qui se traduit ainsi : « Vous voulez une vie qui ne soit pas guidée par un principe de perfection et de perfectionnement. Vous déclarez que la perfection est inhumaine et que l'imperfection est humaine. Vous dénoncez l'idéal comme étant idéaliste, dangereux, nuisible parce que trop pur et donc irréalisable. Eh bien moi, je dis non. Vivre, ce n'est pas se plier à la facilité. Ce n'est pas renoncer. Ce n'est pas légitimer le renoncement. Votre vie que rien ne guide, je n'en veux pas. Votre vie qui n'en est pas une, je vous la laisse. »

Platon adresse en particulier un non au tyran. Un non qui peut se traduire ainsi : « Vous dites que l'Homme étant un être de désir, il faut laisser ses désirs s'exprimer. Vous expliquez que celui-ci ayant un corps, il faut qu'il soit son corps. Et vous ajoutez qu'ayant un moi, il faut qu'il soit son moi. Vous faites, autrement dit, l'apologie d'un monde individualiste, égoïste, narcissique, schizoïde, en appelant liberté le fait de vivre dans une bulle dont on est le centre. Eh bien moi, je dis non. Vivre, ce n'est pas devenir un monstre d'égoïsme en appelant cela liberté. »

Non aussi à la démagogie, ce qui peut se traduire ainsi : « Vous dites qu'il faut savoir vivre avec son temps, s'adapter, évoluer. Vous pensez que l'univers n'ayant aucun but, ni aucun ordre, ce sont les circonstances qui doivent guider l'action au coup par coup. Vous faites de ce fait l'éloge de la désinvolture et de l'irresponsabilité. Eh bien moi, je dis non. Je ne pense ni que la vie n'a pas de sens et que peu importe qu'elle n'en ait pas, ni que l'on est là pour rien et que cela nous rend libres. »

Non enfin à la perversion, ce qui peut se traduire ainsi : « Vous trouvez qu'il est exagéré de dire non à la tyrannie comme à la démagogie, le tyran étant un homme de désir et le démagogue un homme moderne. Vous pensez en revanche que c'est la critique de la tyrannie et de la démagogie qui est tyrannique et démagogique. Nous allons arrêter la discussion, votre façon d'inverser le sens des mots et de nier un certain nombre de réalités relevant de la manipulation mentale et de la perversion. Vous travaillez à ce que le monde marche sur la tête. Eh bien moi, je dis non. »

On l'a vu, un homme a su dire non dans l'Antiquité et devenir l'incarnation de la morale : Socrate.

Pénélope

Outre Socrate, une femme a incarné la morale. Il s'agit de Pénélope, figure mythologique certes, mais figure morale quand même. D'une grande beauté, mariée à Ulysse, elle va attendre son retour de Troie durant vingt ans en résistant aux assauts de cent huit prétendants grâce à de multiples ruses. L'une d'entre elles est demeurée célèbre. Déclarant qu'elle épousera l'un de ses poursuivants le jour où elle aura achevé de tisser un linceul pour son beau-père Laërte, elle travaille sans relâche durant trois ans en défaisant la nuit ce qu'elle a fait le jour.

Pénélope est une figure exemplaire de la morale, celle-ci étant l'idéal incarné sur terre sous ses trois formes, sociale, individuelle et métaphysique. Sur un plan social d'abord, à travers le respect des règles du mariage et notamment du devoir de fidélité, elle est l'incarnation de ce que l'on peut appeler les bonnes mœurs. Le mariage étant une institution sociale consistant à protéger les données naturelles de la reproduction de la vie, il est un instrument de régulation des relations entre hommes et femmes débouchant sur l'équilibre du foyer. Si maris et femmes ne respectent pas le devoir de fidélité, c'est tout l'équilibre de la reproduction de la vie et de la société qui est remis en cause. L'homme moral étant celui qui fait passer le souci de cet équilibre avant ses désirs propres, Pénélope est une incarnation des bonnes mœurs. Elle est fondamentalement un être social qui a une conscience sociale.

Par ailleurs, Pénélope est une incarnation de ce que l'on peut appeler la force morale, la force d'âme, le caractère. Elle pourrait, comme on dit, « se faire plaisir » en cédant à ses pulsions. Elle s'en garde. Non par obéissance sociale, mais par souci d'elle-même. On est mal quand on se laisse aller à ses pulsions. Comme le dit Socrate à Calliclès dans le *Gorgias*, devenant une « passoire » vis-à-vis de ses passions en ne filtrant plus rien, on cesse d'être le maître de soi pour devenir l'esclave de soi[44]. À la traîne de soi-même, vaincu par soi-même, victime de soi-même, on a peine à se regarder dans la glace. On a perdu sa dignité.

Enfin, il y a chez Pénélope, une dimension métaphysique. Revenons sur ce qu'elle fait quand elle tisse. Il s'agit du linceul d'un futur mort qu'elle fait et défait tous les jours à la façon dont Sisyphe monte son rocher et le remonte interminablement après qu'arrivé au sommet il a dévalé la pente. Les grandes choses se font sans cesse, nuit et jour, l'important étant non pas le but mais le chemin. Quand Aristote analyse Dieu ou la « Cause première » qu'il appelle aussi le « Vivant », il dit que celui-ci est à la fois le but et sans but[45]. Ce paradoxe est un signe. Pour nous qui sommes pris dans l'existence avec ses apparences, la Vie n'est pas une mais double en étant chemin et but. Pour le Vivant, il en va autrement. La Vie est au-delà du chemin, au-delà du but, chemin et but ne donnant qu'une pâle idée de ce qu'elle est. Penser, faire de la métaphysique, c'est parvenir à cette hauteur de vue qui est en même temps une liberté de pensée. La Vie est libre, le divin est libre. Aussi n'est-il pas le chemin *ou* le but, mais le chemin *et* le but et surtout autre chose encore. Être moral en profondeur, c'est le comprendre. La vraie morale consistant à vivre l'idéal et vivre l'idéal étant tellement au-dessus de ce que l'on appelle communément moral, comme le dit Pascal « la vraie morale se moque de la morale[46] ». La morale en ce sens fait et défait sans cesse la morale comme chemin ou comme but afin d'aller ailleurs, au-delà. C'est ce que fait Pénélope. En tissant sa toile patiemment comme une araignée, jour après jour, nuit après nuit, elle ne construit pas simplement son être social et l'être social de l'humanité, elle ne construit pas non plus son caractère et le caractère de l'humanité, elle construit son être métaphysique, spirituel, divin en s'entraînant à aller au-delà des catégories usuelles et finalement banales de la pensée. En ce sens, elle mérite bien son nom de Pénélope, *pénélopeia* en grec signifiant « canard sauvage ». Être moral, c'est être un canard sauvage.

La droiture

Les Anciens ne se sont pas contentés d'admirer les figures de Socrate ou de Pénélope, ils se sont efforcés d'actualiser ces figures par ce que l'on appelle la vertu. À la Renaissance, Machiavel entend par ce terme l'énergie, la force de caractère, la volonté du grand homme. Ce que l'on appelle aujourd'hui la niaque, le désir de gagner. Durant la Révolution française, Robespierre est surnommé le « vertueux » en raison de son mode de vie ascétique et son caractère rigoureux, contrairement à Danton qui aime la bonne vie. Au XIXe siècle, la vertu est essentiellement sociale et consiste à faire ce que la vie en société exige. Chez les Anciens, la vertu est le mélange de deux éléments : la droiture et la qualité, l'une appelant l'autre.

S'agissant de la droiture, il faut revenir à Parménide pour en comprendre le sens. L'être consistant à être ce qu'il est, il est par définition conforme à ce qu'il est, et étant conforme à ce qu'il est, il est fondamentalement droit, sans courbure, sans inflexion, sans écart par rapport à son but, sans compromis avec autre chose. De ce fait, l'être étant droit par essence, être consiste à être droit comme l'être. Socialement, cela produit le droit ainsi que la droiture sociale. Le droit, qui réside dans le fait d'établir des règles permettant de vivre en commun et de réguler les relations que l'on peut avoir les uns avec les autres, est, pour une part, souple puisque ces règles sont amenées à varier. Toutefois, il y a une partie du droit qui ne l'est pas et qui ne peut pas l'être. Elle concerne la règle ainsi que son application. Si les règles de droit sont amenées à changer, le droit et le fait de la règle ne changent pas, l'idée qu'il faut des règles étant le fondement du droit. En outre, une règle n'ayant de sens que si elle est appliquée, le lien entre une règle et son application est lui aussi inamovible. D'une façon générale, qu'il s'agisse du droit comme de la société, la vie sociale repose sur un principe fondamental : se donner des règles et s'y tenir. Juridiquement comme socialement, c'est ce qui fait la crédibilité tant d'une société que d'un individu. S'agissant de l'individu, ce principe fondamental s'exprime à travers la parole, se donner une règle et s'y tenir se traduisant par le fait de donner sa parole et de s'y tenir. Les Grecs étaient très attentifs sur ce point. Une parole est une parole. Comme une règle. Pas question de parler en l'air.

Cette droiture se retrouve individuellement. Dans son *Discours sur l'origine et les fondements des inégalités*, Rousseau appelle morale le fait de se donner des lois[47]. Il s'agit là d'une vision antique de la morale héritée de la droiture, vision tout entière exprimée par Kant qui envisage lui aussi la morale comme obéissance à une loi intérieure[48]. Si la société est possible grâce à une cohérence vis-à-vis d'elle-même, il en va de même avec soi. Aussi peut-on dire que l'individu se confond, comme la société, avec la loi, être un individu consistant à être la loi même. Quand tel est le cas, ce rapport vécu à la loi donne le fait d'être, comme on dit, « dans son assiette ». Équilibré, donc, stable, harmonieux avec soi-même.

Enfin, il y a une droiture métaphysique et pas simplement sociale ou individuelle. Ce sont les stoïciens qui l'ont mise en œuvre en enseignant que le véritable sage obéit à l'être en se conformant à ce qui est. Aussi ne se révolte-t-il jamais contre son sort. Au contraire. Un obstacle se présente-t-il ? Un événement contraire à ses désirs surgit-il ? Il y voit la volonté des dieux au même titre que la chance et que l'événement favorable quand ils se produisent. L'être étant par essence toujours bien, on est dans l'être quand tout est toujours bien, que cela soit bien ou mal. D'où ce paradoxe. Il est courant de penser que se vouloir par-delà le bien et le mal est amoral, ce que cela peut être. Sauf dans un cas : dans l'acceptation totale de tout ce qui arrive. Il n'y a alors plus de bien ni de mal, non parce que l'on est sans morale mais parce que l'on est supérieurement moral.

La qualité

Si la vertu est affaire de droiture, elle est aussi affaire de qualité. C'est en revenant une fois de plus à Parménide qu'on le comprend. Le propre de l'être étant d'être ce qu'il est et être ce que l'on est consistant à être conforme à soi, c'est là ce que l'on peut appeler la vertu propre de l'être, sa qualité, sa spécificité. D'où un aspect qualitatif de la morale, être moral consistant à faire exister ce qui fait qu'une chose, un être sont ce qu'ils sont. De là le sens que donne Aristote à la vertu : « Toute vertu, selon la qualité dont elle est la perfection, est ce qui produit cette perfection et fournit le mieux le résultat attendu[49]. »

Ainsi, s'agissant de la société, si la loi est nécessaire, elle n'est pas suffisante. Pour qu'une société en soit une, il importe qu'existe ce qui fait qu'elle est vraiment une société. Cela passe non par des règles mais par une âme, celle-ci étant le produit d'un désir vivant. Bergson, dans *Le Rire*, fait remarquer qu'une société véritable est une société dont les membres désirent vivre ensemble[50]. En ce sens elle est une société quand elle est devenue la nature même des hommes, ceux-ci ayant le sentiment d'être conformes à eux-mêmes et donc dans leur nature quand ils sont en société. Elle est conforme à elle-même comme société quand il n'y a plus de différence entre son être social général et son être social particulier. Cela revenant à savourer la société ; une société n'est pas une société tant qu'elle ne rime pas avec bonheur.

Même chose avec la force d'âme et le caractère. Si avoir du caractère consiste à savoir demeurer ce que l'on est avec fermeté sans infléchir sa conduite, une telle attitude n'est pas simplement une affaire de règle, elle passe aussi par la qualité, le fait de se régler sur soi impliquant le fait de se sentir, de s'épouser, de se vivre, donc d'être heureux et de veiller à l'être. Cela demande une grande rigueur, être heureux consistant à être au fait de ce que l'on désire et de que l'on ne désire pas, de ce que l'on aime et de ce que l'on n'aime pas. Cela demande aussi un sens du discernement en plus de la rigueur et de la fermeté de manière à ne pas faire semblant de désirer ce que l'on ne désire pas et d'aimer ce que l'on n'aime pas. D'où le caractère moral du désir et du plaisir pris en ce sens et par voie de conséquence l'aspect heureux de la morale.

Enfin, ce lien entre morale et qualité se retrouve au niveau métaphysique. L'essence de l'être consistant à être conforme à lui-même, celui-ci n'est pas simplement de l'ordre de la qualité sociale ou individuelle, il est aussi de l'ordre de la qualité métaphysique. Il y a un bonheur à ce que l'être soit l'être et non pas du non-être. Un bonheur de pensée. Un bonheur de contemplation. Kant décrit bien cet état quand, dans la *Critique de la Raison pure*, il évoque la satisfaction de la Raison[51]. Tant que celle-ci n'est pas allée au bout du même, l'esprit sentant qu'il manque quelque chose, il n'y a pas de plaisir intellectuel, moral, esthétique et spirituel. On s'en rend compte quand on est devant un esprit qui pense faux, devant un tableau auquel manque quelque chose, une mélodie où « ce n'est pas ça ». Cela énerve. On se sent frustré. Le pur plaisir de comprendre et de contempler n'est pas au rendez-vous. Il n'est pas honoré. À l'inverse, quand la pensée juste capable d'aller jusqu'au bout est au rendez-vous, on est soulagé, on est heureux. Comme Ulysse de retour à Ithaque auprès de la fidèle Pénélope.

Le bonheur

Le point gagnant

Athènes, Jeux olympiques 2004, finale du fleuret masculin : le Français Brice Guyart est opposé à un Italien, qui mène 14 à 12. Plus qu'une touche et celui-ci va être sacré champion olympique. Psychologiquement, Brice Guyart est dans une position délicate. À ce stade de la compétition, quand on est mené, on risque soit de se laisser abattre et de renoncer, soit de s'énerver et de commettre des fautes. Brice Guyart ne s'avoue pas vaincu et ne s'énerve pas. Il place deux touches à l'Italien avant d'ajouter la touche finale gagnante qui fait de lui le champion olympique. Le camp français explose de joie.

Le bonheur passe par le plaisir de combler un manque et d'obtenir un bien que l'on recherche. Il est cependant aussi un état d'harmonie avec soi et avec le monde. Aussi y a-t-il toujours en lui une part de miracle, l'apparition de l'harmonie étant une grâce. On peut aider cette grâce à venir. Comme l'ont montré les Grecs anciens, cela passe par le fait d'agir en faisant ce qu'il faut pour être heureux et pour que le monde le soit. Mais cela passe également par le fait de laisser agir la vie en soi comme autour de soi. Si rien ne peut se faire sans volonté, rien ne peut se faire non plus sans la vie. Souvent, on oublie de vouloir ou, quand on veut, on oublie la vie. En fait, il importe de savoir conjuguer l'avoir et l'être. En sport, l'oubli de la vie est fréquent. D'où des échecs retentissants. Quand un athlète veut trop gagner, c'est connu, il perd. Voulant gagner, il pense à la victoire et non plus à sa discipline. Il n'est plus dans ce qu'il fait. Il est dans l'avoir en oubliant d'être. Il gagne, en revanche, quand voulant gagner il n'oublie pas de laisser parler la vie. C'est cet accord de la volonté et de la vie qui fait les grandes victoires comme les grands bonheurs que le public aime voir.

L'éthique

Alors que la morale renvoie à l'*idéal* à travers les mœurs, le caractère et la pensée, l'éthique renvoie au *comportement*, *ethos* en grec, et donc à l'*attitude*. Trois choses caractérisent l'attitude éthique : l'*individualité*, le *style* et l'*intériorité*.

Si la morale est idéale et transcendante, l'éthique est concrète et immanente. C'est ce que signifie l'individualité, non pas au sens numérique mais au sens de *spécificité*. Ainsi, une société a une individualité sous la forme d'une spécificité, tout comme le caractère ou la pensée. On est dans l'éthique quand on a le sens de cette spécificité. Comme le souligne Aristote, la réalité étant partout il y a partout une réalité de la réalité faisant de ce qui est ce qu'il est. On est de ce fait dans l'éthique quand on a le sens de ce qui fait que la réalité est réelle. Aussi se trompe-t-on quand on explique que l'éthique est individuelle alors que la morale est collective. L'éthique n'est pas individuelle au sens quantitatif et numérique, mais au sens qualitatif. Qui a un sens éthique a un sens de la qualité des choses et des êtres, de leur spécificité, de leur unicité. Il sait voir, écouter, sentir ce que chacun a de propre. Qui est éthique a, de ce fait, le sens du style et de la manière d'être.

Venant du stylet qui permet d'imprimer une trace dans les choses en marquant des caractères, le style est la façon dont une individualité marquant son caractère jusqu'au bout produit une impression durable. Il est en ce sens la marque forte d'une individualité en étant un style à travers la manière unique qui ressort d'une individualité lorsque celle-ci s'affirme jusqu'au bout. En ce sens, le style est la façon active qu'a une individualité d'être spécifique en étant une individualité radicale.

Si, comme pour la morale, il faut de la force pour être éthique, la force éthique se distingue de la force morale en étant au service de l'individu et non de l'idéal. D'où son lien avec l'intériorité, celle-ci étant à comprendre comme ce qui, venant de l'intérieur, se manifeste dans l'extériorité et non comme ce qui s'oppose à celle-ci. L'éthique existe de ce fait chaque fois que quelque chose se tient dans son individualité. À chaque fois donc que la société a une manière d'être telle qu'elle est société, qu'un caractère est un caractère et qu'une pensée pense. L'éthique et la matérialité sont de ce fait liées, le but de l'éthique étant non pas que les choses soient idéales mais qu'elles soient ce qu'elles sont. En conséquence de quoi, si en morale on est réel parce que l'on est idéal, en éthique on est idéal parce que l'on est réel. Ce qui signifie une attitude singulière consistant non pas tant à dire non au mal comme le fait la morale qu'à dire oui au bien en recherchant pour chaque chose ce qui lui correspond, tel le médecin trouvant le médicament adapté pour soigner ou le diététicien découvrant le régime adéquat pour bien se porter. Autre façon de lutter contre le mal. Sans lutter contre lui, mais en faisant le bien, faire le bien demeurant la meilleure façon de lutter contre le mal. Ce que la morale ne perçoit pas toujours, le refus du mal pouvant la conduire à oublier de faire du bien.

Les morales antiques l'ont profondément compris, c'est ce qui fait qu'elles impressionnent encore. Si l'on veut devenir moral, il importe d'apprendre à vivre avec soi-même ainsi qu'avec ses pensées là où on est. Il est beau de rêver d'un monde parfait. Afin de le réaliser, commençons par faire vivre un monde réel avec des individus réels ayant des pensées réelles. Et pour cela, comprenons que rien n'étant meilleur que l'être et le réel, la vraie morale comme le vrai idéal consistent à renoncer pour eux à la morale comme à l'idéal. Cela s'appelle la sagesse.

Le consentement

La morale appelant au dépassement de soi vers l'idéal, celle-ci est affaire de vertu. L'éthique appelant à l'inverse à l'intériorité afin de devenir réelle, elle est affaire de bonheur. Ce qui est logique. Car si pour la morale la vraie vie n'est pas de ce monde, pour l'éthique tout est là quand on sait le voir. Aussi le premier acte éthique consiste-t-il à savoir se contenter de ce qui est.

Le contentement a trois sens qu'il importe de préciser. Le premier concerne le fait de se contenter de au sens de réfréner ses désirs. Le second consiste à être heureux. Le troisième à lier les deux en étant heureux parce que l'on réfrène ses désirs et en réfrénant ses désirs parce que l'on est heureux. En ce sens, l'éthique du bonheur consiste à comprendre que l'on devient heureux en sachant être content avec ce que l'on a, ce que l'on est et ce qui est. Ce qui revient à être comme l'être parménidien sur un plan humain. L'être étant par définition le modèle même de ce qui sait être content en se contentant d'être, on devient heureux en devenant comme lui. D'où la fortune des notions d'autarcie et d'ataraxie durant l'Antiquité, toutes les grandes éthiques n'ayant parlé que de cela. Avec des nuances toutefois, l'autarcie pouvant prendre trois formes : le *consentement* stoïcien, le *dépouillement* épicurien et le *contentement* aristotélicien.

En apparence, le stoïcisme ne fait pas penser au bonheur. Pourtant, toute la sagesse stoïcienne y conduit. Les bouddhistes enseignent que le renoncement total permet de dépasser la souffrance. On trouve le même enseignement chez les stoïciens. Ainsi quand Épictète dit à ses disciples : « Ne demande pas que ce qui arrive arrive comme tu le veux, mais veuille que ce qui arrive arrive comme cela arrive et tu seras heureux[52] », il s'agit là d'une clef pour ne plus souffrir. Les analyses de la souffrance le montrent aujourd'hui avec de plus en plus d'acuité. Près de quatre-vingts pour cent des souffrances humaines étant purement imaginaires, c'est dans notre tête que nous souffrons pour une raison paradoxale que les stoïciens ont découverte. Quand nous souffrons et que nous nous révoltons contre la souffrance en nous disant que celle-ci ne devrait pas exister, comme nous nous comparons avec ce que nous avons été ou avec ce que les autres sont, nous souffrons de souffrir. Résultat, nous souffrons, notre mauvais rapport à la souffrance étant créateur de souffrance. Lorsque, à l'inverse, au lieu de nous révolter de souffrir, nous acceptons la souffrance, ne souffrant plus de souffrir, nous diminuons considérablement le poids de celle-ci, quand nous ne nous en délivrons pas complètement. En conséquence de quoi le tragique n'est pas ce que l'on pense. Alors qu'on le croit lié à l'impuissance, c'est l'inverse qui est vrai, rien n'étant plus libérateur que l'acceptation de son impuissance. Tant que quelqu'un se révolte contre son sort, souffrant de souffrir il est l'artisan tragique de son propre malheur. Dès qu'à l'inverse il renonce à s'agiter, cessant d'activer la souffrance, il cesse de souffrir. C'est dire la puissance du renoncement qui est très exactement ce que les Grecs appellent un *pharmakon*, un remède, le fait de s'installer totalement dans ce poison qu'est le tragique de l'existence empoisonnant ce poison. D'où ce conseil de Sénèque : « Agis, parle, pense toujours comme quelqu'un qui peut sur l'heure sortir de la vie. Accomplis chaque action de ta vie comme si c'était la dernière, en te tenant éloigné de toute légèreté. Que la mort soit devant tes yeux chaque jour de ta vie et tu n'auras jamais de pensée basse ni de désir excessif[53]. »

Le dépouillement

On peut parvenir au bonheur comme les stoïciens en disant oui à l'ordre du monde voulu par les dieux et donc en transformant le destin en providence. On peut cependant aussi parvenir au bonheur en se dépouillant de tout comme les épicuriens. Notre façon de penser est très marquée par le plein et donc par l'avoir. Nous pensons souvent qu'être heureux consiste à avoir ceci ou cela. Résultat, méconnaissant les vertus du vide, nous ne sommes jamais heureux. La vie concrète a bien évidemment ses nécessités et il est fort agréable de pouvoir disposer des objets dont nous avons besoin. Il n'en reste pas moins que l'on commet une erreur en confondant le bonheur avec eux, satisfaire aux nécessités de la vie pratique étant une chose, le bonheur une autre, cette différence étant liée au fossé qui sépare l'avoir de l'être. Ainsi, nous ne nous en rendons pas toujours compte, mais l'avoir n'est pas neutre. Le mot « possession » que l'on utilise pour désigner le fait d'avoir quelque chose sert aussi à désigner la passion et, au-delà, la magie diabolique. Qui est dans la passion est possédé par celle-ci de façon démoniaque. Ne s'appartenant plus, il est méconnaissable. On peut « se faire avoir » par l'avoir en se laissant prendre par la possession, les objets se mettant soudain à nous diriger. Platon l'a bien compris en percevant qu'il importe de demeurer vigilant. Le monde matériel est sensible, nous le sommes également. Dans ces conditions, tout ayant une grande puissance de résonance, on se laisse vite entraîner, embarquer, happer comme par une tornade. Il faut alors une désintoxication, une purification, une *catharsis* pour reprendre possession de soi-même. Ce que le fait d'aller purifier son corps aux bains puis purifier son âme au théâtre et au temple permet avant que la sagesse ne prenne le relais en enseignant à vivre selon la Nature, c'est-à-dire selon l'essence. La Nature est heureuse, il ne lui manque rien, elle se suffit à elle-même. Il en va de même pour nous. Notre essence est heureuse, il ne nous manque rien, nous pouvons parfaitement nous suffire à nous-mêmes. De fait, qu'il s'agisse de la Nature comme de nous, rien ne manque, tout est bien.

On a là l'essence du matérialisme épicurien. Celui-ci est une confiance dans la Nature et dans l'ordre du monde et non un réductionnisme à la matérialité comme on le pense parfois. Confiance lisible dans un regard heureux posé sur le monde. Ainsi, la Nature étant heureuse, on devient sage en le devenant. D'où ce rappel de Démocrite : « Une vie sans fêtes est comme une route sans auberge ni hôtellerie[54]. » Comme celui d'Épicure : « Il n'est pas possible de vivre heureux sans être sage, honnête et juste, il n'est pas possible d'être sage, honnête et juste sans être heureux[55]. » Ce qui est une autre clef permettant d'accéder au bonheur. Quand on se met à penser que le bonheur dépend de tel ou tel objet, on devient vulnérable, la perte de cet objet affectant notre existence quand elle vient à se produire. Quand à l'inverse on est libre à l'égard des objets en ne liant pas notre destin à ceux-ci, on ne peut rien perdre puisque l'on ne possède rien. La vie enlève à ceux qui ont, elle ne peut en revanche rien enlever à ceux qui n'ont rien. Aussi l'épicurisme est-il sage en recommandant de s'habituer à ne rien avoir et à ne rien posséder. C'est ainsi que l'on se délivre de toute souffrance. Délivrance qui ne va pas de soi et qui se conquiert, doit-on ajouter, tant il faut du temps pour arriver à comprendre qu'être soi consiste à être libre à l'égard de soi, qu'être dans la vie matérielle consiste à être libre à l'égard de la vie matérielle et qu'être matérialiste est une affaire non pas de matière mais de paix avec la matière.

Pour cela il convient d'avoir un programme de vie, programme reposant sur un élément simple. D'abord et avant tout, une *conversion*, c'est-à-dire une décision fondamentale, celle en l'occurrence consistant à percevoir qu'il y a une vie qui est vraie, juste et bonne parce qu'en accord avec l'essence heureuse du monde et à vivre pour cette vie. Comme le dit Pierre Hadot, vivre heureux c'est avant tout choisir cette connaissance de soi : « C'est un progrès qui nous fait plus être, qui nous rend meilleurs. C'est une conversion qui bouleverse toute la vie, qui change l'être de celui qui l'accomplit. Elle le fait passer d'un état de vie inauthentique, obscurci par l'inconscience, rongé par le souci, à un état de vie authentique, dans lequel l'homme atteint la conscience de soi, [...] la paix et la liberté intérieures[56]. » Concrètement, c'est par la vigilance de l'âme que l'on fait exister cette conversion. Témoin ce conseil stoïcien qu'un épicurien ne récuserait pas : « Il faut inviter chaque jour son âme à rendre des comptes. Sextius, à la fin de la journée, une fois retiré dans sa chambre, interrogeait ainsi son âme : "De quel mal t'es-tu guérie aujourd'hui ? Quel vice as-tu combattu ? En quoi es-tu devenue meilleure ?" Rien n'est plus beau que de revenir ainsi de façon vigilante sur sa journée[57]. »

Le contentement

Avec Aristote, la pensée grecque a approfondi le contentement en faisant de celui-ci la forme non pas du oui aux dieux ou à la matière mais du oui à l'expérience et à la vie. Quand un enfant joue, il oublie le monde et le temps. Le bonheur dispensé par l'expérience ressemble au jeu de l'enfant. Quand on apprend et qu'en apprenant on ne cesse de faire des découvertes, on connaît le plaisir d'apprendre et de comprendre qui est l'un des plus grands plaisirs qui soient. Comme le dit Aristote : « Le bien suprême se suffit à lui-même[58]. » D'où l'importance de ce que Michel Foucault appelle le « souci de soi », se vivre, s'expérimenter étant la meilleure introduction au fait d'apprendre et donc à la vie heureuse. On comprend de ce fait l'insistance de Socrate dans le *Phédon* : « Prends soin de toi-même, recommande-t-il. Si tu le fais, quoi que tu fasses, non seulement tu me feras du bien et tu en feras aux tiens ainsi qu'à toi-même. Si tu te négliges en négligeant ce que je te dis, tu auras beau faire des exploits dans tous les domaines, tu n'avanceras pas d'un pouce[59]. » Conseil qu'Épicure adresse également à ceux qui l'écoutent : « Quand on se suffit à soi-même, on parvient à posséder ce bien incontestable qu'est la liberté[60]. » Cette autosuffisance conduit au bonheur parce qu'elle touche à nos racines métaphysiques.

« Il y a des choses qui dépendent de nous, souligne Épictète. Il y en a d'autres qui n'en dépendent pas. Ce qui dépend de nous, ce sont nos jugements, nos tendances, nos désirs, nos répulsions. Ce qui ne dépend pas de nous, c'est notre corps, la richesse, la célébrité et le pouvoir[61]. » Nous ne nous en rendons pas toujours compte, mais nous avons deux vies. La première, visible, est liée au corps. La seconde, invisible, est liée à l'âme. Si la première ne dépend pas de nous en relevant de ce qui nous est donné, la seconde est de notre ressort en relevant de ce que nous nous donnons. La joie liée à l'esprit vient du passage du visible à l'invisible, du corps à l'âme, de ce qui ne dépend pas de nous à ce qui en dépend. Plus nous allons dans l'invisible lié à notre âme et à notre intelligence, plus nous jouissons d'une vie nouvelle, cette jouissance se révélant dans l'acte d'apprendre. D'où le lien entre bonheur et esprit. Un lien si justement décrit par Aristote dans l'*Éthique à Nicomaque* : « L'esprit l'emporte sur toutes les autres activités en raison de son caractère contemplatif. Ne poursuivant aucun but extérieur, il comporte un plaisir qui lui est propre. La possibilité de se suffire à soi-même qui porte l'homme au comble du bonheur est liée à son activité. L'homme ne vit plus alors en tant qu'homme mais en tant qu'il possède un caractère divin. Il ne faut donc pas écouter ceux qui, sous prétexte que nous sommes des hommes, nous conseillent de ne songer qu'aux choses humaines et de renoncer aux choses immortelles. Nous devons au contraire tout faire pour nous rendre immortels, car le principe divin, si faible soit-il, l'emporte sur tout par sa puissance et sa valeur[62]. »

La politique

Daniel Cohn-Bendit

La politique requiert trois qualités : le sens des réalités matérielles, l'art de prendre le pouvoir et de le conserver et un sens élevé de la morale. Konrad Adenauer en Allemagne, Georges Pompidou en France, Deng Xiaoping en Chine, Margaret Thatcher en Angleterre, Luiz Inácio Lula da Silva au Brésil ont su remettre en selle leur pays économiquement. François Mitterrand en France a été un stratège politique comme Deng Xiaoping en Chine. Nelson Mandela en Afrique du Sud et Aung San Suu Kyi en Birmanie sont des icônes morales. Quelques grands hommes politiques ont réussi à conjuguer toutes ces qualités : de Gaulle a su être un homme d'État de stature mondiale, engager la modernisation de la France et incarner les valeurs de la Résistance ; Périclès a été un chef d'armée hors pair tout en faisant prospérer Athènes et en jetant les bases de la démocratie.

La politique, pour brillante qu'elle soit, s'accomplit toutefois totalement quand s'y ajoute la parole. Daniel Cohn-Bendit a été le porte-parole de la révolte étudiante de Mai 68 ; il est aujourd'hui député européen sous l'étiquette des

Verts. On peut ne pas être d'accord avec ses convictions européennes ou ses positions en matière de mœurs, il y a toutefois trois qualités qu'il faut lui reconnaître. Quand on l'interroge, il cherche à analyser plutôt qu'à réagir. Quand il parle, il s'efforce de partir de ce qu'il sent sans être prisonnier d'un dogme en maniant la langue de bois. Enfin, quand on le critique, il sait reconnaître ses erreurs. Les Grecs ont inventé la politique en reliant le *Logos* à la cité. La vraie politique fait entendre la raison au sein des réalités, des idées et des jeux de pouvoir en ayant le sens de la parole, de la réflexion, de la sincérité et de l'honnêteté.

La cité

Si l'on ne peut comprendre la Grèce sans parler de la Nature et du corps, on ne peut pas non plus la comprendre sans parler de la politique, qui à côté de la science et de l'art est sa grande invention. On entend tellement parler de celle-ci que l'on a l'impression de la connaître, mais est-ce vraiment le cas ?

On ne se trompe pas quand on dit que la politique est l'art de gérer les richesses de la cité. Pas plus que l'on ne se trompe quand on dit qu'elle est l'art de conquérir le pouvoir et de le conserver. Enfin, il n'y a pas d'erreur à dire qu'elle est le rêve de l'idéal et l'art de l'introduire dans la cité. Autrement dit, que l'on fasse de la politique un art de l'économie, du pouvoir ou des idées, on ne se trompe pas, parce que se nourrissant des trois pour en faire sa richesse, la politique est l'art de relier ces trois domaines à travers un *Logos*. Quand elle y parvient, ce lien donne la *polis*, la cité, d’où est tirée la *politeia*, la politique, qui désigne la vie de la cité.

Le terme de « cité » désigne bien sûr la ville dans laquelle les hommes sont réunis et vivent ensemble. En ce sens, la politique est l’art de diriger une ville. Sauf que la villc n’est pas la cité ni la cité la ville. Cela vient de ce que la cité désigne trois choses : d’abord, une réalité humaine qui est celle du vivre ensemble de plusieurs êtres humains dans un même lieu, un même *topos* ; ensuite, une réalité politique, la cité étant le lieu d’inscription et d’exercice d’un pouvoir ; enfin, une réalité symbolique, la cité étant l’incarnation d’une idée et d’un idéal, témoin Athènes avec la culture ou Sparte avec l’action militaire. En ce sens, la cité est le *Logos* fait lieu. En elle se fait le lien entre les réalités concrètes, le pouvoir et l’idéal. À ce titre, elle est liée à une expérience que Platon décrit bien quand il fait remarquer que la cité s’insère dans une relation entre le corps et le cosmos, relation dans laquelle elle est au corps ce que le cosmos est pour elle. Tout à l’égard du corps mais partie à l’égard du cosmos, elle est un lieu d’échange entre l’un et l’autre, et ce grâce à l’harmonie entre le pouvoir économique lié au désir et au ventre, le pouvoir militaire lié à la force et au cœur et le pouvoir de la sagesse lié à l’esprit et aux idées. On parle souvent de corps politique pour désigner la réalité vivante et humaine de la politique. La cité en est l’illustration en étant ce qui permet de voir le corps dans le cosmos et le cosmos dans le corps. Ce que Platon exprime quand il écrit que l’« on voit mieux la justice dans l’homme quand on la considère dans la cité, comme on considère mieux la justice dans la cité quand on l’aperçoit en l’homme[63] ». D’où l’aspect métaphysique de la cité. L’être humain fait partie du cosmos qui est un Tout vivant. Il devrait en avoir conscience. Tel n'est pas le cas. L'aveuglement lié à l'égoïsme en est la cause, mais pas seulement. Pour accéder à la conscience cosmique du Tout, il faut pouvoir sentir celle-ci et en avoir une expérience émotionnelle. Ce qui ne va pas de soi, le Tout étant une idée abstraite. Avec la cité, cela devient possible. Les pouvoirs économiques, militaires et spirituels ayant une résonance dans notre ventre, notre cœur et notre tête et, inversement, ceux-ci ayant une résonance respectivement dans les pouvoirs économiques, militaires et spirituels, la sensation d'appartenance à un Tout devient palpable au même titre que celle qui consiste à sentir son propre corps. Notre corps, l'humanité, l'univers et la vie sont pleins de forces agissantes. On est dans la cité quand l'intelligence sait donner un droit de cité à ces forces.

La démocratie

Il peut arriver que l'on fasse l'expérience de l'appartenance au Tout par la cité. Le plus souvent nous la faisons à travers la démocratie et la république, celles-ci étant liées comme l'Un et le multiple.

« Démocratie » vient de *démos* qui veut dire « peuple » et de *kratos* qui veut dire « pouvoir ». Comme dans la cité, il y a trois aspects dans la démocratie. Le premier est une réalité humaine : celle de l'être ensemble concret, humain, avec ce que cela peut avoir de charnel, de chaleureux, d'émouvant. Le peuple est une réalité vivante et il est vivant d'être dans le peuple. *Vox populi, vox Dei*, dit un adage politique. La vie dans le peuple et la cité est la même chose que la vie selon la Nature ainsi que le dit Aristote : « Il est évident que la cité fait partie des choses naturelles et que l'homme est, par nature, un animal politique, celui qui est hors cité étant soit un être dénaturé, soit un être surhumain, soit un réprouvé “sans origine, sans loi et sans famille”, comme le dit Homère[64]. » La démocratie est cependant aussi une réalité politique et militaire. Il est important de dire que le pouvoir, le *kratos*, appartient au peuple, au *démos*, et donc à tous. Dire cela signifie qu'il est juste que le pouvoir n'appartienne pas à un seul et donc au tyran. Tout le monde étant concerné par la vie en société, tout le monde doit pouvoir s'exprimer à ce sujet sans que le pouvoir de décider en la matière soit confisqué par un individu décidant arbitrairement ce que la société doit être. En ce sens, la démocratie est synonyme de pouvoir juste, non arbitraire, non tyrannique. Elle est un contre-pouvoir visant à introduire un autre type de relations avec le pouvoir dans les rapports de force existants. Enfin, la démocratie est une réalité symbolique bien perçue par les sophistes. Il est important de faire l'expérience de la discussion et de la décision communes après concertation et expression des diverses opinions sur une question. On est alors en présence d'un rapport au *Logos* fondé sur l'entente, celle-ci désignant l'audition, l'attention, l'accord intellectuel et l'accord affectif. Le corps qui écoute peut déboucher sur l'entente intellectuelle qui peut induire en retour une entente affective.

Il s'agit là d'une belle illustration de la dialectique entre concret et idéal. La démocratie repose, autrement dit, sur l'idée que le peuple réuni en assemblée, s'écoutant et parlant, est capable de revêtir une dimension métaphysique en faisant vivre l'idéal sur terre. Dimension subtile faisant intervenir trois éléments : les êtres humains, la parole et l'assemblée. Si la démocratie est un contre-pouvoir s'opposant à la tyrannie d'un seul, elle s'efforce d'être également un contre-pouvoir qui s'oppose à la tyrannie masquée de la démagogie, le pouvoir de l'assemblée étant soumis aux hommes et à la parole, celui des hommes à l'assemblée et à la parole, celui de la parole aux hommes et à l'assemblée. D'où le lien entre démocratie et idéal, la vraie démocratie s'avérant être un exercice difficile qui requiert la capacité de pouvoir tenir ensemble des éléments aussi contradictoires que les hommes, la parole et l'assemblée. Rousseau dit que la démocratie est le gouvernement des dieux. Il a raison dans le sens où la démocratie ne consiste pas à faire et dire ce que l'on veut, comme le croit l'ignorance. Ce qui est hautement démocratique, c'est justement de ne pas faire ni penser ce que l'on veut mais ce qu'exige le *Logos*.

La république

La démocratie a beau être nécessaire, elle n'est pas suffisante, la politique ayant besoin de la république comme l'Un est nécessaire au multiple.

La république, qui vient du latin *res* signifiant « chose » et de *publica*, « publique », désigne littéralement la « chose publique » et par extension la réalité publique, soit la vie publique par opposition à la vie privée mais aussi le public. Quoiqu'elles soient proches, démocratie et république ne sont pas identiques, une chose étant le peuple, une autre le public. Si la masse désigne le collectif en tant que réalité physique, la foule le collectif en tant que réalité vivante, la société le collectif en tant que réalité humaine, le public désigne le collectif en tant que réalité cultivée. À ce titre, sans qu'il faille voir là une qualification péjorative, la république est une réalité théâtrale. Au théâtre, s'il y a les acteurs qui jouant une pièce sur scène la rendent ainsi publique, il y a aussi les spectateurs qui regardent, applaudissent, huent, réagissent et jugent. Le public est important. Sans lui, pas de théâtre possible. En ce sens, on est en république à chaque fois que l'on fait partie d'un public et quand, d'une façon générale, on vit dans une société qui non seulement permet mais désire l'existence du public. Il en résulte une différence entre les mœurs démocratiques et les mœurs républicaines. Alors qu'en démocratie l'accent est mis sur le peuple en tant qu'il exprime sa réalité subjective, en république l'accent est mis sur le peuple en ce qu'il regarde et juge en tant que public. Dans la tragédie grecque, sur scène, c'est le chœur qui joue ce rôle. Dans la vie courante, ce sont les électeurs à travers le système représentatif.

Il ne faut pas se le cacher, il existe une tension entre démocratie et république. Si le problème de la république est celui du transfert de souveraineté du monarque, qu'il soit divin ou humain, si donc son problème réside dans la domination du public sur le privé, le problème de la démocratie est celui de l'émergence de l'individu et donc de la domination du privé sur le public. Ce qui n'est pas sans danger. Ainsi que l'a vu Platon, laissons les mœurs démocratiques aller au bout de leur logique, l'individu devenant la norme, la démocratie court le risque de subir une explosion de tyrannies individuelles. Elle risque fort, autrement dit, d'imploser en étant l'agent de sa propre destruction. Pour pallier ce risque, Platon a imaginé une solution : établir une véritable république sous la forme d'une monarchie philosophique plaçant le philosophe-roi au pouvoir.

Énoncée telle quelle, cette solution semble idéaliste. Un sage au pouvoir et tout sera résolu, cela sonne comme un rêve. Au-delà de l'idéalisme cela sonne aussi comme un danger, le philosophe au pouvoir faisant penser au despote éclairé. Prenons la peine de lire Platon avec attention. Deux choses apparaissent. Une société a besoin de république pour devenir un public, mais elle a aussi besoin de la démocratie et que les individus réels s'expriment. Le philosophe-roi étant un individu mais aussi un acteur jouant le rôle du sage, lui seul est en mesure de faire se rencontrer l'homme réel issu du peuple et l'homme publique issu du système représentatif. Socrate, qui était un individu réel, savait jouer un rôle public. Socrate, qui jouait un rôle public, savait être un homme réel. Il nous faut des politiques qui soient à la fois des hommes réels et des hommes publics. Socrate était un individu réel qui a joué à faire penser le monde et plus précisément à faire que le monde prenne conscience de ce qu'il est. Il nous faut des Socrate au pouvoir. Et de fait, c'est ce que nous essayons de mettre en place en étant dans un système politique à la fois républicain et démocratique croyant dans l'individu et le rôle de la pensée, et tâchant de faire exister cette foi à travers l'éducation et la philosophie.

Le mythe d'Er

Platon a écrit *La République* qui est l'un des plus grands ouvrages métaphysiques jamais écrits ainsi qu'un des ouvrages fondateurs de la pensée politique. Ce n'est pas un hasard. Métaphysique et politique sont inséparables, faire de la métaphysique revenant à faire de la politique et faire de la politique n'étant pas pensable sans métaphysique. Les discussions opposant Socrate à Thrasymaque, à Glaucon ou à Calliclès à propos de la justice en sont la démonstration.

Quand Thrasymaque explique qu'il n'y a que l'injustice qui paie, quand Glaucon raconte que la morale est un mythe, les hommes n'étant guidés que par la peur du gendarme, quand Calliclès fait l'éloge de la violence et de sa grandeur, tous ont un point commun : tous sont métaphysiquement désespérés. Tous pensent que l'Homme n'étant qu'un animal et la violence réglant les sociétés animales, seule celle-ci est en mesure de régler les sociétés humaines. Autrement dit, métaphysique et morale sont liées comme le désespoir et le cynisme. Quand on croit en un monde spirituel des idées comme Platon, quand donc on pense que la pensée n'a pas simplement une réalité mais qu'elle est la réalité de la réalité concrète comme de l'Homme, on croit dans le pouvoir de la pensée et on agit avec elle. Quand on pense à l'inverse que la pensée n'est rien parce qu'il n'y a fondamentalement rien, le nihilisme métaphysique se transforme en nihilisme moral, la pensée du rien devenant la pratique du rien. C'est dire l'importance de la métaphysique pour la politique et réciproquement, agir en politique étant un acte métaphysique. Il suffit d'ouvrir les yeux pour s'en rendre compte. Si la politique n'était pas quelque chose, si les êtres humains n'étaient pas quelque chose, s'il n'y avait pas quelque chose, la politique n'existerait pas. Aussi son existence n'est-elle pas neutre. Celle-ci est un témoignage métaphysique. À l'image de la pensée métaphysique, qui est un témoignage politique. D'où le lien crucial entre la métaphysique et la politique, chacune ouvrant sur l'autre.

Fondé sur la morale, ce lien va toutefois au-delà. Témoin le mythe d'Er le Pamphylien qui clôt *La République*. Ce mythe raconte ce que l'on peut appeler en langage contemporain une *near death experience*, ou expérience avoisinant la mort. Er est un soldat, un jour laissé pour mort sur un champ de bataille. Là il fait une expérience singulière. Après avoir parcouru un tunnel, il arrive sur une plaine de lumière, les Champs élyséens, au bout de laquelle se trouvent les trois Parques qui tissent le fil de la vie. Confrontées au jugement des dieux, les âmes pleines de sagesse ont le droit d'aller vers le séjour des immortels alors que celles qui sont pleines de passions sont condamnées à devoir revenir sur terre pour se parfaire. Avant cela une possibilité leur est donnée de choisir leur vie dans le monde. Quand les âmes sont passionnées, elles ont tendance à choisir une vie pleine de passions ainsi qu'à se gorger de l'eau du fleuve de l'oubli, le Léthé, afin d'étancher leur soif liée à la chaleur ardente qu'il fait. Ce récit qui met en scène la réincarnation a une portée morale. Il importe de mener une vie sage. Seulement, ce conseil a un fondement métaphysique et non simplement moral, mener une vie sage ayant comme sens de ne pas revenir sur terre et pas simplement d'obéir aux exigences de la vie sociale. Ce qui change tout, mener une vie sage prenant un sens intérieur lié au salut de son âme et de sa vie et non plus un sens extérieur et social. Appliquons cela à la politique, celle-ci devient alors une aventure intérieure et non plus une affaire de convenance sociale. Heidegger rappelle que la science ne repose pas sur des fondements scientifiques mais métaphysiques, faire de la science étant un choix et, plus précisément, un choix intérieur. Il en va de même pour la politique. Son sens n'est pas social en étant une simple affaire technique de vie en commun, il est non seulement une affaire de vie ou de mort dans ce monde mais dans l'être ultime de la réalité. Ce qui est vertigineux comme tout ce qui relève de la condition humaine. On ne le dit pas assez : la vie ne concerne pas que les vivants en ce monde, elle engage les vivants et les morts.

L'éducation

Le lycée

Jadis, l'entrée au lycée se faisait à l'âge de onze ans. Ce jour-là, bien des parents accompagnaient leur fils ou leur fille, entrer dans un lieu où l'on est au contact des « grands » étant forcément impressionnant. Aujourd'hui, l'entrée au lycée se fait plus tard, à l'âge de quinze ans, le collège accueillant entre-temps les jeunes entre onze et quinze ans. Le lycée n'en demeure pas moins une étape importante, toujours investie d'une certaine solennité.

Le terme de « lycée » vient de loin. À Athènes, il désignait un ancien repaire de loups. C'est là qu'Aristote réunissait ses disciples avant qu'il ne fonde son école. À partir de là, le Lycée s'est mis à désigner un style de philosophie. On peut penser comme Platon que l'éducation passe par le fait de se modeler sur l'excellence. On adopte alors un style académique, l'Académie étant le nom donné par Platon à son école en souvenir d'un certain Académios, qui lui prêtait ses jardins pour qu'il s'y réunisse avec ses disciples. On peut cependant penser également que l'éducation est affaire d'expérience et que, pour savoir, il importe, comme on dit, d'« aller voir ». On adopte alors le style aristotélicien du lycée en entreprenant un tour encyclopédique des savoirs. L'académie plutôt que le lycée ? Le lycée plutôt que l'académie ? L'excellence plutôt que l'expérience ? L'expérience plutôt que l'excellence ? On ne cesse de discuter à ce sujet en oubliant que la question a été résolue depuis longtemps. En France, on commence par aller au lycée et, si tout va bien, on termine par l'Académie, qu'elle soit française ou des sciences. Avant de passer par cette expérience qu'est le modèle, il faut passer par ce modèle qu'est l'expérience et que le lycée s'emploie à faire vivre.

L'initiation

Tout le monde s'accorde à le dire : l'éducation est une affaire capitale, toute erreur en la matière coûtant cher aux individus comme à la société. Toutefois, dès qu'il s'agit de définir tant l'éducation que son contenu, ce beau consensus s'effrite, tant les avis divergent. Il est possible d'y remédier en revenant aux racines et aux sources.

« Éduquer » voulant dire « conduire hors de » et notamment hors de l'enfance vers l'âge adulte, éduquer est inséparable du fait d'initier qui veut dire « mettre sur le chemin », étant entendu qu'il en existe plusieurs. Quand quelqu'un est perdu faute de pouvoir trouver son chemin, le fait de le mettre sur le bon chemin l'initie. Sans faire le chemin à sa place, l'initiation lui donne les moyens de pouvoir le faire. Ce sens se retrouve dans l'initiation scolaire. Initier à une discipline consiste à donner les premiers rudiments avant que le savoir proprement dit ne prenne la suite. Toutefois, cela ne dit pas tout de l'initiation, celle-ci étant liée à une dimension sacrée sur un plan à la fois humain et transcendant. Ainsi, sur un plan humain, dans toutes les sociétés, la découverte de la sexualité ainsi que l'expérience amoureuse ont quelque chose d'initiatique, la sexualité ouvrant sur le désir, la vie et l'amour sur les sentiments et les relations humaines les plus profondes qui soient. La sexualité étant porteuse d'une force immense et l'amour recélant en lui les puissances de l'intime, on ne peut approcher de tels domaines sans prudence ni respect, la prudence permettant de ne pas se brûler au contact de telles forces et le respect de conserver leurs vertus sans les dilapider. D'où un lien entre sexualité, amour et secret. Alors que le mystère caractérise ce qui est totalement inexplicable et que l'énigme renvoie à ce que l'on peut expliquer mais qui est voilé, le secret désigne ce que l'on ne peut pas révéler à tout le monde mais seulement à quelques-uns. S'agissant de la sexualité et de l'amour, s'il faut bien évidemment en parler, il importe de ne pas le faire n'importe comment. L'amour ne pouvant pas être abordé sans amour ni l'intime se dire sans intimité, la forme doit être à la hauteur du fond. Elle l'est quand la parole et la pensée de l'amour et de la sexualité s'expriment avec amour et dans l'intime. D'où l'importance du secret et, dans le secret, d'obéir à l'amour et au désir en se laissant conduire par eux, cette soumission évitant de devenir l'esclave du banal et de manquer ainsi l'essentiel. Le plan humain n'est pas tout, il y a aussi le plan divin de l'existence. On y accède également par une initiation. Les énergies divines étant non seulement surpuissantes mais précieuses, on n'aborde pas le plan divin sans prudence ni respect. Il n'est pas question de ce fait d'aborder un tel plan seul, sans tradition et sans maîtres ayant déjà fait l'expérience d'un tel plan.

Les Grecs avaient une puissante tradition, à Éleusis notamment. Le monachisme chrétien a conservé le sens de la tradition. Il est également au cœur de la philosophie. Quand on philosophe vraiment, on passe nécessairement par les grands philosophes. Qui pense seul court le risque de penser qu'il a tout pensé, ce qui revient à tuer la pensée. Quand on pense en revanche avec les grands penseurs, ce danger est écarté. Un penseur montrant toujours quelque chose à penser, penser avec les autres penseurs maintient la pensée vivante. La tradition permet par ailleurs de se délivrer des illusions liées au temps. Une pensée intelligente le demeurant toujours, la pensée est hors temps. Aussi n'est-elle jamais dépassée, son ancienneté n'étant nullement une cause de fausseté. Mieux encore, une vraie pensée montrant qu'il y a toujours quelque chose à penser, une vraie pensée ne connaît pas de fin, elle commence au contraire toujours. Aussi est-elle le modèle de toute initiation en étant l'initiation même. Quand tel est le cas, la pensée tenant lieu de maître, on est au plus haut stade de l'enseignement qui se puisse concevoir, son rôle qui est de libérer l'esprit étant accompli.

Maître et disciple

L'expression « maître-disciple » est contestée par un certain militantisme progressiste qui pense qu'un véritable enseignement démocratique doit faire disparaître de telles notions, celles-ci véhiculant une charge de violence et d'oppression à travers l'image du maître dominant le disciple, une charge de mythe également comme si l'on ne pouvait jamais être un maître. Ce militantisme progressiste a raison, il faut que la relation maître-disciple disparaisse. Mais il oublie une chose : la meilleure façon d'y parvenir passe précisément par la relation maître-disciple. C'est l'enseignement qui l'exige.

Si l'éducation est l'art de faire sortir un enfant de l'enfance en lui apprenant les rudiments qui vont lui permettre de s'insérer dans la société, si l'instruction a comme fonction de diffuser des savoirs fondamentaux permettant d'agir de façon technique et efficace dans l'espace social, l'enseignement consiste, lui, à faire naître des consciences capables d'élever la société ainsi que la science à la conscience. À ce titre, l'enseignement étant affaire de conscience, impossible d'enseigner sans un dialogue de conscience à conscience et donc sans des personnes. Indication importante. Alors que le maître au sens violent du terme a le culte du pouvoir pour le pouvoir sans aucun respect de la personne, le maître au sens de l'enseignement est au contraire celui qui, vivant pour la conscience, n'est pas dans une relation de pouvoir. Aussi est-il impossible d'enseigner sans un maître, celui-ci étant la conscience capable d'élever les autres consciences. Pour une raison simple. Pour devenir une conscience, il faut avoir conscience que l'on n'a pas conscience. Quand on est jeune et inexpérimenté, manquant d'expérience, la chose n'est pas possible. Soit on est ignorant, soit on est dans l'illusion. D'où l'importance d'un maître, celui-ci étant non pas celui qui sait par rapport à celui qui ne sait pas, mais celui qui sait qu'il ne sait pas par rapport à celui qui croit savoir. En ce sens, ce n'est pas le savoir qui distingue un maître d'un disciple mais l'ignorance, le maître étant celui qui a plus conscience de son ignorance que le disciple. Savoir consiste à augmenter son ignorance, a dit un jour un savant par boutade. Rien n'est plus vrai, le véritable savant étant celui qui a conscience de son ignorance. Ce qui requiert un grand savoir. Mieux encore, cela requiert *le* savoir absolu, celui-ci coïncidant avec l'ignorance absolue. Durant l'Antiquité, c'est Socrate qui en prend conscience en fondant ainsi la tradition de « la docte ignorance ». À la Renaissance, c'est Nicolas de Cuse qui reprend cette tradition après Maître Eckhart au Moyen Âge. Au XIXe siècle, c'est Hegel, à la fin de *La Phénoménologie de l'Esprit* lorsqu'il aborde le Savoir absolu.

Quand on sait vraiment, ce n'est pas nous qui savons et ce que nous savons n'est pas de l'ordre d'un savoir. C'est ce qui est qui se sait en nous en montrant que ce qui est n'est pas de l'ordre d'un savoir mais d'un état d'être. C'est alors la vie même qui parle, celle-ci étant l'enseignement le plus élevé qui se puisse concevoir puisque cet enseignement donne la clef d'accès à tous les savoirs en étant une liberté totale à l'égard de ceux-ci. Tout comme on a la clef d'accès à soi-même quand on est libre à l'égard de soi. La pensée peut alors faire son entrée, penser consistant à prendre conscience de notre peu de pensée face à ce qu'il faudrait penser et que nous ne pensons pas. Dans le cadre d'un enseignement, il arrive que cet état de pensée devienne palpable. C'est le cas quand la pensée qui a cours devient une surprise pour tout le monde. Il n'y a plus alors de professeur ni d'élèves, de maître et de disciples, mais la pensée, parce que, comme l'écrit Jacques Muglioni, « Quand le maître est un vrai maître, l'élève se hausse jusqu'à retrouver les sources premières d'une pensée qui ne se présente pas comme ayant été déjà pensée, mais qui se forme devant lui, avec lui et en lui… Se sentant intérieurement sollicité, il répond ou objecte à la place du maître. Pour enseigner, il faut savoir que l'esprit s'adresse à l'esprit, que la parole est médiatrice entre les esprits et que toute une classe fermement sollicitée par la pensée participe à cette même pensée[65] ».

L'encyclopédie

Nous associons la notion d'encyclopédie à des ouvrages comme le *Larousse* ou l'*Encyclopaedia Universalis* qui nous font faire le tour des connaissances. Nous l'associons également à l'*Encyclopédie* de Diderot et d'Alembert qui, au XVIIIe siècle, ont fait le tour des savoirs existants afin de produire une autre vision du savoir que le savoir religieux. Nous connaissons moins le sens premier de ce mot. « Encyclopédie » vient du grec *en-*, « dans », *kuklos*, « cycle » signifiant « cercle », et *paideia* (de *pais*, « enfant »), « éducation de l'enfant », l'éducation étant l'art de conduire l'enfant hors de l'enfance. En ce sens, l'encyclopédie désigne le cercle de l'éducation, ce que nous appelons le cycle éducatif, celui-ci comprenant un premier cycle figuré par l'école et le collège, un second cycle figuré par le lycée et un troisième cycle figuré par l'université et la recherche. L'éducation et le cycle sont profondément liés, être éduqué étant la même chose qu'avoir intériorisé la notion de cycle. Il y a trois raisons à cela.

En premier lieu, sortir de l'enfance voulant dire apprendre la réflexion, le discernement ainsi que le jugement critique, éduquer passe par le fait d'enseigner à faire des cercles avec la pensée, toute réflexion consistant à partir d'une réalité concrète et à revenir à celle-ci grâce à la réflexion, comme un cercle revient à son point de départ. Par ailleurs, sortir de l'enfance voulant dire être capable non seulement de réfléchir mais de tenir fermement en main sa réflexion, éduquer passe par le fait de faire avec sa pensée le tour du monde et pas simplement d'une réalité. D'où le cycle des connaissances à travers le système du savoir ainsi que des savoirs.

C'est Aristote qui en a établi la liste en faisant correspondre à chaque objet de la réalité un savoir spécifique : la métaphysique comme science des causes premières de la Nature, la physique comme science de la Nature et de ses lois, l'astronomie comme science des planètes et de leurs mouvements, la biologie comme science de la vie, l'anthropologie et la psychologie comme science de l'Homme, l'économie et la politique comme science de la vie humaine en société, la morale et l'éthique comme science de l'action humaine, la poétique comme science de l'art humain, les mathématiques et la logique comme science de la pensée humaine, la philosophie comme science de la sagesse humaine et la théologie comme contemplation de l'unité entre la réalité et la pensée et retour à la métaphysique. Enfin, l'enfance pouvant avoir plusieurs visages, éduquer ne passe pas par un seul cycle mais par plusieurs. Outre les premier, deuxième et troisième cycles déjà évoqués, il y a toutes sortes d'autres cercles que la connaissance conduit à découvrir, avec à chaque fois des cercles d'initiés propres à ces cercles. Rien n'est moins statique en définitive que la notion de cycle et derrière elle de cercle, cycles et cercles permettant d'apprivoiser le tourbillon de l'existence sans le réduire ni se laisser réduire par lui. Hegel voit la réalité comme étant un cercle de cercles, celui-ci figurant l'unité entre l'Un et le multiple[66]. Étant la vérité de la réalité, ce cercle de cercles est, ajoute-t-il, comparable à une ivresse dionysiaque dont on ne sort pas ivre[67]. Cette vision du savoir est grecque. La découverte de l'âme étant l'expérience de la plus grande joie qu'un être humain puisse faire et l'âme s'accomplissant dans la contemplation, rien n'est finalement plus joyeux que la douce ivresse procurée par l'unité débordante du savoir.

La dialectique

Il est beau de savoir, encore faut-il savoir savoir. On y parvient en apprenant à penser, ce qui passe par la dialectique. Comme son étymologie l'indique, celle-ci est liée au dialogue. Résidant dans le fait pour deux personnes de se parler et donc de se répondre, le dialogue est une rupture avec le silence et la violence. Ce qui n'est pas négligeable. La cité commence là. Parler à un autre, c'est reconnaître son existence. Cela ne suffit pourtant pas. Il arrive que l'on parle sans se comprendre, c'est ce que l'on appelle un malentendu. Alors que l'on croit se comprendre, en fait on ne se comprend pas. Cela vient de ce que l'on n'est pas allé assez en profondeur. D'où l'intérêt de dialoguer et pas simplement de parler, cela consistant non pas simplement à se parler en se répondant mais à progresser ensemble dans une discussion en se servant de ce que dit l'autre pour avancer. Tout du moins dans l'idéal, le dialogue pouvant revêtir dans le concret une forme contradictoire, ce qui s'avère parfois riche en révélant l'aspect inconscient des relations humaines.

Il y a, on le sait, quantité de choses qui existent mais qu'on ne voit pas. C'est à travers la contradiction qu'on en prend conscience. En montagne ou en mer, c'est en se mesurant à la difficulté que l'on apprend à découvrir ses limites. Dans la vie de la pensée, il en va de même. C'est lorsqu'elle est confrontée à des objections que celle-ci se révèle. Les interlocuteurs de Socrate en savent quelque chose. Avant de dialoguer avec celui-ci, ils pensent être au fait de leur propre pensée. Lorsque Socrate leur demande d'être précis, ils sont obligés de changer d'avis en se découvrant autres. Ils pensaient que la pensée est affaire d'opinion. Stupeur : elle est affaire d'idées et celles-ci ne viennent pas de nous. En dialoguant avec Socrate qui les fait dialoguer avec leur propre pensée, ils commencent à entendre quelque chose de celle-ci.

Dès que l'on cesse de se contredire, on devient cohérent. Dès que l'on reste cohérent, on devient ferme. Dès que l'on devient ferme, c'est la fermeté de l'être qui s'exprime. Progrès remarquable permettant à la véritable dialectique de se libérer. La dialectique qui vient du dialogue est l'expression du *dialogos*, qui désigne la raison (*logos*) qui va à travers (*dia-*), de part en part. La raison dialogale qui traverse ainsi est la raison qui sait entrer dans la logique de l'Autre. La dialectique, autrement dit, désigne ce qui nous emmène vers les hauteurs et qui, en retour, fait descendre celles-ci vers nous. Aussi comprend-on que Hegel l'identifie à la philosophie, toute philosophie faisant de la dialectique soit en allant de la Terre au Ciel comme le fait l'idéalisme, soit en allant du Ciel à la Terre comme le fait le matérialisme. La philosophie grecque n'a cessé de faire de la dialectique. Avec Platon, de façon ascendante, en allant de la Terre au Ciel. Avec Aristote, de façon descendante, en allant du Ciel vers la Terre. En pratiquant cet art de montée et de descente, elle a découvert la force du paradoxe, à savoir de ce qui est à côté (*para*) de l'opinion (*doxa*). Terre et Ciel s'opposent par définition. Si l'on veut pouvoir aller vers l'Autre, il importe de revenir sur cette opposition. On y parvient en faisant de la Terre un tremplin vers le Ciel et du Ciel un tremplin vers la Terre et donc en voyant la Terre comme un Ciel et le Ciel comme une Terre.

La dialectique a fait l'objet de nombreuses critiques. De la part de Kant notamment qui a vu en elle l'exemple même des illusions de la raison pure et de son art pervers de trouver des raisons pour tout. Ce n'est pas la dialectique qu'il faut incriminer, mais ses apparences. Quand on pense de façon hâtive ou réductrice, on ramène facilement le Ciel à la Terre ou la Terre au Ciel, on idéalise ou on désillusionne. Quand on prend le temps de penser et que l'on voit large, il en va à l'inverse, on ouvre des perspectives sur les idées comme sur la matière en les mettant en contact. Dans son *Introduction à la philosophie*, Karl Jaspers explique que rien n'est plus heureux que la conversation entre êtres humains[68]. La dialectique qui incarne le sommet de l'éducation en est l'illustration, rien n'étant plus heureux que la pensée quand elle se déploie avec cette merveilleuse générosité qui donne vie à tout, à la matière comme à l'esprit.

L'amour

Le Crazy Horse

À Paris, le Crazy Horse est un cabaret célèbre dans le monde entier pour sa revue qui met en scène des danseuses aux mensurations parfaites, revêtues simplement de lumière. Ainsi habillé par le feu des projecteurs, le corps de la femme est sublimé et la nudité, élevée à la hauteur d'un art, devient un prétexte permettant au raffinement suggestif de s'évader tel un cheval lancé au grand galop. D'où le nom de Crazy Horse, « cheval fou », associé à l'image du cabaret, qualifié de « temple du nu ». Crazy Horse est aussi à l'origine le nom d'un grand chef sioux, devenu un héros légendaire au même titre qu'Achille ou Hector lors de la guerre de Troie. En 1948, un Américain, Korczak Ziolkowski, a entrepris d'honorer l'« homme rouge » en sculptant la tête de Crazy Horse dans une montagne du Dakota-du-Sud aux États-Unis, les Black Hills, non loin du mont Rushmore où se trouvent, sculptées dans la roche, les figures géantes de George Washington, Thomas Jefferson, Abraham Lincoln et Theodore Roosevelt. Autre forme de passion, la construction du Crazy Horse Memorial de Korczak Ziolkowski représentant le chef sioux sur un cheval pointant l'horizon de son doigt et qui mesure cent soixante-dix mètres de haut sur cent quatre-vingt-dix mètres de large continue.

Dans *Le Banquet* de Platon, invitée à s'exprimer sur la nature de l'amour, Diotime, la prêtresse de Mantinée, explique qu'il est inséparable de la connaissance, celle-ci étant la clef de l'amour et réciproquement. L'amour est ainsi, comme la pensée, un art de sublimer le monde et la vie. Car la sauvagerie de la Nature est violente quand elle n'est pas abordée avec les yeux de la culture. Et le corps féminin perd sa grâce et sa magie quand il n'est pas revêtu de poésie. Le désir est pauvre quand il ne fait rien connaître.

Le désir

En donnant une place centrale à la beauté, les Grecs en ont donné une à l'amour dont ils ont su repérer et penser la diversité en distinguant bien ce qui relève du désir ou *éros*, de l'amitié ou *philia* et de l'amour proprement dit ou *agapé*.

Nous le savons, comme les Grecs le savaient, le désir passionné peut transformer l'*éros* en une force de destruction ravageuse. Comme le dit Socrate dans le *Phèdre* : « Qui aime a souvent l'esprit plus malade que celui qui n'aime pas… Qui s'adonne à la passion et à la volupté aime asservir. Il ne supporte pas d'obéir. Jaloux, il ne tolère pas que celui qu'il aime s'adonne à la divine philosophie. Le désirant ignorant plutôt que sage, s'il a des parents et des amis, il les lui ôte. S'il est riche, il le ruine. Quand il aime, insupportable, il le poursuit nuit et jour. Quand il n'aime plus, infidèle, il trahit ses promesses et se met à fuir. L'autre, déçu, indigné, révolté contre les dieux, découvre alors combien il a été imprudent de faire confiance à un homme sans foi, jaloux, tyrannique, odieux, nuisible pour son corps, nuisible pour ses biens et nuisible pour son âme[69]. »

L'*éros* déchaîné est terrible, mais Socrate fait percevoir qu'il n'est pas simplement destructeur, il est aussi *créateur* sous la forme du désir, sans lequel rien ne peut se faire. La philosophie en est la preuve. C'est l'amour qui nous conduit vers elle. Il suffit de nous regarder. Qu'est-ce qui fait qu'un jour nous éprouvons le désir de penser et le besoin de faire de la philosophie ? Une seule chose : une rencontre bouleversante avec un penseur comme Socrate, une conversation prenante, un livre captivant, un film passionnant. Quand nous nous laissons ainsi ravir, une même impression ressort toujours. La pensée nous apparaissant comme fondamentale, nous avons le sentiment intime que non seulement il n'y a qu'elle qui soit vraie, mais que, dans le fond de nous-mêmes, sans le savoir, nous n'avons jamais aimé qu'elle, tant elle est notre patrie intime, tant elle est tout simplement nous-mêmes. Tout venant de la pensée et tout aspirant à aller vers la pensée, tout est mû par le désir de la pensée et derrière lui par le désir. D'où la force créatrice de celui-ci. Une force palpable quand, ressentant le plaisir de penser, nous vivons un retour à ce que Platon appelle le « paradis perdu[70] ». Une force palpable également dans la poésie. Il y a une folie de l'amour, constate Socrate, mais il est beau d'être ainsi fou, toute folie n'étant pas forcément mauvaise. Ainsi, qui est positivement fou déborde de vie. Qui déborde de vie va au-delà de lui-même. Sa vie devenant le signe de l'au-delà, il devient le langage même. Ce que sont les poètes qui sont la poésie même.

On touche là à un état métaphysique, celui de l'*inspiration*. Dans l'ordre de la pensée comme des mots, tout ne vient pas des êtres humains, certaines pensées comme certains mots venant d'ailleurs : de l'être et derrière lui du mystère de la vie. C'est l'inspiration qui nous apprend que l'Homme n'est pas la mesure de toutes choses, l'être étant plus profond que l'Homme. D'où le sens métaphysique du désir, ce sens étant confirmé par un dernier aspect de celui-ci. Si le désir est ouverture au langage, il est aussi ouverture à l'avenir. Quand, parce que l'on est plein de désir, on dépasse la réalité dite normale, un certain nombre de choses jugées impossibles deviennent possibles. Par exemple le fait de la *divination*[71]. Alors que dans le cours ordinaire des choses nous distinguons le passé, le présent et le futur, quand on se met à aimer et à vivre intensément, se dépassant on s'ouvre à la transcendance et de là on s'ouvre à la totalité du temps et de la vic. D'où parfois des intuitions fulgurantes révélant la profondeur métaphysique de l'amour, la puissance de celui-ci ne s'arrêtant pas là.

L'amitié

On peut aimer d'amour au sens d'« attrait ». On peut aimer aussi d'amour au sens d'« amitié ». Il s'agit alors de la *philia*. Alors que l'*éros* est un mouvement, la *philia* est un repos. Aristote nous en donne la raison : « L'amitié est déterminée par l'égalité ainsi que la ressemblance dans le cadre de la vertu. Ceux qui vivent ainsi sont fermes avec eux-mêmes comme avec les autres. Se gardant de tout mal et prenant soin de ne pas en commettre, ils évitent toute faute et ne permettent pas à leurs amis d'en faire[72] [...] Toutes les marques de l'amitié procédant de l'homme rayonnent sur les autres hommes. Comme le disent les proverbes qui en témoignent : "Les amis n'ont qu'une seule âme", "Entre amis tout est commun", "Amitié c'est égalité"[73]. »

L'amitié, qui s'oppose à l'inimitié, est d'abord un sentiment de *paix* et, mieux encore, un havre de paix. Avec un ami, on est sûr que l'on ne va pas se faire agresser, qu'il n'y aura donc pas à se défendre ou à devoir prouver quelque chose. Il y a là quelque chose de reposant, tant il est fatigant, usant de devoir se battre afin de démontrer ou de protéger qui on est. D'où la douceur de l'amitié. Sa profondeur également, celle-ci étant la traduction sur le plan humain de l'harmonie présidant à un *cosmos*, à l'ordre du monde. L'humanité devrait toujours être un *cosmos* relationnel et affectif. L'amitié en est un. Mais il y a autre chose. Aristote parle d'*égalité*, concept aussi important que celui de paix. Expression de la justice, l'égalité désigne un même traitement devant la loi. A priori, personne n'est supérieur à personne, personne n'est mieux ou moins bien traité. Avant que n'interviennent la récompense ou le châtiment, tout le monde est identique à tout le monde. Tout le monde est un en formant un seul corps, une seule âme. Montaigne disait de son amitié avec La Boétie qu'il l'aimait « parce que c'est lui, parce que c'est moi[74] ». Parce que lui c'est moi et moi c'est lui, a-t-on envie d'ajouter. Nous sommes tous les mêmes puisque nous sommes tous hommes. Seulement, nous avons tendance à l'oublier. L'amitié est un retour à notre unité perdue, avec la grande liberté que cela suppose, l'amitié nous faisant voir l'autre comme nous et nous comme l'autre en dépassant les clivages et les cloisonnements. Un tel état, qui est un état de bonheur, correspond très exactement à ce que les Anciens appelaient l'égalité d'âme et que nous appelons sérénité, qu'ils prisaient comme nous la prisons. C'est Rousseau qui en parle bien quand il décrit ses moments de quiétude et de bonheur seul dans sa barque sur son lac près de Genève : « S'il est un état où l'âme trouve une assiette assez solide pour s'y reposer tout entière et rassembler là tout son être [...] c'est celui où je me suis trouvé souvent à l'île de Saint-Pierre dans mes rêveries solitaires, couché dans mon bateau que je laissais dériver au gré de l'eau... De quoi jouit-on dans une pareille situation ? De rien d'extérieur à soi, de rien sinon de soi-même et de sa propre existence. Tant que cet état dure, on se suffit à soi-même comme Dieu[75]. » Épicure, Aristote, Épictète auraient pu signer ce texte, tant, avant d'en faire le fondement de leur éthique comme de leur politique, ils ont connu ce moment de coïncidence entre l'égalité d'âme et l'amitié universelle. Dernier point enfin caractérisant l'amitié : l'*excellence*. Si l'amitié est un repos elle n'est pas que cela, être ami consistant à rivaliser de vertu avec ses amis et pas simplement à se reposer avec eux ou à se fondre en eux. Tout comme l'amour, l'amitié ne supporte pas la médiocrité. Aussi l'amitié est-elle un combat exigeant avec l'autre contre la facilité en soi comme en l'autre. Quand l'amitié y parvient, elle ressemble à une course vers les sommets. Il est beau d'escalader les sommets à deux comme à plusieurs. Grâce à l'amitié, la vie même est un sommet.

L'amour

L'amour n'est pas simplement fait de désir et d'amitié, il est aussi un élan idéal. Ce qui fait souvent sourire, idéaliser l'amour donnant l'impression d'être naïf quand on n'y voit pas une forme de passion malsaine voire dangereuse. Dans *L'Amour et l'Occident*, c'est en tout cas la thèse que défend

Denis de Rougemont[76]. Quand on parcourt l'histoire de l'opéra ou celle du théâtre et du roman, il est frappant de constater que les histoires d'amour se terminent rarement bien, souligne-t-il. Ce n'est pas un hasard. Quand on idéalise l'amour, la réalité devenant un obstacle pour celui-ci, il ne reste plus pour aimer que la violence et le suicide. D'où un mariage entre l'amour et la mort. On peut lire une semblable analyse dans *L'Érotisme* de Georges Bataille[77]. L'érotisme résidant dans le vertige, celui-ci s'inscrit dans le triangle formé par le sexe, la violence et le sacré, la réduction de l'amour au sexe, la sacralisation du sexe et la confusion entre celle-ci et la violence provoquant le vertige érotique.

Quand on lit attentivement *Le Banquet* ainsi que le *Phèdre* de Platon, on s'aperçoit qu'il n'en est rien : l'idéalisation de l'amour n'est pas ce qui conduit à la violence mais ce qui en protège. L'amour vit mal dans la trivialité, la grossièreté et la vulgarité. Il aime en revanche pouvoir rêver, s'élever, grandir. Le lien entre amour et idéal commence là, dans le fait d'avoir des égards pour l'être que l'on aime et d'être traité avec égard en retour. Ce qui n'est pas un luxe. Quand l'art et la manière manquent à l'amour, il n'y a plus d'amour. L'amour, qui a besoin d'art et de manière, a aussi besoin de sens. Le sens étant un état de correspondance entre soi et le monde ou soi et les autres, le monde et les autres parlant au moi et le moi parlant au monde et aux autres, le corps et la sexualité d'une personne deviennent réels quand ils peuvent trouver un écho dans le corps et la sexualité d'un autre et quand réciproquement le corps et la sexualité d'un autre peuvent avoir un écho dans ceux de la personne. Qu'un corps et une sexualité en viennent à ne plus pouvoir avoir d'écho et de correspondance avec un autre corps et une autre sexualité, ils s'arrêtent faute de correspondre à quelque chose, faute d'avoir du sens. D'où le sage conseil de Montaigne de ne jamais faire l'amour avec une personne à laquelle on ne parle pas. Un corps nous parle parce qu'il parle. Enfin, l'amour est l'amour parce qu'il lie à la connaissance au sens fort. Bataille a raison de le souligner, l'amour, le vertige et le sacré sont liés. Mais par l'être et non par le néant, par la vie et non par la mort, par le respect et non par la violence. Nul besoin de fracasser la réalité pour ressentir un vertige, exister suffit. Prendre conscience que l'on existe suffit. Avoir conscience de cette conscience suffit. En un mot, penser suffit. Platon l'a compris à travers sa vision de l'amour dite « platonique ». Au Moyen Âge la tradition de l'amour courtois l'a compris. De fait, toute véritable expérience de l'amour le comprend et le fait comprendre. La puissance inouïe de l'amour se révèle quand, relié au mystère de la vie, l'amour d'un être ainsi revêtu de mystère se met à nous faire vivre en nous bouleversant de fond en comble. L'amour devient alors essentiel, vital, décisif en devenant l'aventure de toute une vie. L'amour en ce sens est une aventure métaphysique. Il est la métaphysique même, l'amour vrai révélant à travers l'être aimé et le fait d'aimer le fait inouï de l'existence. En ce sens, la pensée de Platon à propos du lien entre amour et idéal est essentielle. Loin de faire disparaître l'autre, la dimension métaphysique le fait apparaître en révélant qu'aimer c'est toujours aimer métaphysiquement.

Diotime

L'amour, qui fait correspondre les corps et les âmes à travers l'écho des corps entre eux et des âmes entre elles, est un théâtre, un *theatron*, permettant à ce qui lie, au lien, au *Logos*, de parler, d'être parlant, d'être ce qui parle. De ce fait, odyssée des corps et des âmes permettant de se trouver en se retrouvant, l'amour est aussi une odyssée métaphysique en permettant de remonter aux sources. Au commencement était le lien d'amour unissant la Terre, Gaïa, et le Ciel, Ouranos, à travers l'amour, Éros, nous est-il dit dans la *Théogonie* d'Hésiode[78]. Ce mythe est porteur d'une vérité profonde. Il y a au cœur de l'amour la force qui tient l'univers et qui, l'unissant à lui-même, fait qu'il est ce qu'il est. D'où la puissance de l'amour, cette puissance venant de ce que, l'amour étant amour infini de l'amour et donc ivresse d'amour, celui-ci s'impose comme *la* force primordiale en étant l'éternel retour de l'amour embrassant l'amour comme la vague embrasse le rivage.

Aristote a vu à la base de l'univers un désir premier infini s'aimant lui-même à l'infini[79]. Spinoza a dit de Dieu, source de toutes choses, qu'il « s'aime d'un amour intellectuel infini[80] ». Nietzsche a vu dans la puissance, l'éternel retour et dans l'ivresse l'essence de toutes choses. Il y a chez Aristote, Spinoza et Nietzsche des points de vue convergents. Nous le sentons, Hésiode l'a exprimé, Aristote, Spinoza et Nietzsche l'ont pensé : il y a à l'origine une force de vie prodigieuse, ivre d'amour et de joie d'exister. Vision narcissique de l'origine de toutes choses ? Vision folle, passionnée, passionnelle, pathologique, cette force de vie n'aimant qu'elle-même sans souci des autres, d'un autre, de l'Autre ? S'il n'y avait que la puissance, sans doute, mais il y a l'éternel retour ainsi que l'ivresse. Quand on est ivre au sens philosophique, on est ivre de joie et quand on est ivre de joie on déborde de vie et de joie. Loin de garder sa joie pour soi, on la fait vivre au-delà de soi.

L'ivresse, loin d'être égoïste, est générosité. Il est beau de vouloir donner aux autres, mais si on ne leur donne pas de la joie, on ne leur donne rien. Aussi commence-t-on à donner en trouvant la joie, celle-ci jaillissant à chaque fois que l'on se donne à la vie, à chaque fois donc que l'on vit, que l'on aime vivre, que l'on devient la vie que l'on est en se remplissant de vie, en devenant ivre de vie, en laissant la vie déborder de vie. C'est en comprenant cela qu'Aristote, Spinoza et Nietzsche ont saisi ce qu'est l'éthique véritable, celle que nous cherchons tous sans savoir toujours où la trouver. Nés de la vie et là pour vivre, nous avons pour travail de devenir vivants. Donc de nous donner à la vie en aimant vivre et en laissant la vie rayonner. D'où la vérité de l'amour, celui-ci étant le plus sûr des maîtres quand il n'y a pas de maître.

Comme le dit Socrate dans *Le Banquet*, l'amour étant incessant quand il aime, celui-ci est toujours riche et pauvre, plein et vide, connaissant et ignorant[81]. Se transcendant sans cesse, c'est lui qui nous révèle l'existence d'un autre plan, celui de l'invisible, du Ciel, donnant sens à la Terre, au visible. Quand il n'est pas un guide sûr dans le monde, il est la vérité même. C'est ce qu'enseigne la prêtresse de Mantinée, Diotime, à Socrate. Quand nous faisons l'expérience de l'amour, arrivant à être « ivres de divin », enthousiastes, au sens étymologique, comprenant que la réalité est pleine de vie, nous comprenons la réalité. Nous prenons conscience de la force inaltérable qu'il y a à la source de toutes choses, force s'exprimant par « une beauté d'une nature merveilleuse, éternelle qui ne connaît ni la naissance ni la mort, ni l'excès ni le défaut, qui n'est pas belle d'un côté, laide de l'autre, belle à un moment, laide à un autre, belle sous un angle, laide sous un autre, belle ici, laide là, belle pour certains, laide pour d'autres, … mais qui existe en elle-même et par elle-même, simple et éternelle, de laquelle participent toutes les autres belles choses sans que la mort ou la naissance de celles-ci ne l'augmentent, ne la diminuent ou ne l'altèrent… Si la vie vaut jamais la peine d'être vécue, c'est à ce moment-là, lorsque l'homme contemple la beauté en soi[82]. »

La philosophie

Le cours de philosophie

L'enseignement de la philosophie remonte loin. Bien avant le Bouddha, l'Inde connaît des écoles de sagesse où de grands sages enseignent la méditation. Même chose en Grèce au VIe siècle av. J.-C. quand apparaissent les penseurs présocratiques. Avec la fondation de l'Académie par Platon et du Lycée par Aristote, cet enseignement prend un tour systématique, qui s'accroît au Moyen Âge quand, à côté de la théologie, la philosophie occupe une place centrale au sein du savoir. Si toutes les universités européennes dispensent aujourd'hui des cours de philosophie, la France a la particularité de l'enseigner en classe de terminale.

Formant l'esprit en exerçant le jugement, la philosophie est surtout un état de conscience faisant percevoir, comme le dit Héraclite, combien la pensée et l'invisible gouvernent le monde. Aussi, comme de tout ce qui fait accéder à un haut niveau d'existence, émane-t-il quelque chose de sacré d'un cours de philosophie, que Christophe Sur décrit bien à propos des cours d'Hubert Grenier qui fut professeur en khâgne à Louis-le-Grand dans les années quatre-vingt : « Le classicisme heureux des phrases d'Hubert Grenier émergeait sous les volutes de fumée de ses cigarettes et les éclairs lancés par son regard sombre croisaient le rougeoiement de la Gauloise. S'il n'y avait pas eu la constante et consciente maîtrise du propos professé, on aurait pu penser à quelque scène oraculaire ou au drame d'une sorte d'Olympe intellectuel où les lueurs des forges divines auraient été traversées par les éclairs venant de Zeus. De façon frappante, cette élocution ouvrait significativement aux élèves une dimension nouvelle, recueillie, au sein de laquelle les rumeurs du monde ne pouvaient que venir, impuissantes, se briser. Elle participait exemplairement à la diffusion de l'essentiel, du style littéraire, intellectuel et moral de cet enseignement[83]. »

La pensée

Il est courant d'entendre dire que la philosophie est une réflexion qui permet de comprendre le monde. Il s'agit là d'une erreur, la philosophie étant non pas une réflexion sur le monde mais une réflexion sur cette réflexion, ce qui n'est pas la même chose.

Quand on pense, on passe toujours par trois stades. Le premier est celui des pensées au pluriel qui sont les impressions que le monde nous fait, ce qui n'est pas rien. Quand on sait se laisser impressionner par le monde, on capte quantité d'informations. D'où la sagesse d'Aristote rappelant que « rien n'est dans l'intelligence qui n'ait auparavant été dans les sens[84] ». La pensée est par ailleurs affaire d'image et de représentation. C'est ce que font les savoirs humains et notamment la science. Collectant les informations qui s'amassent à chaque époque, ces savoirs bâtissent des images cohérentes. Mais même si celles-ci sont passionnantes, elles ne sont pas la pensée au sens fort, penser se définissant par la pensée des impressions et des images et la pensée de cette pensée. Une vraie pensée fait vivre en créant un état de conscience. On pense quand, face à des impressions et des images, on s'interroge en posant, comme le dit Nietzsche, la question de leur valeur[85], cette question résidant dans une interrogation simple : les impressions que nous recevons, les images dans lesquelles nous évoluons nous font-elles vivre ? Car, il importe d'en avoir conscience, s'agissant de la pensée tout part d'un fait ontologique qui peut se résumer ainsi : il est extraordinaire de vivre. Comme le dit Heidegger, il aurait pu ne rien y avoir, or il s'avère qu'il y a quelque chose et non rien[86]. Non seulement l'univers existe, mais la vie existe, les hommes existent, la pensée existe et la joie existe, celle-ci étant de penser que l'on existe et de ressentir un plaisir immense dans le fait de pouvoir le penser. Certes, on peut vivre sans philosophie, on peut vivre dans la banalité sans s'étonner de rien, mais comme le souligne Vladimir Jankélévitch, on vit mal quand on vit ainsi[87]. On ne vit pas, la vie a beau exister, elle n'existe pas vraiment. D'où l'intérêt de vivre en s'étonnant de vivre. La vie prend alors une véritable dimension. Elle se met à vivre vraiment, la conscience de l'extraordinaire fait de vivre la révélant à elle-même.

Les hommes privés de *Logos* dorment et agissent à l'état de veille comme en plein sommeil, souligne Héraclite[88]. Le philosophe étant un taon piquant la cité afin de la secouer de sa torpeur, la philosophie fait se réveiller, ainsi que le souligne Socrate[89]. De là l'importance de l'étonnement. Véritable coup de tonnerre, c'est lui qui fait comprendre ce que philosopher veut dire en faisant de celui qui le pratique un éveillé, un bouddha. En ce sens, la philosophie apparaît sous son vrai jour. Celle-ci est un éveil au sens fort, cet éveil étant le produit d'un réveil. On ne soupçonne pas à quel point la vie peut aller loin. Quand on a conscience qu'il est étonnant de vivre, non seulement on accède à des savoirs imprévus, mais on s'ouvre à une vie authentiquement humaine, tuer et faire du mal étant impossible.

La sagesse

La présence du cours de philosophie dans l'enseignement le montre : les Grecs sont là et bien là. On peut même dire qu'ils sont de plus en plus présents, notre monde étant convaincu qu'il faut de la philosophie. Témoin la place faite à celle-ci et sa présence dans tous les domaines : économie, politique, éducation, société, médecine, justice, sciences, culture, art. Encore convient-il de bien comprendre ce qu'elle est et de dissiper un certain nombre de malentendus.

Dans « philosophie », on trouve le terme de « sagesse » (*sophia*) ainsi que celui d'« amour » (*philia*). S'agissant de la sagesse, celle-ci désigne trois choses. La première, théorique, fait de la sagesse le fait de savoir. Ainsi, qui est sage est d'abord savant. Il sait, par opposition à l'ignorant qui ne sait pas. Ce qui fait qu'il sait de quoi il parle quand il parle. Qualité non négligeable. Outre le fait de savoir, la sagesse désigne un sens de la mesure au niveau pratique. Ainsi, qui est sage est raisonnable. Il fuit la démesure. Ce qui a le don de pacifier, de calmer, d'assagir. Enfin, outre son aspect théorique *ou* pratique, la sagesse est un tout théorique *et* pratique à la fois sous la forme d'un savoir qui apaise et d'une paix qui enseigne. C'est au niveau théorique et pratique que la sagesse se révèle dans toute sa puissance. Ainsi, quand quelqu'un sait vraiment de quoi il parle, ses analyses montrent un sens éclairant de la mesure. Aussi ce savoir est-il apaisant. Au lieu d'exciter les passions, il tend à les calmer en parlant au meilleur des êtres humains. Il conduit de ce fait à faire prendre conscience de l'harmonie profonde de l'univers et de la place de l'Homme dans ce Tout harmonieux. De ce fait, celui qui a l'art de savoir ainsi n'est pas tant un savant qu'un *sachant*, le sachant étant celui qui non seulement sait des choses, mais sait les harmoniser dans le Tout. Celui donc qui n'a pas simplement de la science mais une conscience. Inversement, quand quelqu'un est vraiment en paix et qu'il apporte vraiment de la paix, cette paix enseigne quelque chose. Loin d'endormir, elle éveille en révélant qu'un ordre harmonieux du monde est possible, en donnant cnvie d'un tel ordre, en donnant des clefs pour y accéder. En conséquence de quoi il est un libérateur et pas simplement un être raisonnable en faisant preuve de connaissance et pas simplement de mesure. En fait, qu'il s'agisse du savoir profondément vécu comme de la paix profondément habitée, on parvient au même résultat qui est l'ordre harmonieux du monde, le *cosmos*.

Au VIe siècle av. J.-C., quand les pythagoriciens ont été les premiers à expliquer qu'ils étaient des *philosophes*, des amis de la sagesse, ils ont étonné le monde autour d'eux. Ils les ont encore plus étonnés quand, se présentant également comme des *thérapeutes*, ils ont enseigné que la pratique de la sagesse permet de guérir les maladies de l'âme. De fait, il existe un ordre du monde et quand on contrevient à cet ordre, agissant contre soi on souffre, on subit, on pâtit. La sagesse, qui est la science et la pratique de l'ordre du monde, permet de se libérer de la souffrance. On comprend dès lors pourquoi le sage a fasciné et fascine encore et pourquoi la recommandation de consentir au monde n'est pas une démission. Quand on pense que le monde est harmonieux par essence, on ne se laisse plus intimider par l'agitation, conscient que celle-ci ne peut rien contre ce qui est ordonné, profond et juste. Loin d'être candide en pensant que tout va bien, on a conscience que le chaos existe. On ne se laisse cependant pas intimider en s'imaginant qu'il peut quelque chose contre l'existence et son essence. Ainsi, on traverse la tempête au lieu de se laisser submerger par elle. Foi insubmersible dans le principe harmonieux de toutes choses, la sagesse est alors non seulement un bonheur mais le bonheur même.

L'amour de la sagesse

La sagesse est essentielle à la philosophie. Pourtant, elle n'est pas la philosophie. Cela vient de ce que la philosophie est amour de la sagesse et pas simplement sagesse. La nuance est d'importance. La *philosophia* désigne très exactement l'amitié de la sagesse, or constatons-le, tout le monde n'aime pas la philosophie, tout le monde n'ayant pas d'amitié pour elle. Ainsi, dans la cité, il y a des courants d'opinion qui n'ont pas intérêt à ce que l'ordre du monde existe. Les partisans de la démesure, de la démagogie ou bien encore du machiavélisme, par exemple. Le tyran qui aspire à défouler ses pulsions n'a nullement envie d'être sage ni de croire en un ordre du monde fondé sur la sagesse. Il a tout intérêt à penser et à faire penser qu'il n'y a pas plus naturel que la tyrannie. Même chose pour les démagogues et les politiciens sans scrupule qui ont intérêt à croire et surtout à faire croire que rien n'est plus nocif pour l'Homme que la sagesse. Quand tel est le cas, la sagesse ne survit qu'en devenant un combat délimitant clairement quels sont les amis et les ennemis de la sagesse.

Toutes les grandes sagesses comme toutes les grandes traditions spirituelles le rappellent : il n'y a pas d'expérience de la pensée et de la sagesse qui ne passe pas par la guerre. La faiblesse étant une tentation et la sagesse allant à l'encontre de la faiblesse, le combat est inévitable et le philosophe se reconnaît alors à sa rigueur, à son exigence, à la fermeté avec laquelle il se refuse à toute trahison de la pensée. De ce fait, si la sagesse est un calme et une harmonie, la philosophie est un combat guerrier de tous les instants, combat passant par le travail philosophique, travail critique faisant la chasse aux illusions nées de la facilité. C'est ce que souligne André Comte-Sponville : « Si la philosophie est un travail, la sagesse est plutôt un repos ; si la philosophie est un certain type de discours, la sagesse est une certaine qualité de silence ; si la philosophie est une certaine façon de penser, la sagesse est une certaine façon de vivre ; si la philosophie est une activité intellectuelle, la sagesse est une liberté intérieure, une ataraxie, une conscience d'être, une conscience cosmique comme le dit Pierre Hadot[90]. » Si dans la modernité c'est Kant qui montre ce qu'est l'exigence critique de la pensée en traquant les facilités issues tant de l'empirisme que de l'idéalisme, pour l'Antiquité c'est Socrate dont la critique vise autant les sophistes démagogues qui multiplient les ruses pour justifier le renoncement à la sagesse que ceux qui pensent tout savoir et avoir tout compris. D'où la formule de Socrate disant que la seule chose qu'il sait c'est qu'il ne sait rien[91]. Formule invitant à se souvenir que, le vrai savoir venant des dieux et non des hommes, on devient sage et donc ami de la philosophie en faisant la guerre à la prétention philosophique. En ce sens, il est illusoire de penser que la philosophie existe et qu'il y a eu des philosophes, croire en l'existence tant de la philosophie que des philosophes relevant de la prétention. En revanche, il existe des hommes et des femmes qui pensent. Ce sont eux qui sont la réalité de la philosophie. « La vraie philosophie se moque de la philosophie », dit très socratiquement Pascal[92], celle-ci étant affaire d'amour et de vie de la pensée et non de pensée sans amour et sans vie.

La Vie

À la question de savoir ce qu'est la philosophie, Nietzsche a répondu de la plus belle façon qui soit en disant qu'elle est un style de vie résidant dans la vie avec la pensée. Il est extraordinaire que l'univers soit, que nous soyons et que nous soyons capables d'en avoir conscience. Quand on vit avec une telle conscience, on vit, tout vit. D'où l'importance de la pensée. Penser consistant à vivre en conscience, penser fait vivre. Mieux encore, comme le dit Parménide, penser fait être[93].

On ne s'imagine pas la puissance que la vie peut dégager dès lors que l'on s'applique à elle en devenant présent à celle-ci. Vivant en conscience, on la démultiplie, vivre celle-ci revenant à la faire vivre. Aristote ne faisait pas de différence entre l'intelligence et l'action, l'intelligence qui fait vivre étant action et l'action qui fait vivre étant intelligence. Il voyait même là la caractéristique de Dieu ainsi que de l'état divin par excellence, Dieu étant selon lui cette source de vie qui ne se lasse pas de vivre, de faire vivre et de rayonner de vie[94]. C'est la raison pour laquelle les sages grecs comme Zénon recommandaient de « vivre selon la Nature[95] ». La Nature étant la Vie même et la Vie consistant à rayonner de vie en faisant tout vivre, qu'y a-t-il de plus vivant que de vivre ainsi ? Rien. On comprend dans ces conditions que Nietzsche en digne héritier des Grecs ait pensé la philosophie comme style de vie. Vivre requérant de vivre de tout son être pour vivre vraiment, vivre ne se sépare pas de cette réflexion sur la vie qu'est le fait de vivre de tout son être.

Heidegger a expliqué que la philosophie, qui est née en Grèce au VIe siècle av. J.-C. avec Parménide, s'est achevée au IVe siècle av. J.-C. avec Aristote. Quand on considère cette pensée de l'extérieur, on peut être tenté de s'inquiéter. Comment, la philosophie est finie ? Tout a été pensé ? On ne peut rien ajouter ? Oui, la philosophie est finie parce qu'en définissant celle-ci comme étant la vie même, les Grecs ont mis au jour une fois pour toutes ce qui permet de penser. Ou la pensée est vie et la vie une grande pensée ou il n'y a ni vie ni pensée. Que l'on ne s'inquiète pas cependant. Car si la condition de possibilité de la philosophie est une et invariable cela ne ferme rien. Au contraire. Posée comme vivante, la pensée peut se mettre à vivre. Ce qu'elle a fait et ce qu'elle fait encore. D'où son lien avec l'éternité.

Comme l'a vu Spinoza, philosophie et éternité sont liées, puisque vivre en pensant revient à voir les choses et les êtres avec les yeux de l'éternité[96]. Ce qui est logique. Vivre consistant à aller à l'essentiel et ce qui est essentiel étant *toujours* essentiel, tout ce qui est essentiel est éternel. Ainsi, quand on aime vraiment, on ne compte pas son temps, on aime en étant hors du temps et donc en épousant l'éternité qui est le temps véritable de l'amour. De même, quand on pense vraiment, on ne compte pas non plus son temps, on pense en étant hors du temps et en épousant l'éternité qui est le temps véritable de la pensée. Encore une fois, il aurait pu ne rien y avoir, dit Heidegger, or il y a quelque chose et non rien[97]. Un feu. Le feu d'une vie brûlant de vie. En ce sens, on est philosophe quand, comme Héraclite, on se jette dans ce feu afin de brûler de vie, brûler étant ce qui rend sage ainsi que raisonnable. Les Grecs ont découvert ce feu. À l'image de Prométhée, ils l'ont volé aux dieux pour le donner aux hommes. En cela, ils ont été et ils sont encore le feu de la pensée, un feu ardent, qui réchauffe sans brûler et qui illumine sans éblouir.

Certes, puisque de lumière il s'agit, il importe de ne pas s'aveugler. Les hommes ne sont pas des dieux. C'est ce qui fait que la vie est parfois tragique en étant misérable alors qu'elle devrait être glorieuse. Toutefois, la sagesse consistant à apprendre de tout même des erreurs, ce qui devrait être un obstacle pour la pensée et pour la vie cesse d'en être un. La pensée étant ce qui pense sans se lasser comme la vie qui vit toujours, tout est pour elle occasion de pensée et de vie. C'est ainsi que deux choses la font penser : la vie quand elle n'est pas là et la vie quand elle est là. Quand elle n'est pas là, parce qu'il y a lieu de s'inquiéter, tant il est insupportable de vivre une vie sans pensée. Quand elle est là, parce qu'il y a lieu de se réjouir, tant il est enthousiasmant de vivre une vie pleine de pensée. En ce sens, il est toujours temps de penser comme il est toujours temps de vivre. Vivre et penser étant une même chose, les grandes leçons de sagesse sont des grandes leçons de vie et les grandes leçons de vie des grandes leçons de pensée.

Heureux donc celui qui vit ainsi, disait Épicure. Tel un dieu parmi les hommes, il vit au milieu de biens impérissables[98]. Heureux celui qui fait l'expérience de la pensée, a-t-on envie d'ajouter avec Platon. S'unissant à tout ce qui vit par le fait de vivre en conscience, il devient ce qu'il est en savourant ce qu'est une vie libre et vraie[99].

Notes

1. Blaise Pascal, *De l'esprit géométrique, Écrits sur la grâce et autres textes*, Préface au traité du vide, GF, 1985, p. 62.

Prologue

1. Martin Heidegger, *Introduction à la métaphysique*, trad. G. Kahn, Tel Gallimard, 1985, p. 13.
2. *Ibid.*, p. 139.
3. *Les Stoïciens*, Épictète, *Entretiens*, trad. É. Bréhier, livre I, § VI, Tel Gallimard, tome 2, 2001, p. 822.
4. Sophocle, *Antigone*, trad. R. Pignarre, premier épisode, v. 333, GF, 1981, p. 77.
5. Pindare, *Pythiques*, vol. 12, v. 79.
6. Georg Wilhelm Friedrich Hegel, *La Raison dans l'Histoire*, trad. K. Papaioannou, 10-18, 2004, p. 96.
7. Georg Wilhelm Friedrich Hegel, *Leçons sur l'Histoire de la Philosophie*, trad. P. Garniron, tome 1, *La Philosophie grecque*, Vrin, 1971, p. 23.
8. Jean-Paul Sartre, *L'existentialisme est un humanisme*, Folio Essais Gallimard, 1996, p. 39.
9. Aristote, *Éthique à Nicomaque*, trad. J. Voilquin, livre II, chap. VI, v. 17, GF, 1968, p. 54.
10. Platon, *Phèdre*, trad. É. Chambry, § LXIV, 279c, GF, 1965, p. 172.

11. Paul Diel, *Le Symbolisme dans la mythologie grecque*, Petite Bibliothèque Payot, 1970, p. 33.
12. Bernard Stiegler, *La Technique et le Temps*, tome 1, *La Faute d'Épiméthée*, 1994.

I. La beauté ou le monde à l'endroit

1. Blaise Pascal, *Pensées*, édition Lafuma, pensée n° 201, Seuil, 1978, p. 110.
2. Emmanuel Kant, *Critique de la faculté de juger*, trad. A. Renaut, « Analytique du sublime », GF, 2000, p. 249 et suiv.
3. Jean-Paul Sartre, *La Nausée*, Folio Gallimard, 1987, p. 179.
4. Diogène Laërce, *Vies, doctrines et sentences des philosophes illustres*, trad. R. Genaille, tome 2, GF, 1965, p. 80.
5. Épictète, *Manuel*, trad. M. Meunier, § LIII, GF, 2010, p. 210.
6. Victor Hugo, *Les Contemplations*, livre sixième, « Au bord de l'infini », XXVI, « Ce que dit la bouche d'ombre », Poésie Gallimard, 2004, p. 387.
7. Aristote, *La Métaphysique*, trad. J. Tricot, tome 1, livre A, § 2, Vrin, 1991, p. 9.
8. Aristote, *Traité sur les parties des animaux*, trad. J.-M. Le Blond, chap. V, Aubier, 1965, p. 119.
9. Hésiode, *Théogonie*, trad. P. Mazon, Les Belles Lettres, 1972, p. 36.
10. Édith Hamilton, *La Mythologie*, trad. A de Beughem, Marabout Université, 1971, p. 69.
11. Friedrich Nietzsche, *Vie et Vérité*, textes choisis par J. Granier, PUF, 1990, p. 93.
12. Maurice Merleau-Ponty, *La Phénoménologie de la perception*, Gallimard, 1972, p. 492.
13. André Comte-Sponville, *Le Miel et l'Absinthe*, chap. IX, Le Livre de Poche, 2010, p. 189 et suiv.
14. Yves Battistini, *Trois Présocratiques : Héraclite, Parménide, Empédocle*, fragment 44, Gallimard « Tel », 1988, p. 135.
15. Trinh Xuan Thuan, *La Mélodie secrète*, Fayard, 2002, p. 12.

16. Cité par Isabelle Vieville-Degeorges dans *Edgar Allan Poe*, Éditions Léo Scheer, 2010, p. 5.

17. Jacques Monod, *Le Hasard et la Nécessité*, Seuil, 1973, p. 216, 225.

18. Marc Aurèle, *Pensées pour moi-même*, trad. M Meunier, livre VII, § VIIII, GF, 1992, p. 100.

19. André Comte-Sponville, *L'Esprit de l'athéisme*, Albin Michel, 2006, p. 96.

20. *Ibid.*, p. 166.

21. Gaston Bachelard, *La Poétique de la rêverie*, chap. IV, « Le *cogito* du rêver », PUF, 2011, p. 124 et suiv.

22. Blaise Pascal, *op. cit.*, pensée n° 423, p. 180.

23. Karl Jaspers, *Introduction à la philosophie*, trad. J. Hersch, chap. 3, « L'englobant », 10/18, 1985, p. 27 et suiv.

24. Mircea Eliade, *Le Sacré et le Profane*, chap. 1, « L'espace sacré et la sacralisation du monde », Folio Essais Gallimard, 2009, p. 61.

25. Blaise Pascal, *op. cit.*, pensée n° 298, p. 142.

26. *Les Stoïciens*, textes choisis par J. Brun, PUF, 1968, p. 60.

27. Étienne Gilson, *Introduction à l'étude de saint Augustin*, Vrin, 1982, p. 36.

28. Jean-Paul Sartre, *L'existentialisme est un humanisme*, *op. cit.*, p. 51.

29. Épictète, *op. cit.*, § LIII, p. 208.

30. Jacqueline de Romilly, *Pourquoi la Grèce ?*, Éditions de Fallois, 1992, p. 61.

31. Mircea Eliade, *Le Mythe de l'éternel retour*, Idées Gallimard, 1973, p. 14.

32. Paul Ricœur, *Le Conflit des interprétations*, Seuil, 1969, p. 283 et suiv.

33. Paul Veyne, *Les Grecs ont-ils cru à leurs mythes ?*, Seuil, 1983.

34. Claude Lévi-Strauss, *La Pensée sauvage*, Plon, 1962.

35. Aristote, *La Physique*, trad. H. Carteron, livre II, chap. 8, 199b, Les Belles Lettres, 1973, p. 79.

36. Aristote, *La Poétique*, trad. R. Dupont-Roc et J. Lallot, chap. 4, Seuil, 1980, p. 43.

37. Louis Gernet, *Les Maîtres de vérité dans la Grèce antique*, François Maspero, 1973.

38. Henri Bergson, *Les Deux Sources de la morale et de la religion*, PUF, 1984, p. 111 et suiv.
39. Gaston Bachelard, *La Poétique de la rêverie*, *op. cit.*, p. 11-12.
40. Ernst Cassirer, *Essai sur l'Homme*, trad. N. Massa, Éditions de Minuit, 1975, p. 41 et suiv.
41. Platon, *La République*, trad. É. Chambry, livre IV, 429c-430b, GF, 1966, p. 182.
42. *Ibid.*, p. 183.
43. Denis Diderot, *Opinions et paradoxes*, Textes choisis par C. Khodoss, PUF, 1963, p. 141.
44. Épictète, *op. cit.*, § XVII, p. 189.
45. Alain Didier-Weill, *Les Trois Temps de la Loi*, Seuil, 1995, p. 24.
46. Baruch Spinoza, *Éthique*, trad. Ch. Appuhn, troisième partie, prop. VII, GF, 1983, p. 143.
47. Alain Didier-Weill, *op. cit.*, p. 16.
48. Bruno Bettelheim, *Le Cœur conscient*, trad. L. Casseau et G. Liebert-Carreras, chap. III, Le Livre de Poche, p. 111 et suiv.
49. Robert Antelme, *L'Espèce humaine*, Tel Gallimard, 1978, p. 11.
50. Édith Hamilton, *op. cit.*, p. 192.
51. Paul Diel, *op. cit.*, p. 206 à 209.
52. Orphée, *Hymnes, discours sacrés*, trad. J. Lacarrière, Imprimerie nationale, 1995, p. 61.
53. Karl Jaspers, *op. cit.*, p. 107.
54. Yves Battistini, *Parménide, De la Nature*, *op. cit.*, p. 91.
55. Werner Jaeger, *À la naissance de la théologie*, Cerf, 1966.
56. Aristote, *Métaphysique*, trad. J. Tricot, tome 1, livre III, § I, Vrin, 1991, p. 109.
57. Aristote, *ibid.*, tome 2, livre XII, § VII, p. 175.
58. Yves Battistini, *Héraclite*, *op. cit.*, fragment n° 71, p. 38.
59. Henri Bergson, *La Pensée et le Mouvant*, PUF, 1999, p. 160 et suiv.
60. Jean de La Fontaine, *Œuvres complètes, Fables*, livre VI, fable X, Gallimard, « Bibliothèque de la Pléiade », 1991, p. 222.
61. Marcel Détienne, Jean-Pierre Vernant, *Les Ruses de l'intelligence. La métis des Grecs*, Flammarion, 1978, p. 17 et suiv.

62. Jean-Pierre Vernant, *Religions, histoires, raisons*, Petite Collection Maspero, 1979, p. 105 et suiv.

63. Aristote, *La Poétique*, *op. cit.*, chap. 4, p. 43.

64. Emmanuel Kant, *La Critique de la Raison pure*, trad. J. Barni, 2e partie, 1re division, livre II, chap. I, « Du schématisme des concepts purs de l'entendement », GF, 1978, p. 185 et suiv.

65. Emmanuel Kant, « Préface de la deuxième édition de la *Critique de la Raison pure* », trad. J. Barni, GF, 1978, p. 39.

66. Yves Battistini, *Parménide, De la Nature*, *op. cit.*, p. 91.

67. *Les Stoïciens*, textes choisis par J. Brun, *op. cit.*, p. 46.

68. Gaston Bachelard, *La Formation de l'esprit scientifique*, Vrin, 1971, p. 13 et suiv.

69. Henry Corbin, *L'Imagination créatrice dans le soufisme d'Ibn' Arabî*, Flammarion, 1977, p. 140 et suiv.

70. Erwin Panofsky, *Idea*, trad. H. Joly, Idées Gallimard, 1984.

71. Albert Camus, *Le Mythe de Sisyphe*, Folio Essais Gallimard, 1987, p. 71.

72. François Châtelet, *Platon*, Folio Essais Gallimard, 1990.

73. Alain Badiou, *La République de Platon*, Fayard, 2011.

74. Homère, *L'Iliade*, trad. E. Lasserre, GF, 1965.

75. Homère, *L'Odyssée*, trad. M. Dufour, J. Raison, GF, 1975.

76. Benjamin Fondane, *La Conscience malheureuse*, Plasma, 1979.

77. Georg Wilhelm Friedrich Hegel, *La Phénoménologie de l'Esprit*, trad. J. Hyppolite, tome 1, Aubier-Montaigne, 1973, p. 167 et suiv.

78. Charles Baudelaire, *Les Fleurs du mal*, « Les Correspondances », La Guilde du Livre, Lausanne, 1947, p. 97.

79. Aristote, *La Poétique*, *op. cit.*, chap. 4, p. 43.

80. Emmanuel Kant, *Critique de la faculté de juger*, *op. cit.*, p. 217.

81. Georg Wilhelm Friedrich Hegel, *Esthétique*, Textes choisis par C. Khodoss, PUF, 1998, p. 18.

82. Charles Baudelaire, *Les Fleurs du mal*, *op. cit.*, p. 97.

83. Ludwig Feuerbach, *L'Essence du christianisme*, trad. J.-P. Osier, François Maspero, 1982.

84. Platon, *Phèdre*, *op. cit.*, 253c-254c, p. 133.

85. Pierre Hadot, *Qu'est-ce que la philosophie antique ?*, Folio Essais Gallimard, 1995, p. 322.

86. Georg Wilhelm Friedrich Hegel, *Esthétique*, *op. cit.*, p. 44-48.

87. Luc Ferry, *Le Sens du Beau*, Éditions Cercle d'Art, 1990, p. 12.
88. Paul Valéry, *Charmes*, « Le cimetière marin », Poésie Gallimard.
89. Alexandre Koyré, *Du monde clos à l'univers infini*, Idées Gallimard, 1973.
90. Aristote, *Éthique à Nicomaque*, *op. cit.*, livre V, chap. III, p. 128.
91. Aristote, *ibid.*, livre V, chap. X, p. 146.
92. Aristote, *ibid.*, livre II, chap. VI, p. 53.
93. Aristote, *Les Politiques*, trad. P. Pellegrin, livre I, chap. 2, GF, 1990, p. 90.
94. Aristote, *Métaphysique*, *op. cit.*, tome 2, livre IX, chap. 8, p. 45.
95. Platon, *Le Banquet*, trad. É. Chambry, 204a, GF, 1965, p. 64.
96. Platon, *La République*, *op. cit.*, livre VI, 509b, p. 267.
97. Gottfried Wilhelm Leibniz, *Discours de métaphysique*, trad. C. Frémont, § 3, GF, 2011 p. 207.
98. Baruch Spinoza, *Éthique*, *op. cit.*, première partie, définition I, p. 21.
99. Karl Popper, *La Société ouverte et ses ennemis*, trad. J. Bernard, P. Monod, tome 1, *L'Ascendant de Platon*, Seuil, 1979.
100. Aristote, *L'Analytique*, textes choisis par P. Trotignon, PUF, 1968, p. 9.
101. Aristote, *Métaphysique*, *op. cit.*, tome 2, livre IX, chap. 8, p. 45.
102. Aristote, *ibid.*, p. 47.

II. La tragédie ou le monde à l'envers

1. Yves Battistini, *Héraclite*, *op. cit.*, fragment n° 131, p. 43.
2. Hannah Arendt, *Eichmann à Jérusalem*, trad. A. Guérin, Folio Histoire, 1998.
3. Guillaume Apollinaire, *Alcools*, Poésie Gallimard, 1920.
4. Arthur Rimbaud, *Poésies*, « Le bateau ivre », GF, 1989, p. 184.
5. Yves Battistini, *Héraclite*, *op. cit.*, fragment n° 152, p. 45.
6. Mircea Eliade, *Le Mythe de l'éternel retour*, *op. cit.*, p. 115 et suiv.
7. Charles Baudelaire, *Les Fleurs du mal*, *op. cit.*, « Une charogne », p. 121.

8. Yves Battistini, *Héraclite, op. cit.*, fragment n° 97, p. 40.
9. *Ibid.*, fragment n° 52, p. 36.
10. Yves Battistini, *Empédocle, op. cit.*, fragment n° 26, p. 130.
11. Alain, *Propos sur les pouvoirs*, Folio Essais Gallimard, 1985, p. 351.
12. Gaston Bachelard, *Épistémologie*, textes choisis par D. Lecourt, PUF, 1971, p. 27 et suiv.
13. Edgar Morin, *La Méthode, 1, La Nature de la Nature*, Seuil, 1977, p. 146.
14. Yves Battistini, *Héraclite, op. cit.*, fragment n° 57, p. 37.
15. *Ibid.*, fragment n° 11, p. 41.
16. *Ibid.*, fragment n° 50, p. 36.
17. *Ibid.*, fragment n° 89, p. 39.
18. *Ibid.*, fragment n° 64, p. 37.
19. *Ibid.*, fragment n° 55, p. 36.
20. *Ibid.*, fragment n° 7, p. 32.
21. *Ibid.*, fragment n° 56, p. 36.
22. André Comte-Sponville, *Traité du désespoir et de la béatitude*, tome 1, *Le mythe d'Icare*, PUF, 1988, p. 15.
23. Henri Bergson, *Les Deux Sources de la morale et de la religion, op. cit.*, p. 267 et suiv.
24. Épicure, *Lettres*, *Lettre à Ménécée*, trad. J. Salem, Nathan, 1998, p. 76.
25. *Ibid.*, p. 91.
26. Gaston Bachelard, *Épistémologie, op. cit.*, p. 56.
27. Épicure, *Lettres, op. cit.*, *Lettre à Hérodote*, p. 44 et suiv.
28. Épicure, *Lettres, op. cit.*, *Lettre à Ménécée*, p. 77.
29. Diogène Laërce, *Vie, doctrines et sentences des philosophes illustres*, *op. cit.*, tome 2, p. 194.
30. *Ibid.*, p. 21.
31. Épictète, *Manuel, op. cit.*, § XV, p. 189.
32. Lao-tseu, *Tao-tö king*, trad. Liou Kia-hway, Folio Gallimard, 2010, p. 80.
33. Diogène Laërce, *op. cit.*, tome 2, p. 207.
34. Platon, *Apologie de Socrate*, trad. É. Chambry, 20d-21c, GF, 1965, p. 41 et suiv.
35. Diogène Laërce, *op. cit.*, tome 2, p. 20.

36. *Les Stoïciens*, Épictète, *Entretiens, op. cit.*, livre II, chap. XLIX, p. 141.
37. Épictète, *Manuel, op. cit.*, § XLVI, p. 204.
38. Platon, *Apologie de Socrate, op. cit.*, 21c-22b, p. 32.
39. Diogène Laërce, *op. cit.*, tome 2, p. 191.
40. Jean Brun, *La Main et l'Esprit*, Labor et Fides, 1986, p. 17.
41. Diogène Laërce, *op. cit.*, tome 2, p. 185.
42. Yves Battistini, *Parménide, op. cit.*, p. 91.
43. Platon, *La République, op. cit.*, p. 267.
44. Georg Wilhelm Friedrich Hegel, *La Phénoménologie de l'Esprit, op. cit.*, tome 1, p. 158.
45. Platon, *La République, op. cit.*, livre IX, 521c, p. 33 à 335.
46. Aristote, *Les Politiques, op. cit.*, livre I, chap. 5, p. 102.
47. Jean-Jacques Rousseau, *Du contrat social*, livre I, chap. IV, GF, 2001, p. 50 et suiv.
48. Platon, *Phèdre, op. cit.*, 253c-254c, p. 133.
49. Platon, *Gorgias*, trad. M. Canto-Sperber, 482c-483c, GF, 2001, p. 212.
50. *Ibid.*, p. 213.
51. Léo Strauss, *Droit naturel et histoire*, trad. M. Nathan, Plon, 1969, p. 32 et suiv.
52. Saint Augustin, *La Cité de Dieu*, trad. G. Combès, livre XIV, chap. 28, Desclée de Brouwer, 1981, p. 455.
53. Karl Popper, *La Société ouverte et ses ennemis, op. cit.*
54. Guy Debord, *La Société du spectacle*, Éditions Champ Libre, 1974.
55. *Ibid.*, p. 9.
56. *La République, op. cit.*, livre VII, 515a-520c, p. 273 à 278.
57. Alexis de Tocqueville, *De la démocratie en Amérique*, tome 2, GF, 1986, p. 385.
58. Pascal, *Pensées, op. cit.*, pensée n° 81, p. 57.
59. Platon, *La République, op. cit.*, livre VIII, 558a, p. 317.
60. *Ibid.*, livre VI, 493c, p. 250.
61. *Ibid.*, livre VIII, 563b, p. 323.
62. Baruch Spinoza, *Éthique, op. cit.*, quatrième partie, corollaire de la prop. XXII, p. 240.
63. Platon, *La République, op. cit.*, livre VI, 488a-488b, p. 245.

64. Nicolas Machiavel, *Le Prince*, préface de Paul Veyne, Folio Classique, 1980, p. 8 à 33.
65. Karl Marx, *Manifeste du Parti communiste*, 10-18, 1966, p. 20.
66. Nicolas Machiavel, *Le Prince*, *op. cit.*, chap. XVIII, p. 107.
67. Platon, *La République*, *op. cit.*, livre I, 344b, p. 92.
68. *Ibid.*, livre II, 360a, p. 109.
69. Platon, *Gorgias*, *op. cit.*, 492b, p. 230.
70. Nicolas Machiavel, *op. cit.*, chap. XXV, p. 141.
71. Friedrich Nietzsche, *Par-delà le bien et le mal*, trad. H. Albert, neuvième partie, § 259, Le Livre de Poche, 2004, p. 323.
72. Friedrich Nietzsche, *La Généalogie de la morale*, trad. G. Colli, M. Montinari, première dissertation, § XI, Folio Essais Gallimard, 2001, p. 40.
73. Platon, *Gorgias*, *op. cit.*, 474a, p. 186.
74. Sophocle, *Antigone*, *op. cit.*, cinquième épisode, 988-1032, p. 93.
75. René Girard, *Des choses cachées depuis la fondation du monde*, Grasset, 1978, p. 438.
76. Sophocle, *Antigone*, *op. cit.*, deuxième épisode, 421-469, p. 79.
77. Platon, *Apologie de Socrate*, *op. cit.*, deuxième partie, 36c, p. 49.
78. Friedrich Nietzsche, *Le Crépuscule des idoles*, trad. H. Albert, Denoël-Gonthier, 1980, p. 26.
79. Maurice Clavel, *Nous l'avons tous tué, ce juif de Socrate*, Seuil, 1977, p. 339.
80. Platon, *Phédon*, *op. cit.*, GF, 1965, § LVXVI, 117c, p. 180.
81. Jacques Derrida, *La Dissémination, La pharmacie de Platon*, Seuil, 1972, p. 71 à 197.

III. La sagesse ou la vie retrouvée

1. Gilles Deleuze, *Logique du sens*, Éditions de Minuit, 1969, p. 158 à 166.
2. Jean-Paul Sartre, *L'existentialisme est un humanisme*, *op. cit.*, p. 39.
3. *Ibid.*, p. 40.

4. Épictète, *Manuel*, *op. cit.*, § 1, p. 183.

5. Pierre Aubenque, *La Prudence chez Aristote*, PUF, 1976, p. 95 et suiv.

6. Platon, *Timée*, trad. É. Chambry, 37c-38d, GF, 1969, p. 417.

7. Vladimir Jankélévitch, *Philosophie première*, chap. VII, « Le lui-même », PUF, 1986, p. 125 à 141.

8. Jean-Paul Sartre, *L'existentialisme est un humanisme*, *op. cit.*, p. 54.

9. Baruch Spinoza, *Éthique*, *op. cit.*, troisième partie, prop. II, p. 139.

10. Platon, *Phédon*, *op. cit.*, 67a, p. 115.

11. *Penseurs grecs avant Socrate*, trad. J. Voilquin, Démocrite, *Pensées*, pensée n° 105, GF, 2004, p. 175.

12. Georges Canguilhem, *La Connaissance de la vie*, III, *Philosophie, Le milieu et son vivant*, Vrin, 1975, p. 129 à 154.

13. Aristote, *Métaphysique*, *op. cit.*, tome 2, livre IX, § VIII, p. 46 à 48.

14. Michel de Montaigne, *Les Essais*, trad. C. Pinganaud, livre XIII, *De l'expérience*, Arléa, 1996, p. 851.

15. Pierre Hadot, *Exercices spirituels et philosophie antique*, Albin Michel, 2002, p. 23.

16. Vladimir Jankélévitch, *Le Sérieux de l'intention*, Flammarion, 1983, p. 5.

17. Yves Battistini, *Héraclite*, *op. cit.*, fragment n° 2, p. 31.

18. *Ibid.*, fragment n° 1, p. 31.

19. Alphonse de Lamartine, *Méditations poétiques*, « L'isolement », Poésie Gallimard, 1981.

20. Jean-Pierre Changeux, *L'Homme neuronal*, Fayard, 1984, p. 364.

21. Edgar Morin, *La Méthode*, II, *La Vie de la Vie*, Seuil, 1980, p. 218.

22. Baruch Spinoza, *Éthique*, *op. cit.*, livre II, prop. XIII, p. 83.

23. Platon, *Phédon*, *op. cit.*, § XLVI, p. 155.

24. *Ibid.*, § XIX à § XXII, p. 125 à 129.

25. *Ibid.*, § XLIX, p. 159.

26. *Ibid.*, § XLVII, p. 157.

27. Platon, *Apologie de Socrate*, *op. cit.*, § XIX, p. 43.

28. Aristote, *op. cit.*, tome 2, livre XII, § IX, p. 187.

29. Alain Rey, *Dictionnaire historique de la langue française*, tome III, Le Robert, 2000, p. 4147.

30. Alain Daniélou, *Shiva et Dionysos*, Fayard, 1979, p. 182.

31. Mircea Eliade, *Aspects du mythe*, chap. VII, « Mythologies de la mémoire et de l'oubli », Folio Essais Gallimard, 1988, p. 159 et suiv.

32. Platon, *Phédon*, *op. cit.*, § XX, p. 128.

33. Karl Jaspers, *Introduction à la philosophie*, *op. cit.*, chap. IX, p. 101 à 116.

34. Yves Battistini, *op. cit.*, *Héraclite*, fragment n° 43, p. 35.

35. *Ibid.*, fragment n° 108, p. 41.

36. Auguste Comte, *Sociologie*, textes choisis par J. Laubier, PUF, 1969, p. 140.

37. Ernst Cassirer, *Essai sur l'Homme*, *op. cit.*, chap. 1, p. 13 à 40.

38. Jacques Lacarrière, *Dictionnaire amoureux de la Grèce*, Plon, 2001, p. 298.

39. Georg Wilhelm Friedrich Hegel, *Esthétique*, *op. cit.*, p. 180 et suiv.

40. Paul Ricœur, *Le Conflit des interprétations*, Seuil, 1969, p. 141.

41. René Girard, *Des choses cachées depuis la fondation du monde*, *op. cit.*, p. 441.

42. Paul Ricœur, *Le Conflit des interprétations*, *op. cit.*, p. 141.

43. Épictète, *Manuel*, *op. cit.*, § XXIX, p. 195.

44. Platon, *Gorgias*, *op. cit.*, p. 186.

45. Aristote, *Métaphysique*, *op. cit.*, tome 2, livre XII, § VII, p. 171 et suiv.

46. Blaise Pascal, *op. cit.*, pensée n° 513, p. 246.

47. Jean-Jacques Rousseau, *Discours sur l'origine et les fondements de l'inégalité parmi les hommes*, préface, GF, 1996, p. 160 et suiv.

48. Emmanuel Kant, *Fondements de la métaphysique des mœurs*, trad. V. Delbos, Delagrave, 1967, p. 136.

49. Aristote, *Éthique à Nicomaque*, *op. cit.*, livre I, chap. VII, p. 26.

50. Henri Bergson, *Le Rire*, PUF, 1981, p. 15.

51. Emmanuel Kant, *Critique de la Raison pure*, *op. cit.*, p. 598 et suiv.

52. Épictète, *Manuel*, *op. cit.*, § VIII, p. 187.

53. Pierre Hadot, *Qu'est-ce que la philosophie antique ?*, *op. cit.*, p. 271.

54. *Penseurs grecs avant Socrate, Démocrite, op. cit.*, § 230, p. 183.
55. Épictète, *Maximes*, *op. cit.*, § V, p. 112.
56. Pierre Hadot, *Exercices spirituels et philosophie antique*, *op. cit.*, p. 23.
57. *Ibid.*, p. 306.
58. Aristote, *Éthique à Nicomaque*, *op. cit.*, livre I, chap. VII, p. 28.
59. Platon, *Phédon*, *op. cit.*, § XLIV, 115b, p. 177.
60. Épicure, *Sentences vaticanes*, *op. cit.*, sentence n° 76, p. 79.
61. Épictète, *Manuel*, *op. cit.*, § I, p. 183.
62. Aristote, *Éthique à Nicomaque*, *op. cit.*, livre X, chap. VII, p. 276-277.
63. Platon, *La République*, *op. cit.*, livre IV, 434c, p. 186-187.
64. Aristote, *Les Politiques*, *op. cit.*, livre I, chap. 2, p. 90.
65. Jacques Muglioni, *L'École ou le loisir de penser*, « La leçon de philosophie », CNDP, 1993, p. 105.
66. Georg Wilhelm Friedrich Hegel, *Encyclopédie des sciences philosophiques*, trad. M. de Gandillac, Gallimard, 1970, p. 488 et suiv.
67. Georg Wilhelm Friedrich Hegel, *Préface de la Phénoménologie de l'esprit*, trad. J.P. Lefebvre, GF, 1996, p. 105.
68. Karl Jaspers, *Introduction à la philosophie*, *op. cit.*, p. 24.
69. Platon, *Phèdre*, *op. cit.*, 238c-241d, p. 116 à 118.
70. *Ibid.*, § XXXII, 252a, p. 131.
71. *Ibid.*, § XXII, 244b, p. 123.
72. Aristote, *Éthique à Nicomaque*, *op. cit.*, chap. VIII, § VIII, p. 219.
73. *Ibid.*, chap. IX, § VIII, p. 248.
74. Michel de Montaigne, *Essais*, *op. cit.*, chap. 1, livre 28, p. 144.
75. Jean-Jacques Rousseau, *Les Rêveries du promeneur solitaire*, GF, 1972, p. 102.
76. Denis de Rougemont, *L'Amour et l'Occident*, chap. III, p. 155 à 187.
77. Georges Bataille, *L'Érotisme*, 10/18, 1965, p. 45 à 54.
78. Hésiode, *Théogonie*, *op. cit.*, Les Belles Lettres, p. 36.
79. Aristote, *Métaphysique*, *op. cit.*, tome 2, livre XII, § VIII, p. 177 et suiv.
80. Baruch Spinoza, *Éthique*, *op. cit.*, cinquième partie, prop. XXXV, p. 333.
81. Platon, *Le Banquet*, *op. cit.*, 203a-204a, p. 64.

82. *Ibid.*, 211b-212a, p. 72-73.
83. Christophe Sur, « Style de philosophie et philosophie du style : Hubert Grenier », in *Portraits de maîtres*, sous la direction de Jean-Marc Joubert et de Gilbert Pons, Éditions du CNRS, 2008, p. 63.
84. Aristote, *Métaphysique*, *op. cit.*, livre I, § I, p. 1 à 6.
85. Friedrich Nietzsche, *La Généalogie de la morale*, *op. cit.*, Préface, § VI, p. 14.
86. Martin Heidegger, *Introduction à la métaphysique*, *op. cit.*, p. 13.
87. Vladimir Jankélévitch, *Philosophie première*, *op. cit.*, p. 266.
88. Yves Battistini, *Héraclite*, *op. cit.*, fragment n° 2, p. 31.
89. Platon, *Apologie de Socrate*, *op. cit.*, 30d-31d, p. 43, 246.
90. André Comte-Sponville, *La Philosophie*, « Que sais-je ? », PUF, 2005, p. 123.
91. Platon, *Apologie de Socrate*, *op. cit.*, 21c, p. 32.
92. Blaise Pascal, *op. cit.*, pensée n° 513, p. 246.
93. Yves Battistini, *Parménide*, *op. cit.*, p. 91.
94. Aristote, *Métaphysique*, *op. cit.*, livre XII, § VII, p. 171 et suiv.
95. Diogène Laërce, *op. cit.*, p. 80.
96. Baruch Spinoza, *Éthique*, *op. cit.*, cinquième partie, prop. XXIX, démonstration, p. 328.
97. Martin Heidegger, *op. cit.*, p. 13.
98. Épicure, *Lettres*, *op. cit.*, *Lettre à Ménécée*, p. 81.
99. Platon, *La République*, *op. cit.*, livre VI, 490 b, p. 247.

REMERCIEMENTS

Un immense merci à Florence de Lamaze et aux Mardis de la philo qui m'ont donné l'idée de ce travail, à Jacqueline Delia-Bremond qui m'a ouvert sa maison grecque où ce livre s'est écrit, à mes amis Kostas et Zephyros Kafkalidis qui m'ont enseigné l'esprit de la Grèce. Que toutes et tous sachent ma profonde reconnaissance.

Table

DEUXIÈME PARTIE

La tragédie ou le monde à l'envers

DU MÊME AUTEUR

Le mythe de l'État, Ernst Cassirer (traduction), Gallimard, 1993.
La Philosophie, anthologie de textes philosophiques, Larousse, 1993.
La souffrance, Recherche du sens perdu, Gallimard, 1997.
Cassirer, la Politique du juste, Michalon, 1998.
Pour une école du savoir, Milan, 2000.
La mort interdite, J.C. Lattès, 2001.
Voyage au bout d'une vie, Bartillat, 2004.
La foi, ou la nostalgie de l'admirable, Albin Michel, 2004.
Le philosophe et la vie, entretiens avec Rachel et Alphonse Goettmann, Desclée de Brouwer, 2005.
Le silence de Dieu, Presses de la Renaissance, 2006.
Une vie pour se mettre au monde, en collaboration avec Marie de Hennezel, Carnets Nord, 2010.
Retour à l'émerveillement, Albin Michel, 2010.
Sommes-nous libres ? en collaboration avec Henri Atlan, Salvator, 2012.
Le troisième jour, en collaboration avec Marc Couturier, Gallimard, 2012.

Aux éditions Milan

Dans la collection « Les Essentiels »

Platon, 1995.
Kant ou l'invention de la liberté, 2001.

Hegel ou la défense de la philosophie, 2001.
Nietzsche ou la passion de la vie, 2001.
Heidegger ou l'expérience de la pensée, 2001.
Aristote ou l'art d'être sage, 2003.
Saint Augustin ou la découverte de l'homme intérieur, 2005.
Pascal ou l'expérience de l'infini, 2007.
Descartes ou l'héroïsme de la modernité, 2008.
Montaigne ou la vie comme chef-d'œuvre, 2009.

Dans la collection « Pause Philo »

Petite philosophie du bonheur, 2002.
Petite philosophie pour jours tristes, 2003.
Petite philosophie grave et légère, 2003.
Dictionnaire de Philosophie, 2004.
Boulevard des Philosophes, De l'Antiquité à la Renaissance, 2005.
Boulevard des Philosophes, De la Renaissance à aujourd'hui, 2005.
Petit précis de philosophie, 2005.
Petit précis de morale, 2005.
Petite philosophie de la connaissance, 2006.
De l'utilité de la philosophie, 2006.
Petite philosophie de l'esthétique, 2006.
Dictionnaire philosophique et savoureux du bonheur, 2011.

Composition IGS-CP
Impression CPI Bussière en février 2014
à Saint-Amand-Montrond (Cher)
Éditions Albin Michel
22, rue Huyghens, 75014 Paris
www.albin-michel.fr

ISBN : 978-2-226-25393-4
N° d'édition : 21161/01. – N° d'impression : 2008128.
Dépôt légal : mars 2014.
Imprimé en France.